반두라의 자기조절의 도덕교육

반두라의 자기조절의 도덕교육

송 석 재 著

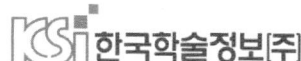
한국학술정보(주)

책 머리에

이 책은 반두라의 도덕교육론을 체계적으로 정립해 본 것이다. 반두라는 사회심리학자로서 사회인지이론을 주장한 대표적인 인물이다. 반두라의 이론을 처음 접하게 된 것은 우연한 기회이지만, 도덕교육을 공부하고 가르치면서, 기존의 도덕교육이론으로는 충족되지 않는 무언가로 인해 항상 갈증을 느끼고 있었다.

나는 도덕교육을 통해, 어떻게 하면 일탈행위나, 비도덕적인 행동을 하지 않도록 할 수 있을까? 어떻게 하면 일탈의 유혹에 빠지지 않도록 할 수 있을까? 또 어떻게 하면 상황에 맞는, 즉 예의에 어긋나지 않는 행동을 하도록 할 수 있을까? 하는 것 등에 관해 항상 고민해 왔다. 그런데 기존의 도덕교육이론은 이러한 나의 고민을 해결하는데 도움을 주지 못하였다.

많은 도덕교육이론은 인간을 매우 이상적으로 접근하고 있다. 맹자는 성선설에 입각해 인간을 바라보았고, 서양의 도덕철학자인 칸트는 인간의 이성을 믿었으며, 심리학자인 콜버그는 정의의 원리에 입각해, 도덕발달이 단계적으로 상승할 것이라고 주장하였다.

물론, 도덕교육이론 중에는 성악설에 일각해, 인간을 이기심과 욕망을 지닌 존재로 보는 이론도 적지 않다. 그러나 이 이론들은 인간의 이기심과 욕망을 부정적 대상으로 보고 그것들을 억제하거나 제거해야 된다는 주장과, 그 이론적 근거를 제시해줄 뿐, 어떻게 하면 이러한 이기심과 욕망을 억제하도록 도와줄 수 있을지에 대한, 구체적인 교육방법 등은 언급하고 있지 않은 경우가 대부분이다.

　한마디로, 기존의 도덕교육이론은 인간은 선한 것을 좋아하는 존재이기 때문에 좋은 환경만 조성해 주면, 선을 향해 갈 것으로 생각하거나, 아니면 인간이 이기심과 욕망을 지닌 존재라 하더라도 이러한 이기심과 욕망을 억제하는 것은 인간으로서 당연한 도리라고 주장하는 당위적 접근을 하고 있다.

　그러나 이들의 주장처럼 인간은 선한 존재만도 아니고, 또 이기심과 욕망을 억제하는 것은 인간으로서 당연한 일이라고 하면, 그것을 받아들이고, 그대로 행동하는 그런 존재만도 아니다. 인간은 어떠한 행위가, 비도덕적이고 인간으로서 해서는 안 되는 행위라는 것을 잘 알면서도 상황만 허락하면 언제든지 그러한 행위를 할 수 있는 존재이다. 우리는 아주 어린아이들조차도 자신의 비행을 합리화하기 위해 변명을 늘어놓는 것을 종종 목격하게 된다.

　문제는 인간에 대한 시각이 도덕교육의 내용과 방법을 결정하는 매우 중요한 사항이라는 점이다. 기존의 도덕교육 이론은 위에서 언급한 것처럼, 인간을 너무 이상적, 당위적으로만 바라봄으로써 도덕교육의 접근 방법 면에서 실패했다. 도덕교육이 효과를 거두려면, 우선 인간을 있는 그대로 바라볼 필요가 있다.

　반두라는 인간을 상황적 존재로 보았고, 행위를 당위적으로 접근하지도 않았다. 인간은 강화, 즉 상과 벌에 의해, 해서는 안 되는 행위와 해도 되는 행위를 구분하기도 하고, 자기평가에 의해 자부심과 수치심을 느끼기도 하며, 효능감에 의해 행위를 수행하기도 하고, 수행하지 않기도 하는 존재이다.

　반두라는 이러한 인간관을 토대로 그의 도덕교육론을 전개한다. 먼저 그는 인지와 수행을 구분하고, 행위를 직접 다룬다. 기존의 도덕교육론이 지선후행(知先後行)을 강조하여, 행을 지에 의해 수반되는 부수적 요인으로 보는 데 반해, 반두라는 행을 부수적 위치에 놓아두지 않았다. 오히려 행에 의해 가치와 태도가 형성될 수도 있다고 본다.

게다가 그는 유혹으로부터 스스로를 지키고, 이탈행위에 대한 합리화를 억제하는 자기조절능력을 도덕성으로 규정하고, 도덕성을 함양하기 위한 방법으로 행위에 대한 강화와 행위를 구체적으로 안내하는 모델링을 제시하였다. 그리고 행위 촉진 요인으로는 자부심과 효능감 등을 강조하였다. 이것은 기존의 도덕교육론이 사단(四端), 양심, 고도의 추론능력이나 판단능력 등을 도덕성으로 간주하고, 도덕적 행위를 의무와 당위로 접근하는 방식과는 다른 새로운 시도이다.

이렇게 볼 때, 반두라의 도덕교육론은 현재의 시대적 상황에도 유효할 수 있다. 요즈음의 아이들은 부모의 과보호로 인해 조금의 어려움과 불편함도 잘 참지 못하고 충동적인 성향을 보일 때가 많다. 또 자기변명에도 능하고, 의무와 당위를 부담스럽게 생각하는 경향도 강하다. 더구나 부모나 교사의 권위는 땅에 떨어져 아이들은 부모나 교사가 어떤 말을 해도 그 말에 귀를 기울이거나 순종하지 않는다. 이러한 상황에서 아이들에게 절실하게 요구되는 것은 인내심과 자기 조절 능력이다.

이처럼 반두라의 도덕교육론은 이제껏 느껴오던 나의 갈증, 즉 도덕교육은 시대를 막론하고 행위를 직접 다루어야 한다는 것, 또 어떻게 하면 도덕교육을 통해 문제행동을 줄이거나 개선할 수 있도록 도와줄 수 있을까 하는 것 등을 충족시켜 주기에 충분했다.

이런 이유로 나는 반두라의 이론을 공부하게 되었고, 5년여에 걸친 노력의 결과, 학위논문으로 엮어 낼 수 있었다. 이 책은 이렇게 나온 학위논문을 토대로 하였고, 그 후 학회에 제출했던 논문들 중, 반두라의 도덕교육론과 연관이 있는 논문들을 부록으로 첨부하여 출간한 것이다.

한편으로 이 책을 내면서 나의 편협하고 일천한 지식이 오히려 도덕교육학에 누가 되지는 않을까 하는 점에서 두려움이 없는 것은 아니다. 그럼에도 불구하고 출판을 결심하게 된 것은 혹시 나와 같은 고민을 하고 있는 독자들이 있을지도 모른다는 생각때문이었다. 부디 나의 조그마한 노력이 부모나 교사, 그리고 도덕교육을 공부하는 사람들에게 미력하나마 도움이 될 수 있다면 한없는 기쁨이 될 것이다.

이 책은 나만의 노력으로 만들어진 것이 아니다. 항상 많은 사랑으로 지켜봐 주시고 후원해 주신 분들이 많이 있다. 먼저, 자식들 걱정에 평생을 고생만 하신 어머님(朴字 春字 花字)이 계신다. 그리고 지도교수님이신 남궁달화 교수님, 조태훈 교수님, 조성민 교수님, 임병덕 교수님, 김명 교수님 등등 헤아릴 수가 없다. 모든 분들께 감사의 절을 올린다. 또 공부한답시고 같이 놀아주지도 못했는데 건강하게 잘 자라준 진범과 지현에게도 감사한다. 끝으로 이 책이 빛을 볼 수 있도록 해주신 채종준 사장님과 권현옥 팀장님, 그리고 출판에 관계하신 모든 분들께도 감사의 말씀을 드린다.

2006년 1월 눈 내리는 겨울
항상 삶을 긍정하며 살고 싶은 송석재

차 례

I. 들어가는 말

아리스토텔레스는 인간을 사회적 동물이라고 하였다. 이 말은 인간이 사회적 본능을 가진 존재라는 의미이다. 인간이 사회적 본능을 가졌다는 것은 혼자서는 살 수 없는 존재이고, 살기 위해서라도 반드시 사회생활을 할 수 밖에 없다는 말이다. 그러나 인간은 이렇게 사회적 본능만 가진 존재가 아니며, 충족되기 어려운 이기적 욕망도 가진 존재이다. 다시 말하면, 인간은 서로 양립할 수 없는 모순인 사회적 본능과 이기적 욕망을 함께 지니고 있는 딜레마적 존재이다.

그런데 이러한 모순은 물과 불이 조화를 이루기 위해 그릇을 필요로 하듯이 반드시 그 매개물을 필요로 한다. 순자(荀子)는 이러한 매개물로 분(分)과 예(禮)를 강조 하였고, 유학에서는 일관되게 군자가 되는 길로서 인욕의 제거나 조절을 강조해 왔다.

이처럼 인간은 사회적 본능을 가진 사회적 존재이기에 이기적 욕망의 조절은 삶의 필수 요소일 뿐만 아니라 생존을 위한 전제 조건이기도 하다.

요즈음 우리의 교육은 어떠한가? 창의성이나 개성의 존중이라는 이름 하에 가정에서는 자녀들이 요구하는 것은 무엇이나 들어주려 하고 있고, 학교에서는 열린 교육과 수요자 중심교육이 유일한 대안이라는 측면에서, 교사의 간섭과 통제보다는 학생들의 견해를 존중함과 동시에 그들의 주장을 최대한 수용하려는 입장을 보이고 있다. 이렇게 사회적 풍토가 조성되다보니 학교에서는 학생들에게 벌을 가하는 것즈차 삼가고 있다. 특히, 체벌의 경우는 인권 침해라는 문제까지 제기되면서, 심지어 학생들이 교사를 경찰에 고소하는 사태까지 벌어지고 있는 실정이다.

문제는 이러한 교육환경이 학생들에게 욕구의 즉시적 만족을 가능하도록 하였고, 자기통제능력의 상실을 초래하였다는 점이다. 학생들은 자기통제능력의 상실로 인해, 어려움에 직면하게 되었을 경우, 일을 쉽게 포기하거나 자살을 생각하기도 한다. 게다가 다른 사람이 자신에게 피해를 주게 되면 참지 못하고 화를 내거나, 공격행위를 보이는 경우도 생겨나게 된다. 이런 상황에서 학생들에게 절실히 요청되는 것은 무엇인가?

창의성이나 개성의 발휘, 자아실현 등은 지금의 사회적 현실에서 볼 때, 분명히 학생들에게 강조되어야 할 요소이다. 문제는 사람들이 특별한 근거도 없이 창의성이나 개성의 발휘, 자아실현을 위해서는 통제를 하지 않아야 한다고 주장하는 것이다. 부모나 교사가 간섭하고, 통제를 가하게 되면 학생들의 창의성과 개성, 자아실현은 이루어질 수 없고, 학생들이 마음대로 할 수 있도록 해주어야만 창의성과 개성, 자아실현 등이 이루어질 수 있다고 생각하는 것이다.

이것은 올바른 주장이라고 보기 어렵다. 간섭과 통제는 창의성이나 개성발휘와 상반된 개념이 아니기 때문이다. 오히려 이 개념들은 서로 전제조건이나 상보적이 될 수 있다.

우리는 자유를 자기 마음대로 하는 것으로 생각하고, 간섭은 자유를 저해하는 것으로 생각하곤 한다. 그러나 사회적 존재인 인간의 경우, 사회생활을 위해서는 어떠한 자유도 간섭, 즉 통제 속에서의 자유일 수 밖에 없으며 통제 속에서만 자유도 그 의미를 갖게 된다.

프로이트(S. Freud)는 본능이 억압될 경우, 전이나 승화가 이루어지고, 전이와 승화를 통하여 창작활동인 예술이 생겨난다고 하였다. 또, 후쿠야마(F. Fukuyama)는 『역사의 종말(The End of History and the Last Man)』에서 자유민주주의 사회에서는 인간의 욕망이 대부분 충족되기 때문에 더 나아지려는 우월 욕망도 생겨나지 않게 되고, 따라서 더 이상의 역사의 발전은 없을 것이라고 하였다.

이와 같이 자유와 통제, 본능의 억압과 창작활동, 욕망의 억압과 역사의 발전은 동전의 양면처럼 상보적 개념이다. 마찬가지로 창의성이나 개성발휘는 외적통제에 의한 내적자기조절1)이 전제되지 않으면 의미가 없을 뿐만 아니라 우리의 삶에 별 도움을 주지 못한다. 그것은 오히려 사회에 해를 끼치는 일이 될지도 모른다. 요컨대 외적통제와 자기조절은 사회적 존재인 우리 인간들에게 반드시 필요한 요소이고, 삶의 필수 조건이 된다.

한편, 도덕교육은 행위를 목적으로 한다. 그런데 현재 이루어지고 있는 도덕교육은 행위를 목적으로 하는 것에는 동의하고 있으면서도, 행위를 직접적으로 다루지는 않고 있다. 그 첫 번째 이유는 도덕교육이 교실중심으로 이루어지다보니, 행위보다는

---

1) 여기에서 사용한 자기조절은 self-regulation과 self-control을 우리말로 옮긴 것이다. 그런데 여러 문헌을 보면 이러한 self-control과 self-regulation을 자기통제로 옮긴 사람도 있고, 자기규제로 옮긴 사람도 있다. 그러나 저자는 위의 단어를 대부분 자기조절로 옮기고자 한다. 그 이유는 단어의 뉘앙스로 볼 때, 자기규제(규율을 세워 제한함)와 자기통제(전체적인 목적을 달성하기 위하여 여러 부분을 한 원리로 제약함)는 어떤 틀 속에 자신을 가둔다는 구속의 의미를 지니고 있어, 반두라가 사용한 self-regulation과 self-control의 의미를 적절히 옮기지 못하고 있다고 생각되기 때문이다. 즉, 반두라의 self-regulation과 self-control은 제한과 제약의 의미보다 어떤 목적에 맞추어 스스로 자신을 이끌어 가는 의미, 즉 자기조절(스스로 자기 욕심이나 감정을 제어함)에 더 가깝다. 그런데 문맥의 흐름상 우리말의 자기통제나 자기규제의 의미가 더 적절하다고 판단되는 경우에는 자기통제와 자기규제를 혼용하여 사용하였다.

이론중심으로 갈 수 밖에 없었다는 점이다. 두 번째 이유는 서구의 합리주의와 인지주의적 사고의 영향으로 행위는 인지와 정서의 발달에 의해 자연스럽게 수반되어지는 부수적 현상으로 보는 관점이 지배적이기 때문이다. 그러나 이것은 올바른 견해라고 보기 어렵다.

그 이유는 이론중심의 교실수업에서도 행위는 다루어질 수 있고, 행위를 다루는 것도 충분한 학문적 가치를 지니기 때문이다. 그리고 행위는 인지와 정서의 부수적 요소도 아니고, 인지와 정서만 발달되면 반드시 수반되는 요인도 아니기 때문이다. 물론, 인지적 능력과 정서적 민감성이 높은 사람은 그에 비례해서 행동의 유발가능성도 높은 것은 사실이다. 그러나 우리는 비도덕적인 행동을 하는 사람이 자신의 행동이 도덕적이지 않다는 것을 알면서도 그러한 행동을 하는 것을 종종 봐 왔다.

이러한 면에서 보더라도 도덕교육은 인지적 측면이나 정서적 측면만을 강조하고, 행동을 부수적 요소나 가능성으로만 남겨두어서는 안된다. 행위를 직접적으로 다루어야 한다. 그래서 알고 있고, 느끼고 있는 것을 더 많이 행동으로 옮기거나 억제할 수 있도록 도와주어야 한다.

그러면 행위를 직접 다룰 경우, 도덕적 측면에서 강조될 수 있는 것은 무엇일까? 사회적 존재인 인간에게 도덕은 타인과의 관계에서 그 중요성을 찾을 수 있다. 도덕은 타인에게 해를 끼치지 않거나, 타인을 이해, 배려하는 것이다. 그런데 타인을 이해하고 배려하기 위해서는 자기억제, 즉 자기조절이 선행되어야 한다. 게다가 자기조절은 행위와 직접적으로 관련된다. 따라서 자기조절이 행위와 직접적으로 관련된다는 점에서, 또 사회적 존재인 인간의 도덕적 삶을 위한 전제 조건이라는 점에서, 도덕교육의 목적에 부합하는 덕목이라 할 수 있다.

그런데 이러한 자기조절능력의 형성에는 대체로 두 가지 관점이 있다. 첫째는 외적인 통제나 억압을 강조하는 경우로, 여기에는 프로이트의 부모에 의한 초자아의 형성과 순자(荀子)의 화성기위(化性起僞)에 의한 예(禮) 등이 있다. 둘째는 내적인 잠재능력의 발현을 강조하는 관점으로, 아리스토텔레스와 맹자(孟子) 등이 있다. 아리스토텔레스는 본래부터 갖고 태어난 목적 실현을 위해 이성을 최대한 발휘하는 중용의 행위를 강조하였고, 맹자는 생래적인 사단(四端)의 확충을 강조하였다. 물론 위의 두 방법이 전적으로 한 측면만을 주장한 것은 아니다. 전자가 주로 외적인 면에 의한 외적통제에 더 많은 비중을 두었다면, 후자는 이미 생래적으로 주어진 본성을 자기조절을 통해 실현 하고자 하는데 더 많은 비중을 두었다고 할 수 있다.

반두라(A. Bandura)는 이 두 관점의 절충적 입장에 있다. 그는 인간의 행동2)은 환경과의 상호작용에 의해 이루어진다고 하였다. 인간은 외적인 환경의 영향을 받기도 하지만, 내적인 인간의 본성도 행동의 주요 결정 요인이 되며, 이러한 환경과 인간

---

2) 국어사전에서는 행동을 몸의 움직임, 동작 등으로 표현하고, 행위를 행하는 짓, 특히 자유의사에 따라서 하는 행동이라고 구별하고 있다. 그리고 영어에는 행동과 행위를 표현하는 단어가 action, act, conduct, beahvior, deed 등이 있는데, 반두라는 주로 behavior와 action, 그리고 act를 많이 사용하였고, 가끔 conduct를 사용하였다. 영어의 사전적 의미로 behavior는 우리말의 행동의 의미를 많이 내포하고 있고, act는 행위의 의미를 내포하고 있다고 볼 수 있다. 그리고 action과 act의 구별에서 act는 단시간의 개개의 행위를, 그리고 action은 어떤 기간에 걸쳐 단계적으로 일어나는 복잡하고 집합적인 행위를 의미한다. 그래서 행위와 행동 그리고 act와 action 그리고 behavior를 구별해야 하는데, 반두라는 문장에서 behavior와 action, act, 그리고 conduct를 거의 구별하여 사용하고 있지 않다. 그래서 여기서도 이러한 구별을 하지 않고, 문맥상의 편리에 따라 행위와 행동을 사용하였다.

의 내적요인은 환경이 인간에게 그리고 인간의 내적요인은 다시 환경에 영향을 미치는 순환적 상호작용을 하게 된다. 이렇게 내적요인과 외적요인은 모두 인간의 행동결정에 영향을 미치는 주요변수이다.

게다가 반두라는 내적요인에 의한 행위조절인 자기평가, 효능감, 만족의 연기 등은 결국 외적요인에 의한 행위통제 방법인 강화, 모델링 등에 의존할 수 밖에 없다고 하였다. 또, 아리스토텔레스와 맹자처럼 타고난 가능성으로서의 목적과 사단(四端)을 상정하고 있지도 않다. 따라서 반두라에 있어서 내적자기조절은 외적통제에 의하지 않고는 불가능하며, 이처럼 외적통제를 더 강조한다는 면에서 프로이트와 순자의 입장에 더 가깝다고 볼 수 있다.

다만, 외적요인과 내적요인은 인간의 성장에 따라 그 영향력 면에 있어서 차이를 보인다. 외적요인에 의한 행위의 통제는 주로 성장의 초기에 많은 영향을 미치며, 이러한 외적요인에 의한 통제는 성장과 함께 점차로 내적요인에 의한 자기조절로 대체된다. 또 외적요인에 의한 통제는 행위의 지속성과 외적 통제자가 항상 존재해야 한다는 한계성을 내포하고 있는 반면, 내적요인에 의한 자기조절은 스스로의 판단에 따른 결정이기 때문에 행위에 지속성이 있고, 외적 통제자가 존재하지 않아도 행위의 자기조절이 이루어진다는 면에서 볼 때 보다 더 중요한 위치에 있다고 볼 수 있다. 결국 반두라에 있어서 도덕교육의 목적은 내적요인에 의한 자기조절능력의 형성이라고 할 수 있다.

그러나 이러한 자기조절능력의 형성도 교육방법적인 면에서 보면 외적통제에 의해 이루어질 수 밖에 없다. 왜냐하면, 자기조절능력은 외적영향인 부모나 교사의 강화, 평가, 모델링 제시, 교수 등에 의한 기준설정, 효능감 형성을 통해 이루어지기 때문이다.

한편, 콜버그(L. Kohlberg)나 맹자가 도덕성의 형성이나 도덕성의 촉진에 초점을 맞추어 어떻게 하면 도덕성을 보다 더 높은 단계로 향상시키느냐, 혹은 어떻게 하면 사단(四端: 惻隱之心, 羞惡之心, 辭讓之心, 是非之心)을 확충 내지는 보존시키느냐 하는 적극적 측면3)에 관심을 기울인 반면, 반두라는 도덕적 이탈의 문제에 초점을 두고, 이탈의 방지를 위한 방법으로 인간적인 사회의 조장과 자기통제능력의 향상을 강조하고 있다는 점에서 소극적(negative) 접근을 시도하고 있다고 볼 수 있다.

또한, 전통적 성리학이 당위에 의해, 프로이트가 외적요구에 의해 행위의 억제를 요구하는데 비해, 반두라는 기준설정과 자기평가, 평가에 수반되는 자기 강화, 수행을 조직하고 실행할 수 있다는 신념인 효능감, 그리고 보다 큰 즐거움을 위한 즉시적 만족의 연기 등을 통한 자기조절을 주장한다. 따라서 반두라에 있어서 도덕적 행위는 당위나 외적으로 주어지는 부담스런 강요가 아니라, 스스로에게 가치로운 것이며, 자부심과 즐거움을 주는 행위가 된다.

요컨대, 반두라의 도덕교육론은 이탈의 억제라는 소극적 접근을 시도하였고, 지, 정, 행 중 행위에 초점을 두어 자기조절능력

---

3) 우리는 정사각형을 가지고 원을 만들 경우, 두 가지 방법을 생각할 수 있다. 하나는 정사각형의 각 변에 살을 붙여 원을 만드는 방법이고, 다른 하나는 정사각형의 모서리를 깎아내어 원을 만드는 방법이다. 필자는 도덕교육도 이러한 경우에 의거해 설명할 수 있다고 판단하여, 전자를 도덕교육의 적극적 방법으로 그리고 후자를 도덕교육의 소극적 방법으로 대비하여 보았다. 여기에서 도덕교육의 적극적 방법은 보다 높은 인지의 발달, 보다 풍부한 정서의 형성, 그리고 보다 많은 행위의 촉진에 맞춘 방법을 말하고, 소극적 접근은 잘못된 사고의 억제, 충동의 억제, 행위의 억제를 통한 도덕교육방법을 의미한다.

의 형성을 도덕교육의 목적으로 설정하였으며, 그 교육 방법으로는 외적통제수단인 강화와 모델링 등을 제시하였고, 도덕적 행위를 당위나 의무 보다 자부심과 효능감, 즐거움 등으로 받아들였다.

이러한 반두라의 도덕교육론은 보다 높은 단계로의 발달이라는 적극적 접근의 시도와 주로 지(知)에 치우쳐 인지주의적 교육을 시행하고 있는, 그리고 도덕적 행위를 의무와 당위로 설명하는 현금의 교육적 상황에서 볼 때, 하나의 새로운 시도이고, 실효성 면에서 의미 있는 일이 될 것으로 생각된다.

그 내용을 보다 구체화 해보면 다음과 같다.

첫째, 반두라는 도덕성의 구성요소인 지(知), 정(情), 행(行) 중 주로 행적인 문제에 많은 관심을 기울였고, 도덕교육 접근법에 있어서는 내용적 접근과 동기적 접근을 하였다.

둘째, 반두라는 인간의 행동 결정이 주로 관찰학습과 기대학습에 의해 이루어지며, 이러한 관찰학습과 기대학습에 결정적으로 영향을 미치는 것으로 모델링을 들고 있다.

셋째, 반두라는 인간의 행동이 외적통제와 내적자기조절에 의해 결정되는데, 성장의 초기단계에서는 외적요인에 의한 통제가 보다 많은 영향을 미친다고 하였다. 따라서 아직 성장의 초기단계에 해당하는 어린이의 경우, 외적통제는 다른 요인 못지않게 중요할 수 밖에 없다. 그런데 대부분의 사람들은 이러한 외적통제에 대해 부정적이다. 특히, 보상과 벌 중 벌에 대해서는 더욱 그러하다. 하지만 반두라는 이러한 견해와는 달리 벌도 시행방법상의 문제만 적절히 조절할 수 있다면, 그 효과가 크다고 주장하였다.

넷째, 반두라는 외적요인에 의한 행위통제와 더불어 내적요인에 의한 자기조절을 강조하였다. 인간은 단지 외적사건에 대한 반응자가 아니라, 자기 지시와 자기평가 능력을 지닌 자기 반응자이다. 이처럼 인간은 자기 반응 능력을 지닌 존재이기에 행위결정에 있어서도 오히려 외적요인보다 내적요인이 더 중요하다.

다섯째, 반두라의 입장에서 볼 때, 도덕교육의 목적은 자기조절 능력의 형성이다. 자기조절능력은 어려움에 처하거나, 일탈의 유혹을 받거나, 충동적인 행위를 하게 될 때, 스스로를 규제하고, 통제할 수 있다는 면에서, 비도덕의 문제를 억제하고 방지할수 있는 가장 중요하고 근본적인 요인이 된다. 뿐만 아니라 자기조절능력은 외적규제에 의한 통제보다 지속적일 수 있다는점에서 효과적이라 할 수 있다.

그런데 반두라의 도덕교육론도 몇 가지 제한점을 갖고 있는것이 사실이다.

첫째, 반두라의 도덕교육론은 기존의 도덕교육의 인지적 접근과 당위를 강조하는 철학적, 윤리학적 접근을 보완해 줄 수 있다는 강점을 지닌 동시에, 오히려 그것이 약점이 되기도 한다. 지(知)보다는 행(行)을 더 강조하여 행위수정만을 도덕교육으로 생각하거나, 효능감, 자긍심 등이 행위를 유발하는 요인이라는 사회심리학적 접근을 하기 때문에 자칫 도덕교육에서 인지적 측면과, 이상적·당위적 측면을 소홀히 할 가능성이 있다.

둘째, 우리의 도덕교육도 입시 위주의 지식교육을 벗어날 수 없는 것이 현실이다. 이러한 상황에서 행을 강조하는 반두라의 도덕교육론은 도덕교과의 교실 수업에서는 적용하기 어렵다는제한점을 갖고 있다.

셋째, 반두라는 도덕교육을 소극적으로 접근하고 있다. 이럴 경우, 보다 높은 도덕적 선의 추구라는 점이 도덕교육의 내용에서 경시되거나, 무시될 가능성이 있다.

넷째, 반두라는 직접적으로 자기조절을 도덕성으로 규정하고 있지 않고, 다만 도덕적 이탈을 막는 여러 방법 중 한 가지 방법으로 자기조절을 제시하고 있을 뿐이다. 따라서 자기조절을 도덕성으로 볼 수 있느냐 하는 문제가 제기될 수도 있다.

Ⅱ. 도덕성과 사회학습이론

반두라는 저서 어디에서도 직접적으로 도덕교육을 언급하지 않았다. 이런 관계로 그의 도덕교육론을 정립하기에 앞서, 그의 도덕교육론이 도덕교육론으로서 타당성이 있는지를 검토해보는 것이 선행되어야 한다. 이를 위해 여기에서는 먼저 도덕교육을 논하는데 필수 요소인 도덕성, 도덕적 인간상 그리고 도덕교육 방법에 관한 내용을 여러 학자들의 주장에 의거해 살펴보고, 그런 다음 사회학습이론으로서 반두라의 도덕교육론은 어떻게 탐구되어야 하는지, 그리고 그 이론적 토대는 무엇인지에 대해 논의해 본다.

1. 도덕성과 도덕교육

도덕교육론을 논하기 위해서는 먼저 도덕성(morality)이란 무엇인가부터 논의해야 한다. 왜냐하면 도덕성이 어떻게 규정되느냐에 따라 도덕적으로 교육받은 사람인 도덕적 인간상도 달라지고, 그것에 따라 교육방법도 달라지기 때문이다. 그래서 여기서는 먼저 도덕성이 무엇인지, 즉 도덕성을 어떻게 규정할 수 있는지를 대부분의 도덕학자들이 수용하고 있는 구성요소를 통해 살펴보고, 다음으로는 이러한 도덕성의 구성요소에 의거해 도덕적 인간상을 어떻게 정의할 것인지를, 마지막으로는 도덕적 인간을 길러내기 위해서는 도덕교육은 어떻게 해야 하는지를, 그 접근법을 통해 살펴본다.

가. 도덕성의 의미와 구성요소

도덕은 무엇인가? 도덕은 도덕성이라고 할 수도 있다. 그러면 도덕, 즉 도덕성은 어떻게 정의할 수 있을까? 도덕(moral)의 어원은 습관을 의미하는 mores에서 유래하였다. "한자의 道德은 글자의 뜻 그대로 보면 큰길, 품행의 길, 은혜의 길로 풀이된다."4) 이처럼 글자의 뜻이나 어원에 의거해 도덕을 생각해보면 도덕은 '품행의 길로 습관을 통해 형성되는 것'임을 알 수 있다. 그리고 "품행은 품성과 행실의 약자로 품성은 인간의 내적측면인 사람됨의 바탕이고, 행실은 외적측면인 실제로 드러난 행동이다."5) 또 국어사전에 도덕은 '사람으로서 마땅히 지켜야 할 도리 및 그것을 자각하여 실천하는 행위의 총체'라고 되어 있다. 이를 종합해보면 도덕은 '인간됨의 도리를 행동으로 실천하는 것'이라고 정의할 수 있다.

그럼, 인간됨의 도리를 행동으로 실천하는 도덕, 즉 도덕성은 무엇으로 구성되는가? 먼저 인간됨의 도리가 무엇인지를 아는 것, 즉 지(知)의 요소가 필요하다. 또 행하기 위해서는 그것을 의욕 해야 하는 정(情)이 있어야 한다. 뿐만 아니라 도덕은 행(行)으로 실천될 때, 진정한 의미의 도덕이 되므로 행(行)도 필요하다. 도덕성은 이처럼 세 가지 요소로 이루어져 있으며, 대부분의 학자들은 도덕성이 知, 情, 行, 세 요소로 이루어진다는 것에 대해 동의하고 있다. 그러나 도덕성의 구성요소에 대한 강조는 학자들마다 다르다.

인지주의자들은 知의 우선성을 주장하고, 정서와 행동은 지에 의해 수반되는 것으로 본다. 어떤 학자들은 행은 가르칠 수 있는 것이 아니라고 주장하기까지 한다. 심지어 도덕적 행위는 의

---

4) 남궁달화, 『인성교육론』, (서울: 문음사, 1999), p.231.
5) Ibid, p.232.

식적이고 사려 깊은 선택에서 연유되어야 하는데, 처벌이나 보
상에 의해 행동을 통제하는 것은 진정한 도덕적 행위로 볼 수
없다[6]고 주장하기도 한다.

정서주의자들은 情을 도덕적 판단과 행동 사이를 이어주는
다리 역할을 하는 것으로 본다. 그래서 도덕적 판단은 바로 이
러한 情인 도덕적 신념이나 의지에 의해 행동으로 옮겨지는 것
으로 생각한다. 뿐만 아니라 교실수업에서는 도덕적 행동을 직
접 다룰 수 없기 때문에 바로 정서에 대한 교육이 도덕적 행동
을 대신할 수 있다고 본다. 이런 입장에서 보면 도덕적 행동은
도덕적 판단을 행동으로 옮기겠다는 행위자의 의지, 동기, 신념
등이 작용할 때 기대되는 부수적인 현상이 된다.[7]

그러나 반두라는 이와 다른 견해를 갖고 있다. 그는 오히려
행위의 수정을 통해 가치와 태도를 바꿀 수 있다고 본다. 사람
의 행위를 수정하여 그가 새로운 행위 방식으로 행동하게 되면,
그들의 태도나 가치도 그 행위방향으로 바뀌게 된다는 것이다.

한편, 대부분의 학자들은 知, 情, 行을 다룰 때 知와 情과 行
이 함께 작용하는 것으로 생각한다. 知의 교육이 이루어지면 知
와 함께 情도 발달하고 이러한 知와 情의 발달이 行을 수반하
는 것으로 본다.

그러나 반두라는 인지적 학습과 수행을 구별하여 지적인 면
에서 어떤 것을 습득하였다하더라도 습득된 모든 것이 반드시
행으로 연결되는 것은 아니라고 본다. 그래서 그는 인지적 학습
과 수행을 구별하여 각각 다른 측면에서 교육이 이루어져야 함
을 강조한다.

---

6) Barry Chazan, *Contemporary Approaches to Moral Education*,
   박장호 역, 『도덕교육론』, (서울: 형설출판사, 1994), p.17 참조.
7) 남궁달화, op. cit., pp.308-311 참조.

이처럼 도덕성의 구성요소인 知, 情, 行은 학자들마다 그 중요성에 대해 인식을 달리하고 있다. 인지주의자들은 도덕적 판단이나 추론과 같은 인지를 도덕성의 주된 내용으로 보고, 정서주의자들은 도덕적 신념이나 의지를 강조한 반면, 반두라와 같은 행동주의자들은 행위를 강조한다. 주의할 것은 이들이 각각 知, 情, 行을 강조하였지만 전적으로 知만을 강조한다거나, 情만을 강조한다거나, 行만을 강조하지는 않았다는 점이다. 이들은 모두 도덕성에서 지, 정, 행의 중요성을 인정하며, 다만 그 정도에 있어서 차이를 보일 뿐이다.

반두라의 사회학습이론을 사회인지이론이라고 부르는 이유도 이 때문이다. 그는 사회학습이 인간에게 가능한 것은 인간이 인지능력을 지니고 있기 때문이라고 생각한다. 인간은 관찰학습을 통해 학습한 것을 인지적으로 기억 속에 저장했다가 유사한 상황에 처하게 되었을 때, 인지적으로 저장된 기억을 통해 어떻게 행동할 것인가를 결정한다는 것이다.

또한 자기조절에 의한 행위조절에서 인간이 스스로의 행위를 통제하고 조절하는 것은 기대감, 자부심, 효능감 등의 작용을 통해서라고 하였는데, 여기서 기대감, 자부심, 효능감 등은 분명 정서이다. 이렇게 본다면 반두라가 행위를 강조하였다고는 하지만 이것은 다른 학자들과 비교해 볼 때 행에 더 많은 비중을 둔 것이지, 그가 전적으로 행에 치우쳐 있는 것은 아니라는 사실을 말해준다. 한마디로 그는 지와 정을 행을 위한 필요조건으로 보는 학자라고 말할 수 있을 것이다.

나. 도덕적 인간상

도덕적 인간상은 도덕교육의 이상이고 목적이며, 도덕교육방법과도 밀접히 관련된다. 따라서 도덕교육에 있어서 도덕적 인간상을 어떻게 정의하느냐 하는 것은 매우 중요하다.

차잔(B. Chazan)은 도덕적 인간상을 다른 말로 '도덕적으로 교육된 사람'과 같은 의미로 본다. 많은 도덕교육 철학자들이 도덕적 인간상의 기준을 제시하고자 하였다. 즉 도덕적으로 교육된 사람은 어떤 사람인가? 선한 일을 하는 사람인가? 그들은 어떻게 사고하고 행동하는 사람인가? 그들은 일차원적인가, 다방면에 능력을 갖춘 사람인가? 등8)의 질문을 통해 그 기준을 제시해 보고자 하였다.

그런데 도덕적 인간상의 기준도 앞에서 언급한 도덕성에 대한 입장과 그 맥을 같이 한다. 그들이 인지주의자 인지, 정서주의자 인지, 행동주의자 인지에 따라 도덕적 인간상에 대한 규정도 달라진다.

인지주의의 대표적 인물인 콜버그는 도덕적으로 교육된 사람을 다음과 같이 규정하고 있다. "도덕적으로 교육된 사람은 사회에서 일어나고 있는 도덕적 문제들을 반성적으로 사고하고, 다양한 대안을 고려해서, '정의(justice)'라는 가장 일반적인 원리에 의거한 해결책을 모색하고, 그러한 생각을 행동으로 옮길 수 있는 방법을 배운 사람이다. 한마디로 말해, 콜버그에게 있어서 도덕적 인간상은 도덕적 숙고와 판단과정을 익히고, 더불어 정의의 원리가 현실에서 구현될 수 있도록 그 과정을 조작화 시키는 사람이다."9) 이처럼 콜버그는 도덕적 인간상에 대한 기준으로 인지적 판단과정을 제시한다.

---

8) Barry Chazan, op. cit., p.19.
9) Ibid, p.138.

정서주의자인 맥페일(P. McPhail)은 다른 사람에 대한 고려와 따뜻한 배려를 강조한다. 맥페일에게 있어서 도덕적으로 교육된 사람은 다른 사람을 고려하고 다른 사람을 따뜻하게 배려할 수 있는 정서를 갖고 있는 사람이다. 즉, 다른 사람과 참으로 친밀하게 행동하는 방식을 발달시킨 사람이다.10)

행위 중심의 도덕교육론을 강조한 반두라는 도덕적으로 교육된 사람을 자기조절능력을 형성한 사람이라고 본다. 자기조절능력이 있는 사람은 그렇지 않은 사람보다 일탈의 유혹과 공격적 충동을 더 잘 억제할 수 있고, 자신으로부터 한 발짝 물러설 수 있기 때문에 타인에 대한 이해와 배려도 더 잘할 수 있다. 따라서 반두라에 있어서 도덕적 인간상은 도덕적 판단능력을 갖춘 사람이나 따뜻한 마음을 갖고 있는 사람이 아니라 일탈의 유혹으로부터 행동을 통제하고, 사회적으로 가치롭거나 바람직한 것을 자신의 기준으로 설정하여 그 기준에 의거해 자신의 행동을 조절해 가는 사람이다.

이상에서 우리는 도덕적 인간상도 도덕성과 마찬가지로 도덕교육론자들의 입장에 따라 다르다는 것을 알 수 있었다. 콜버그는 인지적 판단능력을, 맥페일은 따뜻한 배려의 마음을, 그리고 반두라는 행위를 스스로 제어할 수 있는 능력을 갖고 있는 사람을 도덕적 인간상으로 상정하고 있다.

다. 도덕교육 접근법

도덕교육의 목적은 도덕성을 함양하는 것이다. 도덕성은 그 구성요소인 知, 情, 行의 통합체이다. 따라서 도덕교육은 知, 情, 行을 골고루 갖추도록 해주는 것이라고 볼 수 있다.

---

10) 박병기, 추병완 저, 『윤리학과 도덕교육』, (서울: 인간사랑, 1999), pp.126-129 참조.

요컨대, 도덕교육은 피교육자로 하여금 도덕적 문제 사태에 직면했을 경우, 知적인 면에서 그것을 도덕적으로 이해하고, 어떻게 행동하는 것이 도덕적으로 바람직한가를 판단할 수 있어야 하고, 情적인 면에서 볼 때, 자신의 입장과 타인의 입장이 갈등하는 경우, 감정이입이나 공감을 통해 타인의 입장에서 타인을 배려하는 마음을 가져야 하며, 行적인 면에서 일탈의 유혹에 직면했을 경우, 자신의 행동을 통제할 수 있도록 해주어야 한다.

그런데 이러한 능력을 갖도록 해주는 방법에는 세 가지 접근법11)이 있다. 그 내용을 남궁달화의 견해에 의거해 살펴보자. 첫째는 내용적 측면의 도덕교육이다. 내용의 도덕교육접근법은 도덕교육에서 규칙, 관습, 가치, 덕목 등의 구체적인 내용을 다루는 것이고, 그 대표가 덕목주의이다. 덕목주의는 덕목의 선정이 한 사회·국가에 의해 도덕적 가치로 합의되어 있다는 가정 하에 이루어진다. 이렇게 선정된 덕목은 교사에 의해 아동·학생들에게 전달되어 내면화되리라고 기대된다. 왜냐하면 내면화된 덕목은 도덕성으로 작용하여 아동·학생들의 생활 속에서 행동으로 나타날 수 있을 것으로 보기 때문이다. 그러나 덕목주의에서 선정된 덕목은 이미 사회에 의해 도덕적 가치로 인정되었다는 전제 하에 이루어지기 때문에, 덕목주의는 도덕교육의 접근 과정에서 덕목에 대한 아동·학생들의 자유로운 사고와 선택, 판단, 결정에의 기회와 참여를 제약한다고 비판을 받기도 한다.

---

11) 대체로 도덕교육의 접근방법은 형식적 접근과 내용적 접근으로 나누는 것이 보통이다. 그런데 남궁달화는 그의 책『인성교육론』, pp.250-260에서 도덕교육의 접근방법을 세 가지로 구별하고 있다. 즉 형식적 접근과 내용적 접근에 행동과 밀접한 관련이 있는 동기적 접근을 하나 더 설정하였다. 그리고 연구자가 연구한 반두라는 行을 강조하였다. 따라서 연구자는 이러한 세 가지 접근법이 반두라의 이론을 더 잘 설명할 수 있다고 생각되어 남궁달화의 견해에 의거해 도덕교육방법을 접근해 보았다.

둘째는 형식적 측면의 도덕교육이다. 형식적 측면의 도덕교육은 내용적 측면의 도덕교육과 대비되는 입장을 견지한다. 그래서 내용의 도덕교육이 주로 도덕의 일반규칙, 덕목 등을 중심으로 습관의 도덕교육에 관심을 가지는 반면, 형식의 도덕교육은 도덕적 문제에 대처하는 과정에서 도덕의 원리를 문제해결을 위한 절차 또는 방법으로 활용한다. 특히, 콜버그는 도덕교육의 목적을 도덕적 판단 및 논의에 참여할 수 있는 능력을 기르는 데 두고 있지, 특정 도덕 내용을 이해하도록 하고, 내면화하는 데 두고 있지 않다. 그러므로 형식의 도덕교육은 도덕적 문제 사태를 중심으로 문제해결능력의 함양에 일차적인 관심을 둔다.

셋째는 동기적 측면의 도덕교육이다. 동기의 도덕교육은 도덕적 행동을 이끄는 동기를 길러주는 것을 목적으로 하는 교육이다. 여기에서 도덕적 동기는 도덕적 신념과 밀접하게 관련된다. 그러므로 도덕적 동기를 계발하는 것은 곧 도덕적 신념을 형성하는 것이 된다. 그리고 교사가 보여주는 도덕적 삶에 대한 열정, 도덕교육에 대한 열정, 이에서 비롯되는 모델링으로서의 작용 등은 내용의 도덕교육과 함께 이루어질 수 있는 동기의 도덕교육이다.

이상에서 도덕교육의 세 가지 접근법을 살펴보았는데, 이 세 가지 접근법에 의거 반두라의 도덕교육론을 분석해보면, 반두라의 도덕교육론은 내용의 도덕교육과 동기의 도덕교육에 가깝다고 할 수 있다. 반두라는 모델링이나 관찰학습, 강화 등을 통한 도덕교육을 강조하고 있는데 이것은 구체적인 행위규칙이나 관습 등을 가르치는 것이다. 또한 행위를 유발시키기 위한 방법으로 제시하고 있는 자기평가를 통한 유인으로서의 자기 강화나, 무엇인가를 할 수 있다고 생각하는 효능감 등의 강조는 동기적 요인이라고 할 수 있다.

반면, 반두라는 추상적으로 요약된 원리에 의해 도덕교육을 하는 형식의 도덕교육에 대해서는 행위에 대한 안내를 잘하지 못한다고 보아 비판적 입장에 있다.

그러므로 반두라는 도덕교육의 세 가지 접근법에 비추어볼 때, 내용적 접근을 하고 있으며, 자부심과 효능감을 강조하고 있다는 면에서는 동기적 접근을 하고 있다. 그러나 행위를 직접 다루고 있는 부분은 위의 세 가지 접근방법으로는 설명하기 어려운 것으로 바로 이것이 다른 도덕교육론과 차이를 보이는 점이다.

2. 인간에 대한 규정과 사회학습이론

우리는 무엇을 하고자 할 때, 행위의 주체와 목적 그리고 방법에 대해 생각하게 된다. 예를 들어, 등산을 하려면, 먼저 어떤 산(목적)을 올라갈 것인지, 내(행위의 주체)가 그 산을 올라갈 능력은 있는지, 어떻게(방법) 올라갈 것인지 등을 생각한다. 따라서 도덕발달을 논하기 위해서도 인간을 어떻게 바라보는지(주체), 도덕성은 무엇인지(목적), 그리고 도덕교육은 어떻게 해야 하는지(방법) 등을 살펴볼 필요가 있다. 이를 위해 먼저 반두라가 제시하는 인간에 대한 규정과 인간은 어떠한 과정을 통해 도덕적 이탈을 하는지를 살펴보고, 다음으로 도덕교육의 목적인 도덕성을 무엇으로 규정할 것인지, 마지막으로 도덕성을 형성하는 방법인 도덕교육은 어떻게 해야 하는지를 살펴본다.

가. 인간에 대한 규정과 도덕적 이탈

인간을 어떻게 보는가, 인간은 어떻게 도덕적 이탈을 하는가 등을 살펴보는 것은 도덕교육을 정초하는 토대가 된다.

1) 인간에 대한 규정

인간은 생각하고, 예측하고, 평가하고, 왜곡하고, 거부하고, 언어로 의사소통하며, 그 밖의 여러 가지 인지활동을 한다. 그리고 인간 세계에서는 동물의 세계나 자연의 세계와 달리 행동을 이해하기 위해서 작인(agency, 作因)과 의도의 개념이 중요하다. 우리는 사고로 죽은 사람과 살해당한 사람이 있을 경우, 그 사람이 죽었다는 결과는 같지만 그 죽음을 같은 것으로 보지 않는다. 왜냐하면 인간의 경우에는 결과보다 의도성과 작인이 더 중요하기 때문이다. 예를 들어, 어떤 사람이 교통사고로 죽었을 경우, 우리는 운전자가 단순 사고로 사람을 죽였는지, 아니면 살해할 의도를 갖고 죽인 다음 교통사고로 위장한 것인지를 구별하고 그 의도나 작인에 따라 처벌을 달리한다. 즉 사전에 계획을 세운 살인자에 대한 처벌은 어쩔 수 없는 과실치사와는 다르다.

이처럼 인간에게 있어서는 사실보다 인간이 하고자 한 의도나 인간으로 하여금 그렇게 하도록 한 작인이 더 중요하다. 이러한 견해에 의거해 반두라는 인간을 규정함에 있어 전통적 행동이론과 충동이론 그리고 피아제와 콜버그의 인지이론 등을 부분적으로만 수용한다. 그가 이들의 이론을 부분적으로만 수용하는 것은 이 이론들이 인간의 행동을 잘못 설명했기 때문이 아니라 인간의 행동을 온전하게 설명하지 못하고 있다고 생각했기 때문이다.

반두라에 의하면, 인간은 내적 심리적 요인에 의해서만 움직

여지는 존재도 아니고, 환경적 영향에 적응만 하는 존재도 아니다. 인간은 행동적, 인지적, 환경적 영향력 사이에서 끊임없이 상호작용 하는 존재이다. 만약 인간의 행위가 내적·심리적 요인에 의해서만 움직여진다면, 이것은 인간을 진공 속의 존재로 인식하는 것이다. 그리고 "행위가 오로지 외적인 보상이나 처벌에 의해서만 결정된다면, 인간은 바람개비처럼 행동하게 될 것이다. 즉 자신에게 가해지는 순간적 영향에 순응하기 위해 끊임없이 다른 방향으로 방향을 바꾸게 될 것이다."12)

인간은 내적힘에 의해 조종되지도 또한 환경의 영향에 무기력하게 시달리지도 않으며, 능동적으로 환경과의 상호작용을 통해 자기 방향을 제시할 수 있는 우수한 능력을 갖고 있는 존재이다.

"인간은 스스로 방향을 정하는 자기 정향적 능력을 갖고 있는 생각하는 유기체이다. 인간은 외적영향을 상징적으로 표현할 수 있으며, 나중에 그러한 표현을 행위를 안내하는데 사용한다. 그들은 다양한 선택들을 규정하지 않고 정신적으로 문제를 해결할 수 있다. 그들은 행위의 가능한 결과를 예측할 수 있고, 자신의 행위를 바꿀 수 있다. 뿐만 아니라 주어진 활동의 자극요소를 조종해서 자신의 행위결과를 연출함으로써 어느 정도 자신의 행위를 통제할 수도 있다."13)

이와 같이 인간은 행동적, 인지적, 환경적 요인의 상호작용에 의해 스스로의 행위 방향을 결정하는 자기 정향적 존재이다. 그런데 인간이 이렇게 자기 정향적 존재로서 행위를 통제할 수

---

12) A. Bandura, *Social Learning Theory*, (Englewood Cliffs: Prentice Hall, Inc., 1977), p.128.
13) A. Bandura, *Aggression,* (Englewood Cliffs: Prentice Hall, Inc., 1973), p.42.

있는 것은 다음과 같은 인간의 특성14) 때문이다.

① 상징화 능력으로, 인간은 자신들의 경험을 상징적으로 표현함으로써, 삶에 의미를 부여하고 삶에 연속성을 줄 수 있을 뿐만 아니라 상징체계를 통해 시공을 초월하여 사상을 전달할 수도 있다. ② 예견능력으로, 인간은 미래를 계획할 수 있기 때문에 예상된 결과와 열망에 따라 스스로를 규제하고 동기화 할 수 있다. 그들은 행위결과를 예상하고 목표를 정하며 가치 있는 미래로 인도해 줄 행위과정을 계획할 수 있다. ③ 대리 학습능력으로, 인간은 대리학습 능력이 있어서 장황한 시행착오를 거치지 않고 관찰을 통해 행위, 태도, 정서적 성향을 습득할 수 있다. ④ 자기조절능력으로, 인간은 단지 외적사건에 대해 수동적으로 반응만 하는 존재가 아니라, 자기 지시와 자기평가능력이 있어 자신들의 동기와 행위를 조절할 수 있다. ⑤ 자기반성, 즉 숙고능력으로, 인간은 자신들의 경험을 숙고할 수 있고, 자신들의 사고과정과 행위에 대해 생각할 수 있다. 그들은 자신들의 생각(idea)이나, 생각으로부터 예측된 사건에 따라 행위하며, 자신들의 사고결과가 적절한가의 판단에 따라 생각을 바꿀 수도 있다.

요컨대, 인간은 환경으로부터의 외적영향과 내적요인으로서의 결과예측과 기대에 의해 행동하는 존재이다. 그러므로 반두라의 입장에서 보면, 도덕교육은 외적요인에 의한 행위통제와 내적요인에 의한 행위조절 모두를 고려하지 않으면 안된다. 그런데 외적요인에 의한 행위통제는 지속성이 부족하거나 일시적인 현상일 수 있기 때문에 궁극적 행위통제는 지속성이 있는 내적요인에 의한 행위통제, 즉 자기조절에 의한 행위조절이 더 바람직할

---

14) Richard I. Evance, *Albert Bandura: The Man and His Idea-A Dialogue*, (New York: Praeger, 1989), pp.33-34.

수 밖에 없다.

2) 도덕적 이탈

우리는 통상 도덕교육이나 도덕발달을 이야기할 때, 너무 이
상적인 견지에서 논의하는 경향이 있다. 사람들은 선천적으로
보다 높은 사고양식을 좋아한다던가 아니면 비도덕적인 것은
싫어하거나 학습을 거부할 것이라는 것을 전제로 하고 있다. 그
래서 사람들은 비도덕적인 문제가 발생한 경우, 그 원인을 도덕
성의 발달에서 초자아나 양심이 제대로 형성되지 못해서15)라든
가, 도덕적 추론능력이 낮아서16), 또는 정서의 미발달로 공감
(sympathy)능력이 부족하기 때문17)이라고 분석한다. 그러나 실
제로 보면 비도덕적인 행위는 충동행위로부터 발생하기도 하지
만, 숙고된 절조(節操) 행위로부터 생겨나기도 하며, 동정심이
많거나 인정이 많은 사람들에 의해서 수행되기도 한다. 환언하
면, 사람들은 충동을 억제하지 못해 비도덕적인 행위를 하기도
하지만, 비난받을 행위가 받아들이기 쉬운 형태로 치환되어 달

---

15) 프로이트는 도덕성의 발달을 초자아의 형성이나 양심의 발달로 보
고 있다. 어린이는 부모와의 관계에서 외디푸스 콤플렉스를 경험함
으로써 부모의 초자아를 자신에게 내면화하게 되고, 그렇게 내면화
된 초자아는 도덕적 규칙으로 작용하게 된다.
16) 인지발달론자인 피아제와 콜버그는 도덕성을 추론능력으로 보고
있다. 따라서 그들은 도덕교육도 이러한 추론능력의 단계적 상승을
이끌어내는 것으로 생각하고 있다.
17) 호프만(Hoffman)은 도덕적 문제의 발생을 이기적 동기와 도덕적
동기 사이의 갈등, 즉 타인의 이익과 자신의 이익 사이의 갈등에서
비롯되는 것으로 보고 있다. 따라서 그는 이러한 이기적 동기와 도
덕적 동기 사이의 갈등을 공감을 통해 해결할 수 있다고 본다. 사
람들은 공감을 통해 타인의 삶을 이해하게 되고, 자신들이 타인에
게 해를 입혔다는 생각을 할 수 있게 되며, 그로 인해 죄책감을 갖
게 된다.

리 정의된 경우, 아주 사려 깊은 사람이라 할지라도 비난받을 행위를 하게 된다.

우리는 매우 어린아이들조차도 잘못을 변명하기 위해 노련하게 완화요인을 사용하는 것을 종종 목격하게 된다. 따라서 비도덕적 행위의 발생을 인격 장애나 미발달의 문제로만 보아서는 안된다. 사람들은 비도덕적인 행위도 학습하고 상황만 허락되면 수행하기를 꺼려하지 않는다. 그러므로 우리는 도덕성의 발달을 촉진하는 것에만 관심을 기울일 것이 아니라, 어떻게 하면 비도덕적인 행위를 학습하지 않도록 할 수 있는지, 어떻게 하면 비도덕적인 행위를 하지 못하도록 할 수 있는지에도 관심을 가져야 한다. 그는 바로 이러한 면에 대해서 이야기하고 있다. 반두라는 사람들이 어떻게 도덕적 이탈을 하게 되는지, 어떻게 하면 도덕적 이탈을 막을 수 있는지에 대해 체계적으로 설명하고 있다.

사람들은 자기 존중감과 자기 가치감을 주는 행동은 하게 되고 자기 비난을 하게 되는 행동은 삼가게 된다. 실제로 가장 파괴적인 자기 벌은 자기멸시이다. 그리고 타인으로부터의 비난을 피하기 위해서 모든 가능한 수단을 동원하기도 한다.

사람들은 자기 처벌(自己處罰) 반응이 일어나지 않도록 하기 위해, 또 타인으로부터의 비난을 피하기 위해, 그리고 개인적으로 이득이 되는 행위가 도덕적으로 비난받지 않도록 하기 위해, 그것들을 교묘히 피하는 법을 배우게 된다. 자신들의 비행이 가볍게 보이도록 자신들의 잘못을 환경 탓으로 돌리거나 합리화, 즉 변명을 통해 비난받을 행위에 대한 자기 비난을 약화시키는 법을 배우게 되기도 한다.

반두라는 이러한 도덕적 이탈이 발생할 수 있는 행위과정을 다음과 같이 여섯 가지[18]로 설명하고 있다.

첫 번째는 도덕적 정당화(justification)이다. 이것은 변명에 의해 행위 그 자체를 재구성하는 것이다. 사람들은 통상 자신들의 주장에 대한 도덕성을 스스로에게 정당화할 때까지 해가 되는 행위를 하려 하지 않는다. 따라서 사람들은 자신의 파괴적인 행위도 도덕적 목적에 기여하는 것으로서 재정의 하게 된다.

우리는 여러 해 동안 엄청난 양의 공격이 종교적 원리, 정의의 이데올로기, 민족의 명령이라는 이름으로 자행되었다는 것을 알 수 있다. 이러한 도덕적 정당화와 임시 변통적 성격규정은 역제지자(逆制止者)로서의 효과가 특히 크다. 사람들은 이렇게 도덕적 정당화와 임시 변통적 성격규정을 통해 비인간적인 행위를 자기 보상으로 그리고 도덕적으로 용납될 수 없었던 것을 자부심의 원천으로 재정의 함으로써 자기 생성적 억제 요인을 제거하게 된다.

두 번째는 유리한 비교이다. 스스로 뉘우치고 있는 행위도 보다 파렴치한 위반행위와 비교하게 되면 정당한 행위가 될 수 있다. 보다 난폭한 행위와 비교할수록 자신의 행위는 사소한 것이 된다. 이처럼 유리한 비교를 통해 사람들은 폭력적 행위도 자비로운 행위나 이타적 행위로 바꿀 수 있다. 예를 들어, 당신은 폭력을 통해 민주주의를 쟁취했는데, 왜 우리는 그러한 방법을 쓸 수 없는가와 같은 비교를 통해 이탈 행위가 발생할 수 있다.

세 번째는 행위에 대한 해석으로 완곡 어구를 사용하는 것이다. 사람들은 비난받을 행동을 실제와는 다른 어떤 것으로 부름으로써 자기 멸시를 느끼지 아니하고 그 행위를 한다. 예컨대,

18) 도덕적 이탈의 과정에 대한 내용은 에반스와 반두라가 대화한 책인 Albert Bandura: The Man and His Idea−A Dialogue의 pp.42-47과 반두라의 논문, "Social Cognitive Theory," *Annals of Child Development, Vol. 6,* (Greenwich, Connecicut, London, England: Jai Press Inc., 1989)의 pp.39-40를 참조하였음.

마케팅 분야의 경우, 새로운 제품이 현재 널리 인정되고 있는 가치와 공존하도록 제시한다. 에너지보존이란 명목으로 에너지 소비 기구가 광고되며, 개인주의라는 이름으로 소비의 획일화가 자극된다.

이와 같이 사람들은 책망 받을 행위를 완곡 어구를 사용해서 감출 수 있도록 스스로를 숙련시키게 되고, 개인적인 이익은 있으나 다른 사람에게 해가 되는 일을 해야만 할 때 일상생활에서 완곡어법을 포괄적으로 사용한다. 다시 말해, 자신들이 하고 있는 것을 온화한 언어를 사용해서 설명함으로써 자긍심을 보호한다.

네 번째는 행위와 행위에 의해서 발생한 손해 사이의 관계를 왜곡하거나 애매하게 하는 것이다. 만약 사람들이 합법적 권위에 의해 행위를 제재 받고 행위의 결과에 대해 책임을 져야 한다면 규준에 맞게 행동할 것이다. 도덕적 억제는 행위와 손해 결과 사이에 분명한 인과관계가 있을 때 가장 강하게 활성화된다. 책임이 면제되는 조건 하에서 사람들은 자신들의 행위를 개인적으로 책임져야 하는 것으로 보기보다는 오히려 다른 사람의 명령으로부터 생겨난 것으로 생각한다. 따라서 자신이 행위의 실제적 담당자가 아니기 때문에 자기 금지 반응을 나타내지 않는다. 이처럼 도덕적 이탈은 책임전가와 책임의 확산을 통해 행위자(작인)라는 의식을 흐리게 하거나 애매하게 할 때 발생한다.

그러면 행위와 행위결과 사이의 관계를 애매하게 하는 도덕적 이탈의 방법인 책임전가는 어떻게 이루어지는가? 어떤 권위자가 사람들에게 어떤 방식으로 행동하도록 명령하는 한, 그들은 자신들이 수행한 행동에 대해 책임을 느끼지 않는다. "나는 그것을 했다. 그러나 내가 그렇게 한 것은 명령을 받았기 때문이다"와 같이 수행에 대한 책임을 다른 사람에게 전가시키는 경우 도덕적 이탈은 쉽게 일어난다. 실제로 권력을 가진 사람들은 그들이 개인적으로 책임을 질 비난받을 행위를 직접적인 방법으로 승인하지 않는다. 그들이 개인적 책임을 회피하는데는 두 가지 이유가 있다. 하나는 만약 일이 잘못되었을 경우 아무도 그것에 대해 사회적으로 책임지기를 원하지 않기 때문이고, 다른 하나는 자신들의 자존심을 지키고 싶어 하기 때문이다. 그래서 사람들은 교활하게 책임전가를 하게 된다.

그리고 문책 받아야 할 행위자와 행위결과 사이의 관계를 모호하게 하는 두 번째 방법은 책임의 분산이다. 사람들은 의사결정을 할 때, 단체로 하고 노동의 분화를 통해 활동을 나누어 하게 된다. 그들의 활동이 주로 커다란 사업과 관계됨으로써 그들의 공헌을 알지 못하게 되며, 그들의 관심은 커다란 사업이 갖고 있는 도덕적 함의에 대해 걱정하기보다는 커다란 사업의 하위 부분을 잘하는데 쏠리게 됨으로써 책임의 분산이 이루어진다.

다섯 번째는 자기억제 반응을 약화시키는 것으로 행위결과에 대한 무시와 왜곡이다. 사람들은 개인적 이익이나 사회적 유인 때문에 해로운 행위를 하게 될 때, 자신이 원인이 된 피해와 의도적으로 마주치려 하지 않거나 그것을 최소화하려 한다. 사람들은 행위의 이익은 쉽게 기억하나 행위의 피해결과는 잘 기억하려 하지 않는다. 선택적 부주의와 결과에 대한 인지적 왜곡, 그리고 잘못된 설명은 피해가 자신들 때문이라는 증거를 믿지 않으려는 적극적 노력이다. 왜냐하면 자신의 행위로 인해 발생한 유해결과를 무시하고, 최소화하고, 왜곡하고, 믿지 않으려 하는 한 자기 비난이 활성화 될, 즉 자기 스스로를 책망할 아무런 이유가 없기 때문이다.

여섯 번째는 비난받을 행위의 희생자를 어떻게 보는가하는 것에서 발생하는 것으로, 이것은 두 가지 형태로 이루어진다. 그 중 하나는 비인간화, 즉 희생자를 인간 이하의 사람으로 규정하는 것이다. 만약 행위자가 피해자를 비인간화해서 스스로에게 주어지는 도덕적 억압을 제거하지 못하면 야만적 속성은 자신에게 귀인(歸因)된다. 사람들은 인간화된 사람에게보다 인간 이하의 사람이나 짐승 같은 사람에게, 그리고 알고 있는 사람보다 모르는 사람에게 비인간적인 행위를 더 쉽게 한다. 그런데 우리는 도시화, 기계화, 자동화와 많은 이동성으로 인해 비인간적인 방법으로 서로 관계를 맺고 있다.

다른 하나는 피해자에게 비난을 돌리는 것이다. "만약 당신이 그렇게 말하지 않았더라면, 나는 그렇게 행위 하지 않았을 것이다." 이 과정에서 공격자들은 스스로를 결백한 사람으로 보며, 자신들의 행위는 피해자들에 의해 유발된 것으로 생각하거나 외적환경에 의해 강요된 것으로 본다. 피해자나 환경을 비난함으로써 자신의 행위를 용서할 뿐만 아니라, 공격을 정당하다고 느낀다.

이처럼 도덕적 이탈은 도덕적 정당화, 즉 변명, 유리한 비교, 완곡 어구의 사용, 행위와 결과 사이의 관계에 대한 왜곡, 행위 결과에 대한 의도적인 무시와 왜곡, 비인간화와 피해자에게 비난을 돌리는 것 등에 의해서 발생되는 것으로 요약된다.

그러므로 도덕적 이탈을 억제하려면 도덕교육은 다음의 내용을 충분히 포함할 수 있어야 한다. ① 인간적인 사회를 조장해서, 인간적인 규칙을 가르치고, 사회 체계가 인간적인 사회를 지지한다는 것을 알려주어야 한다. 그러기 위해서는 사회적 수준에서 사회 체계가 비인간적인 활동보다는 동정적인 행위를 지지하도록 통제 기제(機制)를 만들 필요가 있다. 즉 사회를 다원적인 사회로 만들어야 한다. ② 교육자의 역할로, 교육자는 행위와 행위결과 사이의 관계를 명확하게 알려주고, 자신의 일에 반드시 책임을 지도록 하며, 유리한 비교나 완곡 어구의 사용을 하지 못하도록 함으로써 이탈을 막는 것이다. ③ 개인적 수준으로, 이탈에 직면하여 자신을 통제할 수 있도록 자기조절능력을 향상시키는 것이다.

우리의 도덕교육은 어떠한가? 반두라가 제시하고 있는 도덕적 이탈의 과정을 억제하거나 줄일 수 있는가? 우리의 초·중·고등학교 도덕교육은 대체로 두 가지 측면에서 이루어져 왔고, 이루어지고 있다. 그 한 가지는 인성교육적 차원에서 이루어지는 정서교육의 강조이고, 다른 하나는 교과로서의 도덕·윤리교육이다. 초·중학교의 도덕교과서는 래쓰의 가치명료화 이론과 콜버그의 인지발달이론에 근거한 원리, 즉 형식 중심의 도덕교육으로 도덕적 추론능력과 가치탐구 등을 강조하고 있고, 고등학교의 윤리교과서는 주요 윤리사상의 소개를 그 내용으로 하고 있다. 물론 위에서 제시한 교육내용도 도덕적 이탈의 억제를 목적으로 하고 있는 것은 사실이다. 문제는 그 내용이 얼마나 실효성이 있느냐 하는 것인데, 그 내용을 좀 더 자세히 살펴보자.

우리가 인성교육을 실시하게 된 이유는 반인륜적인 행위가 발생했을 때, 그 원인을 경쟁과 지식 위주의 교육으로 인해 인간성이 메말라 그러한 일들이 벌어진 것으로 분석하였기 때문이다. 그래서 인성교육은 지식 위주의 교육을 보완하는 정서교육을 의미하게 된 것이다. 인성교육을 통해, 풍부한 정서를 갖게 되면 공감능력과 감정 이입능력이 향상되고, 사람들은 더 이상 비인간적인 행동을 하지 않을 것이라는 진단 및 처방을 한 것이다. 그러나 우리사회는 산업화, 대중화로 인해 점점 익명성이 증가하였고, 그에 비례하여 인간성도 더 메말라 갔다. 그리고 입시 위주의 교육현실에서 정서교육은 형식적으로 실시되거나 이론적으로만 연구되었지 현실감이 부족해 그 효과를 기대할 수 없었다.

물론, 정서교육을 통해 정서를 충만하게 할 수 있다고 하여도, 그것만으로는 반두라가 제시한 이탈의 문제를 해결하기에는 한계가 있을 수 밖에 없지만 말이다.

정서가 풍부하면, 정서는 타인에 대한 이해를 촉진시킬 수 있다는 면에서 타인에 대한 비인간화는 줄일 수 있을 것이다. 즉, 인간성의 회복이라는 면에서 보면, 어느 정도 의미가 있다고 할 수는 있다. 하지만, 사회의 변화를 따라 잡거나 도덕적 이탈을 방지하기에는 어려움이 있다.

정서가 풍부하다고 해서 변명이나 유리한 비교를 덜 하는 것도 아니고, 행위와 행위결과 사이의 왜곡이나 결과의 무시를 하지 않는 것도 아니기 때문이다. 또 비도덕적인 이탈 행위를 하는 경우를 보면, "동정심이 많거나 인정이 많은 사람들이 있는"[19]것을 볼 때, 정서의 민감성과 이탈의 과정 사이에 별다른 연계성을 찾기도 어렵다. 요컨대 정서교육의 강조는 정이 넘치는 사회를 만들 수는 있어도 도덕적인 이탈을 막는 데는 한계가 있다.

다음은 교과의 이론적 토대가 되고 있는 가치명료화 이론과 콜버그의 인지발달이론에 대한 논의이다. 이 이론들은 어떤 생각을 하고 어떤 판단을 내리느냐 하는 것을 중요시하며, 알면 행한다는 것을 전제로 하고 있다.

우리들 대부분은 비도덕적이라고 알고 있는 사람이 모르는 사람보다 비도덕적인 행동을 덜 한다는 것에 동의할 것이다. 이

---

19) Richard I. Evance, op. cit., p.41.

러한 면에서 보면, 인지중심의 이론은 설득력이 있다. 그러나 우리는 비도덕적인 행동을 하는 사람이 그 행동이 비도덕적인지 모르고 행동하는 경우가 별로 없다는 점에 대해서도 주목할 필요가 있다.

분명, 인지중심의 도덕적 판단은 비도덕적인 일탈을 줄일 가능성이 있고, 보다 더 도덕적으로 행동할 가능성을 높일 수 있다. 그러나 도덕적 판단이 전부 도덕적 행동으로 연결되지는 않는다는 점도 간과해서는 안된다. 단순히 아는 것만 가지고는 도덕적 행동을 보장받지 못한다. 인지이론은 동기를 자극하는 정(情)과 행(行)에 의해 보완될 필요가 있다.

게다가 콜버그의 형식(원리) 중심의 도덕교육은 인간에 대한 이해에도 문제가 있다. 인간이 이성적 존재라는 것은 어느 누구도 부인하지 않는다. 그런데 콜버그의 인간 이해와 도덕발달이론은 이성적 존재라는 면을 너무 지나치게 강조하는 경향이 있다. 그래서 인간의 높은 추론능력이 곧 높은 도덕성의 형성이라는 생각을 한다.

우리는 실제로 높은 추론능력을 갖고 있는 사람들이 오히려 추론능력을 이용해 자신들의 비도덕적인 행위를 정당화하는 있는 경우를 자주 본다. 또 "유명한 대학의 졸업자들에 의해 옹호된 파괴적인 사회 정책이 집단적인 도덕적 성숙에 의해서보다, 사회적 역학에 대한 집단적 사고에 의해 이루어지는 경우를 많이 보았다."[20] 이것은 "사고의 형식과 내용이 독립적이라는 견해가 일관되게 적용 된다면, 원리에 의한 추론은 인간적 행위뿐만 아니라 파괴적 행위를 지지하는데에도 사용될 수 있다는 점을 말해 준다."[21] 따라서 콜버그의 도덕발달이론은 관련된 사실

---

20) A. Bandura, *Social Foundation of Thought and Action*, (Englewood Cliffs, New Jersey: Prentice-Hall, Inc., 1986) p.489.

42

에 대한 상세한 기술에 의해 보완되지 않는다면 그 효과를 발휘하기가 어렵다.

물론 이상의 주장도 콜버그의 이론이 제대로 적용된다는 전제 하에서 논의될 수 있는 것이다. 실제로는 이것도 입시 위주의 교육현실과 교사의 이해부족으로 잘 적용되지 못하고 있는 것이 현실이다. 그러므로 도덕적 이탈의 문제를 해결하기 위해서는 인성교육과 인지중심의 도덕교육에만 의존할 수는 없다. 무엇인가 보완이 요구된다.

반두라의 도덕교육론은 어떠한가? 반두라의 도덕교육론은 행위중심으로 행위자의 생각을 고려하지 않는다는 문제를 안고 있지만, 강화와 모델링을 통해 행을 직접 다룬다는 면에서 위의 인지중심과 정서중심으로 인해 생겨나는 문제로부터 어느 정도 자유로울 수 있다.

물론 반두라의 도덕교육론은 행위를 직접 다루고, 주요 교육방법이 강화와 모델링이라는 점에서 교과수업에서의 활용이 어렵기는 하나, 생활지도나 태도교육에서 우리가 가장 흔하게 사용하는 것이 강화이기 때문에 특별한 노력 없이도 잘 이해만 하고 있다면 적용가능성은 높다고 할 수 있다. 하지만 반두라의 행위중심의 도덕교육론은 분명, 인지와 정서에 의해 보완될 때, 더 효과적일 것이다.

나. 도덕성과 단계론 비판

반두라는 여러 도덕발달이론 중 특히 단계이론에 대해 비판적이다. 그가 주장한 도덕성과 함께 단계론에 대한 그의 입장을 구체화해 보자.

---

21) Ibid, p.490.

1) 도덕성

반두라는 "도덕성은 이것이다"라고, 도덕성에 대해 확정적인 언급을 하지 않았다. 그러나 그의 이론을 면밀히 검토해보면, 그가 도덕성을 자기조절능력으로 보고 있다는 것을 알 수 있다.

필자는 도덕적 행동을 두 가지 형태로 구별한다. 하나는 소극적 측면으로 타인에게 해가되는 행동을 하지 않는 것이고, 다른 하나는 적극적 측면으로 이타적 행동을 하는 것이다. 이렇게 보면, 도덕교육은 어떻게 하면 다른 사람에게 해를 끼치지 않으면서 이타적 행동을 하도록 할 수 있는가가 된다.

그런데 다른 사람에게 해가 되는 행동을 하지 않도록 하는 것은 자신을 통제할 수 있는 능력을 길러주면 어느 정도 가능할 것으로 생각된다. 그러나 이타적 행동은 그렇게 단순하지 만은 않다. 사람들이 이타적 행동을 하는 이유는 저마다 다르고, 그 내용도 복잡하기 때문이다.

사람들은 "① 타인의 인정에 대한 기대, ② 도와주지 않으면 벌 받을지도 모른다는 두려움, ③ 도와주면 타인의 곤경으로 인한 자신의 감정 이입적 고통 및 불안을 완화시킬 수 있으리라는 기대, ④ 상대방을 도와주면 결국 보답 받는다는 기대, ⑤ 상대방의 호의에 보답해야만 한다는 규칙, ⑥ 도움을 요청하는 사람 및 신체적·정신적 장애자를 도와주어야 한다는 규범, ⑦ 단순히 도와주는 행동 그 자체가 좋은 것이라는 규칙, ⑧ 죄책감을 없애거나 타인에게 잘 보이고자 하는 욕구, ⑨ 도와주면 자부심 및 기쁨을 느낄 수 있다는 기대"22) 등등의 이유로 이타적 행동을 한다.

그러나 이타성도 좀 더 자세히 들여다보면 자기통제 및 자기

---

22) David G. Perry, Kay Bussey, *Social Development*, 최순영 역, 『인간의 사회적 발달』, (서울: 성원사, 1993), p.282.

방종의 억제가 전제되어야만 가능하다는 것을 알 수 있다. 곤경에 처한 타인의 욕구에 관심을 가지기 위해서는 먼저 자신의 욕구를 잠시 미루어 두는 극기가 전제되어야만 한다. 따라서 도덕성은 결국 반두라의 주장처럼 자기통제 능력, 즉 자기조절 능력으로 수렴되며, 도덕교육은 자기통제능력, 즉 자기조절능력을 길러주는 교육이 된다.

일반적으로 심리학자들은, 특히 하아트손(Hartshorne)과 메이 (May) 등은 자기조절과 도덕적 행위를 세 가지 영역23)으로 구별하고 있다.

첫 번째 영역은 도덕판단과 옳고 그름에 대한 언어적 기준으로 도덕적 추리의 차원이다. 이 영역은 사람들이 어떤 행동의 옳고 그름을 어떤 식으로 결정하며, 어떻게 해서 점차 세련된 판단을 할 수 있게 되는가에 관한 것으로, 콜버그 등이 이에 해당된다.

두 번째 영역은 외적강제가 없는 상태에서의 유혹에 대한 저항, 즉 일탈저항의 차원이다. 이 영역은 하고 싶지만 해서는 안되는 것에 대한 유혹에 저항하는데 필요한 능력이나 의지와 관련되어 있다. 이 영역의 대표적 인물에는 아론프리드(Aronfreed) 등이 있다.

세 번째 영역은 위반에 대한 죄의식으로 자기평가의 차원이다. 이 영역은 사람들이 어떻게 해서 위반 행동에 대해서는 죄책감을, 양심적 행동에 대해서는 자긍심을 느낄 수 있게 되는가에 관한 것이다. 사람들은 성숙함에 따라 자기평가의 개인적 기준을 형성하게 되며, 도덕적으로 성숙한 사람은 자기 기준을 위반하는 행동을 했을 때, 죄책감을 느끼거나 자기 비난을 하는

---

23) Walter Mischel, *Introduction to Personality*, (Holt, Rinehart and Winston, Inc., 1971), p.401 참조.

경향이 있다. 반면, 보상받을 만한 행동을 했을 때는 자부심과 자기 보상감을 느끼게 된다. 이러한 주장을 하는 학자들에는 알린스미스(Allinsmith), 시어스(Sears), 맥코비(Maccoby), 체빈(Cevin) 등이 있다.

심리학자들은 도덕성의 세 가지 측면을 각각 인지적, 행동적, 정서적 요소로 본다. 그 이유는 도덕적 추리와 판단은 옳고 그른 것 간의 차이를 인지적으로 이해하는 것이며, 일탈에 대한 저항은 유혹에 직면했을 때 외현적 행동으로 나타나는 것이고, 자기 평가는 위반 후의 죄책감과 같은 정서를 의미하기 때문이다.

여하튼 이러한 도덕성의 세 가지 영역은 지금까지의 도덕교육을 포괄적으로 설명해 주고 있다. 문제는 이러한 세 가지 영역의 상호 관련성에 대한 것으로, 도덕성의 한 영역에서 성숙한 사람은 다른 두 영역에서도 그러한가 하는 것이다.

많은 연구자들이 도덕성의 세 영역을 측정하여 그 점수들 간의 상관관계, 즉 도덕성의 세 측면이 상호작용하여 '전체적 양심'이라는 단일적인 성격특성을 나타내는지, 아닌지를 살펴보았다.

"호프만(Hoffman)의 연구결과에 의하면, 그 영역 간의 상관계수는 대개 낮거나 영에 가까웠다. 일탈저항력이 높다고 해서 반드시 강한 죄책감을 느끼는 것도 아니고 도덕적 추론을 잘한다고 해서 반드시 일탈저항력이 강한 것도 아니었다. 그러므로 도덕성의 세 영역은 각기 독립적으로 발달한다고 할 수 있다."[24]

뿐만 아니라 "도덕성의 세 영역 내에서도 상황적 특수성에 따라 상당한 차이가 있었다. 운동장에서 시합할 때 제멋대로 속임수를 쓰는 아동이 교실에서 산수시험을 칠 때도 반드시 속임수를 쓴다고 할 수는 없으며, 다른 아동을 때린 후 죄책감을 느낀

---

24) David G. Perry, Kay Bussey, op. cit., p.206.

아동이 물건을 훔친 후에도 반드시 죄책감을 느낀다고 할 수는 없었다. 또한, 도덕적 판단을 하기까지 얼마만큼 복잡한 사고를 거치는가 하는 것도 위반행동의 종류에 따라 달랐다."[25]

그렇다면 지금까지의 도덕교육은 부분적인 타당성, 즉 논리적 타당성이나 이론적 타당성에 의해 이루어졌다고 할 수 있다.

인간은 총체적 존재이기에, 도덕적 행동도 총체적일 수 밖에 없다. 그러나 지금까지의 도덕교육은 총체적인 도덕적 행동을 분리하여 인지적 요소인 추론능력이나 판단능력만 길러주면 행동은 수반될 것으로 보고 추론능력을 길러주는 데만 노력을 기울이거나, 아니면 양심을 길러주어 죄책감을 끌어낼 수 있으면 그것에 의해 행동도 도덕적이 될 것으로 판단하였다.

하지만 실제로 보면 인간의 도덕적 행동은 다양한 형태로 이루어진다. 인지적 학습과 행동이 거의 시차 없이 곧바로 일어나기도 하고, 극단적인 경우에는 학습 없이 모델의 행동만 보고 즉시적 모방이 일어나기도 한다. 또한 죄책감을 느꼈거나 학습은 되었지만 상황이 허락되지 않으면 평생 동안 나타나지 않을 수도 있다. 따라서 행위에 대한 교육도 함께 이루어져야 하며, 그렇게 될 때 도덕적 행동의 발생가능성은 증가한다.

기존의 知와 情 중심의 도덕교육론의 주장처럼 행위는 도덕교육에서 직접 다룰 수 없기 때문에 도덕적 사고를 길러주면 이러한 도덕적 사고에 의해 도덕적 행동이 수반될 것이라고 보는 것은 부분적으로만 타당하다. 만약 도덕교육의 목적이 도덕적 행동에 있고, 이것에 동의 한다면, 도덕교육은 행동을 부수적 현상으로만 놓아두어서는 안된다. 행동도 함께 다루어야만 한다.

이러한 면에서 보면, 반두라의 행위중심의 도덕교육론은 기존

---

25) Ibid, p.207.

의 知와 情 중심의 도덕교육론을 보완해 줄 수 있는 이론이라
고 할 수 있다.

2) 단계론 비판

　도덕발달이론에서 단계론은 매우 중요한 위치에 있다. 단계론
의 대표자는 피아제와 콜버그이다. 우리가 도덕 발달이론을 이
야기할 때 단계론을 빼놓고는 논의하기가 어렵다. 그 만큼 피아
제와 콜버그는 우리의 도덕교육에 상당한 영향을 미쳤고 지금
도 그러하다. 그런데 여기에서 이렇게 많은 영향력을 발휘한 단
계론을 비판하고자 하는 것은 단계론이 도덕교육에서 중요하게
다루어졌음에도 불구하고 교육적 효과가 크지 않고 문제점도
많이 지니고 있기 때문이다.

　피아제에 의하면 사람은 약 7세를 기점으로 도덕 판단을 명
확히 두 단계로 구별할 수 있다. 첫 번째 단계는 객관적 도덕성
으로 정의되며, 이때가 되면 어린이는 이탈행위의 중대성을 물
질적 피해의 양으로 판단하고 행위의 고의성을 무시하게 된다.
두 번째 단계는 주관적 도덕성의 단계로 이 기간 동안 어린이
들은 물질적 결과보다는 행위의 의도로 행위를 판단한다. 피아
제는 도덕발달이 이처럼 단일적이면서도 내적인 도덕적 작인에
의해 조정되며, 도덕적 정향도 특정 나이의 어린이에게서만 나
타난다고 주장한다.

　반두라와 맥도날드(Mcdonald)는 이러한 피아제의 주장에 대
해 동의하지 않는다. 그들에 의하면 5살에서 7살 사이의 어린이
도 사회적 상황이 어떻게 주어지느냐에 따라 객관적인 도덕적
판단과 주관적인 도덕적 판단을 할 수 있다[26]는 것이다.

---

26) A. Bandura, Richard H. Walters, *Social Learning and Personality Development,* (Holt, Rinehart and Winston, Inc., 1963), pp.206-207.

반두라는 많은 연구를 통해 이를 검증해 보고자 하였다. 검증을 위해 그는 "어린이들을 도덕적 전망을 다르게 표현하는 다양한 모델들에 노출시켰고, 모델들은 행위를 책망하기 위한 기준으로 악의와 상해의 정도를 사용하였다. 그 결과 어린이들은 모델들의 영향에 의해 위반행위를 판단할 때 의도와 손해의 비중을 바꾸었다. 이전에는 주로 의도에 의해 비행을 판단했던 어린이는 야기된 손해에 의해서 행위를 판단하였고, 전에는 손해의 양에 의해 비행을 평가했던 어린이는 책망의 기준으로 의도를 적용하였다."27) 결국 어린이들의 도덕 판단에 영향을 미치는 것은 단계보다 오히려 모델, 즉 사회적 상황이었다.

한편, 콜버그는 도덕성을 추론능력 내지는 판단능력으로 보았다. 따라서 그에게 있어서 도덕성의 발달은, 곧 추론능력의 발달을 의미하고, 이러한 지적·도덕적 능력은 연령에 따라 3수준(인습 이전 수준, 인습수준, 인습 이후 수준) 6단계를 거치면서 성숙이 이루어진다. 그리고 발달도 현재 자기 자신의 지배적인 사고보다 하위의 의견은 거부하고, 그보다 지나치게 진보된 의견은 이해할 수 없기 때문에 자신의 현재 수준 바로 위의 의견을 채용함으로써 1단계 상승만 일어날 수 있다. 뿐만 아니라 그는 이러한 발달을 촉진시키는 방법으로 딜레마 제시를 통한 인지갈등 유발과 역할채택을 제시하였다. 딜레마 제시에 의한 인지갈등은 추론능력과 판단능력의 단계 상승을 가져오며, 이에 따라 도덕적 행동은 수반될 것으로 보았다. 그래서 콜버그는 정의를 이해하고 있는 사람이 더 정의롭게 행동한다고 주장한다.

물론, 이러한 콜버그의 주장은 일면 타당성이 있는 것은 사실이다. 콜버그의 말대로 도덕적 추론과 판단은 분명히 발달하고,

---

27) A. Bandura, Social *Foundation of Thought and Action*, p.493.

정의를 이해하고 있는 사람이 그렇지 않은 사람보다 더 정의롭게 행동할 수 있다. 그러나 콜버그의 주장은 많은 문제를 내포하고 있다. 반두라의 견해에 의거해 콜버그 이론이 안고 있는 문제를 짚어 보자.

반두라는 먼저 콜버그가 주장한 연령변화에 따른 단계상승 이론을 비판한다. 그는 콜버그의 단계상승 이론이 지지를 받으려면 다음의 조건을 충족시켜야 한다는 것이다. ① 누구나 수준에 따라 동일한 판단을 해야 하고, ② 이전 단계를 거치지 않고서는 다음 단계의 특정한 도덕 기준에 따라 행위를 판단할 수 없으며, ③ 이전 단계의 도덕 판단기준은 다음 단계의 판단기준으로 대체되어야 한다는 것이다. 그러나 아이들은 도덕성의 각 단계마다 그 단계에 속한 반응만을 하면서 순서대로 발달하지 않는다. 오히려 여러 가지 반응을 동시에 하면서 성숙한 단계를 향해 점차적으로 발달한다. 뿐만 아니라 "반드시 높은 단계가 낮은 단계를 대체하는 것도 아니다. 3수준에 도달했다가 하위수준으로 퇴행하기도 한다."[28] 따라서 도덕적 문제에 대한 생각의 변화는 일정한 단계과정을 거쳐 가며, 회귀될 수 없는 방식에 의해 낮은 단계에서 높은 단계로 이동한다는 콜버그의 단계이론은 문제가 있다.

다음은 인지발달과 높은 단계의 추론과의 관계로 콜버그는 인지적으로 발달하면 높은 단계의 추론을 하게 된다고 하였다.

"로크(Locke)에 의하면 대부분의 사람들은 판단을 할 때, 그들이 이해하고 있는 가장 높은 사고 양식을 사용하지 않고, 대체로 더 좋아하는 것을 선택한다는 것이다. 그러므로 콜버그의 이론은 단계진행의 문제에서 만약 사람들이 선천적 충동에 의

---

28) David G. Perry, Kay Bussey, op. cit., p.215.

해 더 높은 도덕적 사고를 하게 된다면, 왜 사람들은 가장 높은 수준을 이해하고 있을 때조차도 자신들의 지배적 사고 양식으로 그것들을 거의 적용하지 않는지를 설명하기 어려울 것이다. 또한 더 높은 단계의 추론이 도덕적으로 더 우월하다는 것도 마찬가지이다. 논리적 추론에 의해서 볼 때, 법과 질서에 근거한 도덕성(4단계)이 다른 사람에 대한 사회적 배려와 관심에 의거한 도덕성(3단계)보다 도덕적으로 더 우월하다고 할 수 있는가 하는 것이다. 아마도 인종차별 정책의 규칙에 종속되어 학대를 받는 소수 민족들은 그렇게 생각하지 않을 것이다. 그리고 다른 사람에 대한 책임과 관심이 도덕성의 안내규칙이라고 주장하는 사람들도 그렇게 생각하지 않을 것이다."[29] 따라서 콜버그가 주장한 높은 단계의 추론과 도덕적 우월성과의 관계는 반드시 일치하는 것이 아니다.

우리는 일반적으로 콜버그의 도덕발달이론을 형식, 즉 원리에 의한 도덕교육으로 본다. 그는 상황에 의해 결정되는 구체적 내용은 상황이 바뀌면 적용할 수 없고, 또한 도덕교육을 할 때, 무수히 많은 도덕의 내용을 전부 가르친다는 것도 불가능하기 때문에 사고의 형식인 전망, 방식, 관점 등을 가르치고 구체적 상황에 직면하여 행동하는 것은 자신의 사고 형식에 따라 스스로 결정할 문제라고 하였다.

그러나 반두라에 의하면 추상적으로 요약된 원리는 행위와 판단을 위한 안내를 잘하지 못한다는 것이다. 그래서 원리는 어쩔 수 없이 편견적 평가를 할 수 밖에 없는 사실에 대한 상세한 기술에 의해 보완되어야 한다는 것이다. 예를 들어, "의사의 치료에 대한 적절한 사례는 얼마인가? 라는 물음에 대하여 생

각할 때, 사람들은 같은 판단 원리로부터 그들이 어떠한 요인과 관련해서 생각하는가에 따라, 그리고 그들이 어떠한 요인에 얼마만큼의 비중을 두는가에 따라, 다른 판단에 도달할 수 있다. 우리는 과거에 수련을 하는데 필요한 비용, 수술비, 노력과 내포된 위험, 의사의 재정적 필요, 환자의 이익, 환자의 재정적 지위 등에 따라 다른 판단을 하게 된다."30)

만약 어떤 행위를 판단할 때, 사고의 형식, 즉 원리에만 의거하게 된다면, 그것은 도덕적 행위뿐만 아니라 비도덕적인 행위를 지지하는데에도 사용될 수 있다. "부인의 암을 치료하기 위해 약을 훔쳐야 하는 남편의 갈등처럼, 인간적인 삶에 비해 도둑질은 하찮은 것이라는 함정에 빠질 수도 있고, 원리에 의한 추론의 조작을 더 흥미 있게 표현하는 것으로 무수한 인류의 대학살을 막기 위해 히틀러를 암살하는 것처럼, 인간적인 삶을 획득한다는 함정에 빠질 수도 있다."31) 이처럼 콜버그에 의해 고안된 도덕적 딜레마는 애매해서 위반하기 쉬운 행위에 대한 적절한 추론을 하기 어렵다. 심지어 딜레마에 다른 추론 정보나 추론을 어렵게 하는 정보가 첨가될 경우 사람들은 원리에 의한 추론보다 자기에게 이익이 되는 것을 좋아하게 된다. 우리가 알고 있듯이 다양한 도덕원리를 이해하고 있는 사람들은 환경과 기능의 차원에 따라 원리를 선택적으로 사용한다.

도덕발달은 다양한 도덕적 사고를 하는 것이지 오로지 한 가지 발달 궤도를 따르는 것이 아니다. 사람들은 도덕적 판단을 할 때, 환경에 따라 다른 판단과 행위를 요구하지 전형적으로 한 가지 유형의 도덕적 원리에만 의거해서 판단하고 행위하지 않는다. 게다가 "도덕적 원리가 다르다고 해서 반드시 서로 모

---

30) Ibid, p.490.
31) Ibid, p.490.

순되는 것도 아니다. 또 어떤 원리를 적용한다고 해서 다른 원리를 버릴 필요도 없다. 정의와 동정 같은 상보적 원리 체계에 의해 도덕성을 판단하는 것은 사고의 미성숙이라기보다 오히려 높은 수준의 도덕적 추론이다. 실제로 피터스(Peters)는 정의는 도덕체계를 위한 필요조건이지 충분조건은 아니라고 하였다. 사람들은 자신들의 야만성에 대해 전적으로 편견이 없거나 공평할 수 없다. 따라서 정의와 동정의 원리를 인정하는 사회가 오로지 정의만을 인정하는 사회보다 더 인간적일 수 있다."32)

마지막으로 도덕적 추론과 행위와의 관련성이다. 콜버그는 위에서도 언급한 것처럼 도덕성을 도덕적 추론능력으로 보았고, 추론능력이 발달하면 행위는 이에 수반될 것으로 생각하여 행위를 직접적으로 다루려하지 않았다. 따라서 콜버그의 도덕발달이론에서 사람들의 도덕발달 수준은 추론의 유형을 나타내며 사람들에게 설득적일 수 있으나 행위를 보장하지는 못한다. 이처럼 도덕적 성숙에 관한 단계이론에서 도덕적 사고구조는 행위와 직접적으로 연결되어 있지 않다. 만약 사람들의 도덕적 규약과 사고가 그들이 어떻게 행동해야 하는가에 대해 직접적으로 영향을 미치지 못한다면 단계이론의 도덕적 추론에 대한 연구는 분명 한계가 있을 수 밖에 없다.

"콜버그와 칸데(Candee)는 사람들이 행위를 도덕적으로 또는 비도덕적으로 정의하는 것은 수행자의 의도라고 보았다. 만약 행위의 도덕성이 위반자의 의도에 따라 다르게 정의된다면, 사회 도덕률을 어기는 대부분의 행위가 정의로운 것으로 세탁될 수 있다. 우리는 실제로 사람들이 도덕적 추론을 통해 자신들의 비행을 선의의 행동으로 재 정의하는 것을 쉽게 발견할 수 있

---

32) Ibid, p.491.

다. 그들은 인지적으로 능란한 솜씨를 습득함으로써 이기적인 정당화에 더 능숙하게 된다. 물론 의도는 사회적 행위의 한 요소가 될 수 있다. 그러나 의도는 결코 행위를 정의하는 유일한 요소는 아니다.

예를 들어, 강도가 선한 의도를 갖고 있다고 해서 강도짓이 강도짓이 아닌 것으로 바뀌지 않듯이 말이다. 따라서 도덕이론은 위반행위를 지배하는 결정요소와 기제(機制, mechanism)뿐만 아니라 위반자가 위반행위를 어떻게 정당화하는지를 설명해야만 한다. 이것은 추상적 추론의 기술을 사용하는 합리적 접근보다 더 넓은 도덕성의 개념을 필요로 한다."33) 그러므로 보다 넓은 도덕성의 개념은 의도와 추론과 함께, 사회적으로 옳고 그름을 판단할 수 있는 도덕적 기준 등을 포함해야 한다.

사회인지이론에서는 행위에 영향을 주는 도덕적 사고를 전적으로 정신내적(intrapsychic) 문제로 보고 있지 않다. 도덕적 사고는 사고와 행위, 사회적 요인의 상호작용의 결과이다. 사람들은 통상, 자신들의 행위가 비난받을 것으로 예상되면 자신들의 도덕원칙을 어기지 않는다. 이것은 자기조절의 과정으로 도덕기준, 판단, 자생적인 정서적 반응 그리고 사회적 영향의 상호작용 등에 의해 이루어진다.

사람들은 위반행위를 스스로 쉽게 용서할 수 없는 사회 환경 하에서는 도덕기준과 조화된 행위를 하게 된다. 반면, 면죄적인 도덕적 추론과 그러한 사회적 환경 하에서는 내적통제를 약화시키게 된다. 이처럼 사람들은 다양한 유해행위를 한 다음, 그것에 대해 도덕적 추론을 하는데, 그들이 인간적인 행위를 촉진하는 사회 상황에 있는지, 또는 해가 되는 행동을 하도록 촉진하

---

33) Ibid, p.497.

는 사회상황에 있는지에 따라 그 추론을 달리한다.[34) 한마디로 반두라에 있어서 도덕적 사고는 수행자의 의도나 정신내적 문제만이 아니라 사회적 환경의 상호작용 하에 있다고 할 수 있다.

요컨대, 반두라는 단계론에서 피아제의 내적작인에 의한 도덕발달, 콜버그의 단계상승과 원리에 의한 도덕발달, 추론능력과 도덕적 우월성, 그리고 추론능력의 행위 수반성 등에 대해 의견을 달리하고 있고, 반두라의 도덕교육론은 이러한 단계론과의 비교를 통해 좀 더 분명하게 파악된다. 그의 도덕교육론은 단일적·내적 작인보다는 내적작인과 사회적 상황의 상호작용을, 그리고 단계 상승과 원리에 의한 도덕발달이 아닌 모델링과 같은 사회적 영향과 사실에 대한 상세한 기술인 내용의 도덕교육을, 또 추론능력보다는 자기조절능력을 강조하고 있다.

3) 사회학습이론과 도덕발달

사회학습이론(반두라)에서는 아이들의 도덕적·사회적 행동이 대체로 두 가지 차원에서 이루어진다. 하나는 기대결과로서 행동 후에 어떤 결과가 수반될 것인지에 대한 믿음에 의해, 즉 자신들의 행동이 부모나 상대방으로부터 보상을 받을 것인가, 벌을 받을 것인가에 따라 사회적·도덕적 행동을 할 것인지를 결정하게 된다. 다른 하나는 아이들이 행동을 할 때, 일으키게 되는 내적반응으로 아이들은 자신들의 도덕적 기준에 의거해 자부심, 만족감, 양심의 가책, 죄책감 등을 느끼게 되며, 이러한 내적반응에 의해 행동을 결정하게 된다.

그런데 기대 결과와 내적반응은 주로 사회적 학습 경험을 통

---

34) Ibid, p.497-498.

해 형성되며, 사회적 학습경험에는 부모나 교사의 언어적 지시, 본보기 인물과의 접촉, 아이들이 이타행동을 하고 보상을 받았는가, 받지 않았는가 하는 직접적 훈육경험 등이 있다.

학습경험을 통해 아이들은 어떤 행동이 어떤 결과를 낳을 것인지에 대한 정보를 획득하게 되고, 어떤 형태의 사회적 행동이 어떤 경우에 적합하며, 어떤 경우에 적합하지 않은지에 관한 규칙들을 추출하여 개인적 기준으로 내면화하게 된다. 이처럼 사회학습이론에서는 아이들의 도덕적 행동 결정의 주요인으로 사회적 학습경험을 들고 있다. 따라서 아이들에게 사회적 학습경험을 어떻게 제시하는가 하는 것은 매우 중요하다.

아이들은 성장에 따라 인지적 능력도 변하고 그들이 처하는 사회적 환경도 변한다. 그러므로 아이들을 가르치거나, 모델을 보여주거나, 강화를 할 때, 아이들의 연령에 따라 그 내용을 다르게 해야 한다. 아이들의 행동은 초기에는 주로 외적으로 통제되는데, 아직 말을 못하는 경우라면, 부모들은 물리적 개입이라는 수단에 호소해야 한다. 하지만 아이가 성숙됨에 따라, 물리적 수단인 체벌보다는 사회적 제재가, 사회적 제재보다는 내적 통제가 더 필요하게 된다.

따라서 사회학습이론에서 보면, 성공적인 사회화는 외적제재와 요구를 상징적이고 내적인 통제로 점차 대체하는 것이라고 할 수 있다. 예컨대, 교수와 모델제시, 강화에 의해서 도덕적 행위의 기준이 설정되면, 그 후부터는 자기평가적 결과가 일탈행동을 제지하는 작용을 하도록 하는 것이다.

한편, 아이들은 나이가 들어감에 따라 그들이 범하게 되는 위반행동의 성질과 중대성 그리고 도덕적 추리도 달라지는데, 부모의 도덕적 추리도 이에 따라 달라져야 한다. 취학 전 아이들의 경우, 아이들이 나쁜 행동을 하면 부모는 법률적 규약과 처벌에 관해서 설명함으로써 잘못된 행동을 하지 않도록 할 수 있다.

그런데 아이들은 발달과정에서 도덕적 행동만 학습하는 것이 아니다. 그들은 어떻게 하면 도덕적 비난을 피할 수 있는 가하는 것도 학습하게 되고, 자신의 행위에 대해서 참작할 만한 사정을 호소하면 비난을 받지 않거나 징계가 가벼워질 수 있다는 것도 학습하게 된다. 뿐만 아니라 자신을 용서할 수 있도록 정당화함으로써 비난받을 행위에 대한 자책 감정을 해소하는 것도 배운다.

그러므로 아이들이 성장하게 되면, 부모의 도덕적 추리는 부도덕이 도덕적인 것으로 간주되는 인지적 과정에 대해서도 관심을 가져야 한다. 물론 그렇다고 직접적 훈육경험과 부모의 도덕적 추리만이 아이들의 도덕적 판단과 행위를 형성하는 주요 원천은 아니다. 오히려 아이들에게 광범위하게 영향을 주는 것은 사회적 학습 경험인 모델링이다. 특히, 대중매체의 발달로 인해 상징적 모델링의 영향력은 점점 더 커지고 있다.[35]

아이들은 어릴 때는 부모에게, 그리고 성장함에 따라 친구와 성인모델, TV 등의 상징적 모델에 노출된다. 게다가 모델들은 단순히 행위를 시연만 하는 것이 아니라 행위의 시연과 함께 자기평가적 반응을 하고, 그들의 행동이 적절하거나 좋은지를 판단하는데 사용한 기준을 말로 표현하기도 한다. 아이들은 이러한 모델에 의해 자신들의 도덕 판단기준을 모델의 판단 방향에 따라 바꾸기도 한다.

반두라는 이것을 미쉘(Mischel)과 리버트(Liebert)가 실시한 한 실험을 통해 확인하였다. 미쉘과 리버트는 성인이 사용한 자

---

35) A. Bandura, *Social Learning Theory*, pp.43-44.

기 보상기준과 성인이 아이들에게 부과한 기준의 불일치에 대한 효과를 연구하였다.

이 연구에서 어린이들은 표면상 기술이 필요하나 점수는 실험적으로 통제된 볼링게임을 여자 성인 모델과 함께 하였다. 모델과 어린이들은 나중에 좋아하는 보상과 교환될 수 있는 많은 토큰을 자유롭게 가질 수 있었다. 한 조건에서 모델은 높은 수행을 했을 때만 스스로를 보상 하였다. 그러나 어린이에게는 낮은 성취에 대해서도 스스로를 보상하도록 하였다. 두 번째 조건에 있는 모델은 낮은 수행에 대해서도 스스로를 보상했으나 어린이에게는 높은 성취를 했을 때만 스스로를 보상하도록 하였다. 세 번째 조건에 있는 모델은 높은 수행에서만 스스로를 보상 하였고, 어린이에게도 마찬가지로 높은 성취를 이루었을 때만 보상하도록 하였다.

이러한 실험에 노출된 후, 모델이 없을 때, 어린이들이 하게 되는 자기 보상유형이 한쪽에서만 보이는 거울을 통해 관찰 평가되었다. 그 결과, 관찰과 부과된 기준이 일관성이 있을 때, 어린이들 모두는 그 기준을 쉽게 적용하였고 유지하였다. 반면, 기준이 일관성이 없을 때, 즉 모델 자신은 엄격하면서 어린이에게는 관대해지도록 말한 경우, 어린이들은 모두 관대한 채로 남아 있었고, 모델이 자신에게는 관대하면서 어린이들에 대해서는 엄격해지도록 주문을 한 경우, 어린이는 갈등을 겪는 것 같았으며, 그들 중 약 반은 엄격했고 절반은 관대하게 되었다.[36]

다른 실험에서는 모델링과 강화가 어떠한 역할을 하는가를 살펴보았다. 성인 모델을 관찰한 첫 번째 그룹의 어린이는 그 그룹에 반대되는 도덕적 판단을 하였으며, 모델의 평가반응을

---

36) Walter Mischel, op. cit., p.393.

적용한 것에 대해 언어적 찬성으로 강화를 받았다. 모델을 관찰한 두 번째 그룹은 모델의 행위와 대등한 행위를 하였으나 아무런 강화를 받지 못했다. 세 번째 그룹은 어떤 모델에도 노출되지 않았다. 그러나 각각의 어린이는 자신의 지배적 평가 경향에 반대되는 도덕적 판단을 할 때마다 강화를 받았다. 그 결과 모델에 노출된 어린이와 모델의 도덕적 판단과 비슷한 판단을 한 것에 대해 긍정적 강화를 받은 어린이는 자신의 도덕적 정향을 수정하였을 뿐만 아니라 실험 후 자신들의 도덕적 판단에 있어서도 변화를 유지하였다.[37] 이처럼 사회학습이론에서는 아이들의 도덕발달에 영향을 미치는 것으로 교수와 모델링, 강화 등의 외적영향을 강조하고 있다. 그러므로 사회학습에서는 교수, 모델링, 강화 등의 시행 주체인 부모나 교사, 모델 등의 역할이 매우 중요할 수 밖에 없다.

한편, 사회학습이론에서는 행위의 잘못을 정당화하거나 책망할 때, 여러 가지 사회적 요인에 근거하여 행위를 판단하게 된다고 본다. 이것은 도덕판단에도 마찬가지일 수 밖에 없다.

사회학습이론은 도덕판단을 내적원인에 의거한 단일 차원의 판단이 아닌 다차원적으로 이루어지는 사회적 결정으로 보고 있다. 그래서 도덕적 함의도 주어진 도덕적 상황에서 사건이 차지하는 위치에 따라 중요도나 비중이 변한다.

행위의 책임에 대한 판단은 위반의 성격, 규칙을 위반한 정도, 위반이 발생한 상황, 위반에 대한 상황인식과 개인적 동기, 행위의 결과가 직접적인지 간접적인지, 위반이 개인에게 손상을 입혔는지, 재산상 손해를 주었는지, 공격을 받은 사람의 특성과 그들이 비난받을 만한 사람이었는지 등에 따라 달라진다.

---

37) A. Bandura, Richard H. Walters, *Social Learning and Personality Development*, pp.207-208.

그러므로 도덕적 딜레마를 다룰 때는 먼저 직면한 상황에서 도덕적으로 관련되어 있는 정보를 추출하고, 비교 검토하고, 통합하여야만 한다. 왜냐하면 도덕규칙과 행위의 기준은 교훈, 평가적인 사회적 반응, 도덕적 언명 등을 포함하는 다양한 사회적 원천으로부터 형성되기 때문이다. 따라서 다양한 경험을 통해 사람들은 어느 요인들이 도덕적으로 관련이 있는지, 그것들에 얼마나 많은 비중을 두어야 하는지를 배우게 된다. 어떤 상황에서 매우 중요한 요인이 다른 상황 하에서는 무시되거나 별로 중요하지 않은 것으로 생각될 수도 있다.[38]

요컨대, 사회학습이론에 의하면 도덕적 추론과정은 행위의 도덕성을 판단하기 위한 다양한 정보를 어떻게 비교, 분석, 결합시키는가에 따라 얼마든지 달라질 수 있으며, 여기에서 판단의 주된 요인이 되는 것은 외적요인으로서의 사회적 상황이다.

이상에서 사회학습이론에서 주장하는 도덕발달에 대해 살펴보았다. 사회학습이론에서의 도덕발달은 단계론의 주장처럼 내적작인에 의해 조정되거나 단계적 상승이 아니라, 기대결과와 내적요인으로서의 자부심, 만족감, 양심, 죄책감, 그리고 사회적 학습 경험에 해당하는 외적요인으로서의 모델링, 강화, 뿐만 아니라 행위가 이루어지는 사회적 상황 등의 상호작용에 의해 결정되는 복잡한 과정으로 이루어진다. 게다가 내적요인으로서의 자부심, 만족감, 양심, 죄책감 등은 도덕적 행위 기준에 의한 자기평가를 통해 이루어지며, 도덕적 행위기준은 외적요인인 교수와 모델링, 강화에 의해 설정된다. 따라서 교육방법적 측면에서 보면 외적요인인 교수, 모델링, 강화 등이 더 중요하다고 할 수

---

38) A. Bandura, "Social Cognitive Theory," *Annals of Child Development, Vol. 6,* (Greenwich, Connecicut, London, England: Jai Press Inc., 1989), p.36.

있다. 그리고 교수는 넓게 보면 상징적 모델링에 해당되므로 결국 사회학습이론에서의 도덕교육방법은 모델링과 강화 등으로 압축된다.

Ⅲ. 관찰학습과 행위결정

우리의 삶은 배움의 과정이다. 우리는 배움을 통해 삶을 계획하고 영위한다. 배움은 인간을 인간답게 해주고 생존을 가능하게 해주는 수단이다. 한마디로 배움은 삶 그 자체라고 할 수 있다. 그런데 배움은 대체로 두 방법에 의해 이루어진다. 하나는 직접체험에 의한 것이고, 다른 하나는 간접경험, 즉 TV를 보거나, 책을 읽거나, 다른 사람이 행동하는 것을 보거나 하는 것이다.

특히 인간의 경우는 고도의 인지능력을 갖고 있어서 직접체험을 하지 아니하고도 많은 것을 학습할 수 있다. 언어능력이 충분히 발달하지 아니한 어린이의 경우는 더욱 그렇지만 시각적으로 주어지는 다른 사람의 행위를 관찰하고, 그것을 상징적으로 부호화하여 저장해 둔 정보를 활용하여 행동을 한다.

인간은 많은 것을 이러한 관찰학습에 의해 배우고 행동한다. 그런데 관찰학습은 외적자극을 수동적으로 받아들이기만 하는 것은 아니다. 능동적으로 환경을 재구성하고, 선택적으로 받아들이는 적극적 행위이다.

또 인간은 과거의 경험에 의해서만 현재를 살지 않는다. 현재의 정보를 바탕으로 미래를 기대하고, 그 기대에 따라 삶을 살아가기도 한다. 어쩌면 현재의 삶을 결정하는데 더 많은 영향을 미치는 것은 과거의 경험보다 기대로서의 목표일지도 모른다. 그리고 이것이 사실이라면 기대학습은 다른 학습 못지않은 중요성을 지닌다.

1. 사회학습이론과 인간의 행동

사회학습이론의 전제이론에는 귀인이론, 기대가치이론, 목표이론 등이 있다. 반두라는 이러한 전제이론에 동기적 요인으로 작용하는 효능감을 더한다. 그 이유는 귀인이론, 기대가치이론, 목표이론 등은 행위의 수행과 지속을 결정하는데 한계가 있기 때문이다.

인간은 인지적 능력이 있어서 즉각적인 외적자극이 없이도 행동을 할 수 있지만, 인지가 행동에 영향을 미치는 것은 그것이 동기로서 작용할 때이다.

또한 인간은 사회적 존재이기 때문에 인지적 동기에 의해서만 행동을 하지 않는다. 사회적 환경을 고려하게 된다. 결국 인간의 행동은 인지적 동기와 사회적 환경의 상호작용에 의하여 결정된다고 할 수 있다.

가. 사회인지이론의 전제

반두라는 자신의 사회학습이론을 사회인지이론이라고 한다. 그는 인간이 학습뿐만 아니라 삶을 살아가는 데 인지가 중요한 역할을 하며, 인간이 인지적 능력을 갖고 있음으로 해서 생존에서도 유리한 입장에 있을 수 있고, 동물과 다른 삶을 살 수 있다고 본다. "사람들은 인지적으로 생성된 동기를 통해 스스로를 자극하고, 선견을 통한 기대에 의해 행위를 안내한다. 또한 사람들은 예기된 행위결과가 생겨나기를 기대할 뿐만 아니라 스스로 목표를 정하여 가치 있는 미래가 실현되도록 자신의 행위의 진행을 계획한다."39)

---

39) A. Bandura, "Self-Regulation of Motivation and Action through

이처럼 같이 인간의 삶에 있어서 인지적 능력, 특히 인지적 동기는 중요한 역할을 하는데, 반두라는 인간의 행위결정에 중요한 역할을 하는 이러한 인지적 동기를 세 가지 형식, 즉 원인귀인(歸因, attribute), 결과 기대, 인지된 목표로 분류하고, 사회인지이론의 전제이론으로 각각 귀인이론, 기대가치이론, 목표이론을 대응시켰다. 따라서 반두라의 사회인지이론을 이해하기 위해서는 먼저 이러한 전제이론들에 대한 이해가 필요하다.

1) 귀인이론

우리는 자신의 행위뿐만 아니라 타인의 행동에 대해서도 그 행동의 원인이 무엇인지를 판단하고 대응한다. 만약 어떤 현상을 우연한 결과라고만 믿거나 원인이 어디에 있는지를 알지 못한다면, 우리는 그 현상에 대하여 어떠한 반응도 나타낼 수 없다. 바람직한지, 잘못되었는지, 누구의 탓인지, 그리고 어떻게 대응해야 하는지를 판단 할 수도 없다. 따라서 행동에 대한 원인을 귀인 하는 것은 행위를 판단하는데 반드시 선행되어야 할 조건이 된다.

다음의 예는 원인귀인의 중요성을 잘 보여주고 있다. "도쥐(Dodge)는 동류집단의 평가를 기준으로 공격적인 소년과 비공격적인 소년의 두 집단을 선택한 후, 그들에게 보상을 주겠다고 약속하고서 퍼즐 놀이를 하도록 하였다. 이때 어떤 소년(실험보조자)이 퍼즐 놀이판을 건드려서 아동이 보상을 받지 못하도록 방해하였다. 그 후, 두 집단을 다시 각각 세 집단으로 나누어 다음과 같이 처치하였다. 퍼즐 놀이판을 건드리는 행동을 첫째 집

Goal System," Vernon Hamilton, Gordon H. Bower, Nico H. Frijda, *Cognitive Perspectives on Emotion and Motivation,* (Dordrecht, Boston, London: Kluwer Academic Publishers, 1988), p.37.

64

단에게는 우연한 일처럼 한 반면, 둘째 집단에게는 고의적인 일처럼 하였고, 셋째 집단에게는 애매하게, 즉 고의적인지 우발적인지 모르게 하였다. 그 결과, 우연한 조건에 있는 모든 아동은 공격적으로 반응하지 않았지만, 의도적인 조건에 있는 아동은 모두 공격적으로 반응했다. 홍미 있는 것은 애매한 조건에서의 반응이었다. 이때 비공격적인 소년은 공격적으로 반응하지 않은 반면에 공격적인 소년은 공격적으로 반응하였다. 이것은 공격적인 소년들의 경우, 애매한 조건에 놓이게 되면 상대방의 행동을 의도적인 적대감으로 귀인하고 있음을 알게 해준다."40)

이처럼 행위의 원인을 어떻게 귀인하느냐 하는 것은 중요하다. 그런데 이러한 원인귀인은 비단 행위결정에만 영향을 미치는 것이 아니다. 그것은 동기적 효과도 지닌다. "자신의 성공을 개인적 능력에 있다고 믿고, 실패를 노력의 부족이라고 믿는 사람은 어려운 일을 떠맡고 실패에 직면해서도 자신의 신념을 밀고 나간다. 반대로, 자신들의 실패를 능력부족으로, 성공을 상황적 요인에 있다고 생각하는 사람은, 성취를 위해 적은 노력을 하고 장애에 부딪혔을 때 쉽게 포기한다."41) 이와 같이 자신의 수행 실패를 노력의 부족으로 귀인 하는가, 능력의 부족으로 귀인 하는가 하는 것은 성취 노력에 영향을 끼친다고 볼 수 있다.

한편, 귀인이론가들 중에는 능력을 고정되거나 안정된 내적특성으로 생각하는 사람들이 있다. 이들은 결과를 성취하는데 많은 노력을 기울였다면 능력이 부족하다고 귀인할 가능성이 있다. 반면 많은 사람들은 능력이 노력을 통해 계발되는 획득 가능한 기술로서 추론한다. 즉, 열심히 노력하면 할수록 더 유능하

40) David G. Perry, Kay Bussey, op. cit., p.253.
41) A. Bandura, "Self-Regulation of Motivation and Action through Goal System," p.38.

게 된다고 생각한다. 그리고 이러한 견해를 갖고 있는 사람들은 실패를 무능에 기초하기보다는 오히려 활동에서의 미숙 탓으로 돌리는 경향이 있다. 따라서 귀인이론에 있어서 능력을 어떻게 보느냐 하는 것은 매우 중요하다.

결국, 원인에 대한 귀인은 행위결정과 동기 등에 영향을 미치게 되는데, 일반적 증거에 의하면, 원인귀인에서 원인을 능력, 노력, 또는 일의 어려움 등으로 귀인 하는 것은 성취노력에 별로 영향을 끼치지 못한다는 반론도 있다. 오히려 귀인이론에서 선택된 요인들은 주로 효능에 대한 사람들의 신념을 자각시킴으로써 수행성취에 영향을 미치는 효능 관련 정보의 전달자로서 기여한다고 본다.

그런데 귀인요인과 자기효능평가에 대해 주관적으로 무게를 다는 것은 단일 방향적이라기보다는 오히려 양 방향적 인과 관계를 갖는다. 그러한 상대적 무게는 숙련, 노력, 업무 복잡성, 상황적 환경 등이 자기효능평가에 영향을 줄뿐만 아니라 효능에 대한 자기신념은 원인귀인에 편견을 갖게 하기도 한다. "스스로 높은 효능이 있다고 생각하는 어린이는 자신의 실패를 노력부족으로 돌리는 경향이 있는 반면, 스스로를 효능적이지 못하다고 생각하는 어린이는 실패를 능력부족에서 생겨난 것으로 그 원인을 돌리는 경향이 있다."42)

2) 기대가치이론

우리들은 어떤 일을 하든지, 그 일이 초래할 결과에 대한 기대를 통해 행동을 하게 된다. 사람들은 스스로를 동기화 할 뿐만 아니라 자신들이 행한 행동으로부터 초래될 기대결과에 의해 자신의 행위를 안내한다. 기대가치이론은 바로 이 점에 초점

---

42) Ibid, p.38.

을 맞추고 있다. "어떤 행동이 특정의 결과를 보증할 수 있다는 기대가 높을수록 그 결과는 더 높은 가치를 갖게 되며, 활동을 수행하기 위한 동기는 더 커지게 된다."43)

그러나 사람들은 종종 대안을 잘못 규정하기도 한다. "사람들은 가능한 모든 대안들을 검토하거나 심지어 그들이 고려할 견해에 대한 모든 결과들에 대해서조차도 거의 숙고를 하지 않는 경우가 있다. 오히려 사람들은 가능성들을 한정시켜 보기 때문에 가장 적당한 것을 주의 깊게 살피기보다는 만족스러워 보이는 행위과정을 선택한다. 게다가 그들은 가끔 대안들을 배열하는 방법에 있어서 일관성이 없으며, 결과에 대한 매력 때문에 결과를 달성하는데 얼마나 어려움을 겪어야 되는가에 대해서 잘못 판단하기도 하고, 결과를 보다 빨리(쉽게) 얻을 수 있기 때문에 더 적은 결과를 선택하기도 한다."44)

또한 사람들은 대안과 자신들의 개연적인 결과에 대해 불완전하거나 잘못된 정보를 갖고 있기 때문에 인지적 편견에 의해 정보를 처리하기도 한다. 수행자가 편견을 갖고 있다면, 그들이 가치있다고 본 것이 오히려 무가치한 것이 될 수도 있고, 합리적인 결정이 다른 사람에게는 비합리적인 것이 될 수도 있다.

이와 같이 잘못된 정보에 의한 잘못된 기대는 잘못된 기대결과를 낳고, 잘못된 기대결과는 잘못된 판단을 낳으며, 잘못된 판단은 잘못된 행동을 하도록 한다. 따라서 기대 결과에 따라 행위를 결정하는 기대가치 이론은 한계가 있다.

실제로 사람들은 행위로부터 발생할 기대 결과에 의해서만 행위하지 않는다. "오히려 할 수 있다는 신념에 따라 행위를 한다. 수행동기에 따른 결과기대의 효과는 부분적으로 가능성에

---

43) Ibid, p.39.
44) Ibid, p.39.

대한 자기 신념에 의해 지배된다. 그러므로 잘 수행되기만 하면 가치 있는 평가 결과가 보장된 많은 활동이 있다하더라도, 성공할 수 있을 가에 대해 의심하게 된다면 그 활동은 추구되지 않는다."45) 불확실하거나 반복되는 부정적 결과에 직면해서도 노력을 계속할 수 있게 하는 요인은 오히려 효능감이라고 할 수 있다.

3) 목표이론

우리는 내적충동에 의해 또는 과거의 경험에 의해 현재를 살기보다는 미래의 목표에 의해 현재를 산다. 우리는 살아가면서 무수한 목표를 정하고 그 목표를 달성하기 위해 노력한다. 만약 우리에게 목표가 없다면, 무엇인가를 위해 아무런 노력도 하지 않을 것이며, 개인적 발전도 기대할 수 없을 것이다.

그러면 목표가 있는 사람은 왜 자신의 삶을 규제하고, 어려움이 있음에도 불구하고 인내하며, 목표달성을 위해 노력하는가? "목표는 사람들에게 세 가지 형태의 인지동기를 갖게 한다. 목표 유인에 근거를 두고 있는 이러한 인지동기에는 정서적 자기평가, 목표달성을 위해 지각된 자기효능, 그리고 개인적 기준의 조정 등이 있다."46)

사람들은 목표를 설정하고, 그 목표를 이행함으로써 자기만족을 찾고, 기준이하의 수행에 의해 생겨난 불만 때문에 자신들의 노력을 강하게 부추긴다. "사람들이 자신에게 분명한 기준과 목표를 맹세했을 때, 수행과 기준 사이에서 부정적 불일치를 지각하게 되면, 자기불만을 느끼게 되고 그것은 노력을 강화하기 위한 유인(incentive)으로서 작용한다. 여기에서 동기효과는 목표 그

---

45) Ibid, p.39.
46) Ibid, p.42.

68

자체로부터 발생하는 것이 아니라, 사람들이 자신의 행위에 대해 평가적으로 반응할 때 발생한다."47) 사람들은 목표를 설정한 다음 목표와 조화를 이루는 자기만족 조건을 설정함으로써 자신들의 행동을 지시하고 자신들의 수행이 목표에 부합할 때까지 노력을 지속하도록 자기 유인을 창조한다.

그런데 그렇게 하기 위해서는 내적비교를 통해 자기를 평가할 수 있는 개인적 기준과 자신의 수행수준에 대한 지식이 필요하다. 왜냐하면, 기준 없는 수행지식과 수행지식 없는 기준은 자기평가 반응에 편견을 제공하기 때문이다. 쉬운 것이든 도전적인 것이든, 어떻게 할 것인지를 알지 못하고 단순히 목표를 선정하는 것과 목표도 없는 상태에서 어떻게 할 것인지를 아는 것은 동기에 계속적으로 영향을 미치지 못한다. 목표는 수행피드백과 결합될 때 동기에 영향을 준다.

한편, "개인적인 기준과 성취 사이의 부정적 불일치가 동기화로 작용할 것인지, 낙담으로 작용할 것인지 하는 것은 부분적으로 스스로 설정한 목표를 달성할 수 있다는 신념에 의해 결정된다. 사람들은 자신들의 능력에 대해 의심을 품은 경우, 목표를 설정하였다 해도 실패하면 쉽게 포기하게 된다."48) 이처럼 목표와 함께 자기효능은 개인적 통제에 있어 동기 이상의 중요한 역할을 한다. 사람들이 도전을 선택하고, 많은 노력을 기울이고, 어려움에 직면해서도 오랫동안 인내하며, 장애와 실패에 직면해서 스트레스와 실망으로 상처를 받는 것은 부분적으로 효능에 대한 자기신념에 근거를 두고 있다.

지금까지 사회인지이론의 전제 이론을 살펴보았는데, 이러한 이론들은 인간의 행위결정에 부분적이기는 하지만 모두 중요한

47) Ibid, p.41.
48) Ibid, p.42.

요인으로 작용한다. 사람들은 행위를 할 때, 자신들의 행위의 원인을 귀인하여 행위를 판단하고, 자신의 행위가 초래할 기대에 의해 행위를 안내하며, 그리고 목표의 설정과 수행 피드백에 의해 얼마나 많은 노력을 기울여야 되는지를 결정하게 된다.

반두라는 이러한 이론들은 모두 그 자체만으로는 행위결정에 한계가 있다고 보고 효능감을 강조한다. 효능감은 행위의 원인을 무엇으로 귀인하든, 행위에 대한 결과 기대가 어떻게 평가되든, 목표설정과 성취 사이의 불일치가 어떠하든 행위의 수행과 지속에 결정적인 역할을 한다.

나. 인지적 과정과 행동

콜버그와 반두라는 모두 인지를 강조하였다. 하지만 콜버그와 달리 반두라는 인지를 수행이나 행동결정을 위한 조건, 즉 동기적 의미에 더 강조점을 두었다. 콜버그가 인지로서의 추론능력을 강조하고 인지 그 자체를 중시한 반면, 반두라는 인지를 행동을 이끌어내는 동기적 작용에 초점을 맞춤으로써, 인지를 행동을 위한 전제조건이나 행동을 유발하기 위한 사태해석, 동기 등으로 작용할 때만 의미를 지니는 것으로 생각하였다.

1) 인지의 형성

인간은 지금 보고 들은 것을 즉시적으로 모방하지 않더라도, 그것을 상징화하여 기억 속에 저장하였다가 6개월이나 1년 후에라도 그것을 표현 할 수 있다. 이것은 가능한 것은 인간이 상징화 능력이나 인지적 능력을 갖고 있기 때문이다. 인간은 인지적 능력이 있기 때문에 경험을 통해 얻은 엄청난 정보를 저장할 수 있고, 이러한 정보를 이용하여 복잡하고 다양한 환경 속에서도 잘 적응하면서 살아갈 수 있다.

인간의 인지적 능력은 정서와 사물을 반복적으로 짝 지움으로써 사물에 긍정적이거나 부정적인 유의성(誘意性, valence)을 부여하여 생겨나게 되며, 이렇게 생겨난 "인지적 능력은 외적사건 중 어느 것을 관찰할 것인지, 어떻게 지각할 것인지, 어떤 지속적 효과가 있는지, 어떤 유의성과 효율성(efficacy)을 갖는지, 그리고 외적사건이 전달한 정보가 미래의 사용을 위해 어떻게 조직될 것인지를 결정한다. 사람들은 이러한 경험을 통해 얻은 정보를 상징적으로 조작함으로써 사건을 이해하고 사건에 관한 새로운 지식을 얻게 된다."49)

게다가 사람들은 인지적 능력의 획득을 통해 "다양한 행위과정에 대해 선택적 설명을 할 수 있고, 여러 행위과정에서 발생할 가능성이 있는 즉시적 결과와 장기적 결과를 평가할 수도 있게 된다. 또한 바라는 결과를 획득하는데 요구되는 노력, 상대적 위험과 이익, 그리고 그 결과를 획득할 가능성에 대한 평가결과는 선택할 수 있는 여러 활동 중 어떤 행동을 선택할 것인지에 영향을 미치게 된다."50)

이처럼 인지는 행위결정에 기초가 된다. 인지가 행위결정에 기초인 만큼 어떤 인지를 형성하는가 하는 것도 그만큼 중요하다. 그러나 우리는 여러 가지 이유로 인해 인지의 형성에 제약을 받게 된다.

반두라는 잘못된 인지과정을 발달시키게 되는 몇 가지 이유51)를 다음과 같이 제시하고 있다. 첫째, 아동은 겉모양을 기초로 하여 사물을 평가하는 경향이 있기 때문에 잘못된 신념을

49) A. Bandura, *Social Learning Theory*, p.160.
50) Ibid, p.173.
51) B. R. Hergenhahn, *An Introduction to Theories of Learning*, 김영채 역, 『학습심리학』, (서울: 박영사, 1997), pp.469-470.

발달시킬 수 있다. 아동들은 높고 좁다란 비커가 낮고 넓은 것보다 물이 더 많이 들어간다고 생각한다. 둘째, 불충분한 증거에서 정보를 유도해 올 때 사고상의 착오가 생기게 된다. 사람들은 텔레비전에 나타난 사회의 표상으로부터 자기가 전혀, 또는 별로 접촉하지 아니한 사회적 실제에 대한 부분적인 인상을 형성하게 된다. 셋째, 사고에서의 오류는 정보를 오류처리 하는데서 생길 수 있다. 만약 사람들이 모든 농부들을 지능이 부족하다고 믿으면 반드시 어느 특정의 농부도 지능이 모자란다고 결론을 내리게 된다.

이처럼 인간의 인지능력은 한계가 있기 때문에 반드시 최선의 방안을 결정하거나 그 결정이 언제나 이성적으로 이루어지지 않는다. 때때로 불충분한 정보 사정이나 예상된 결과에 대한 오판 때문에 잘못된 결정을 할 수도 있다. 그럼에도 불구하고 인지적 능력은 인간이 삶을 살아가는 데 중요한 역할을 한다. 즉 인지적 능력은 사태를 판단하는데 영향을 미칠 뿐만 아니라 행동의 결정에도 많은 영향을 미친다.

2) 인지와 행동

사람은 목마름, 배고픔, 성적흥분, 고통 및 여러 가지 유형의 외적자극에 의해 행동을 하기도 하지만, 상응하는 즉각적인 외적자극 없이 행동을 하기도 한다. 여기에서 즉각적인 외적 자극 없이 일어나는 행동은 인지적 동기에 기인한 것으로, 사람은 인지적 능력이 있기 때문에 즉각적인 외적 자극보다는 인지적 동기에 의해 더 많은 영향을 받게 된다. 인간에게 있어서 인지적 동기는 그 만큼 중요하다.

그런데 인지적 동기 유인은 대체로 두 가지의 형태를 띠게 된다. 하나는 인지를 통해 사태를 해석함으로써 발생하는 동기

유인이고, 다른 하나는 미래에 대한 예상을 통해 발생하는 동기 유인이다.

반두라는 인간의 공격이 신경생리학적 기제(機制)에 의해 조정된다고 보았다. "신경생리학적 기제(機制)는 사회적 영향과 인지적 통제 하에 있다. 그래서 만약 내가 모욕을 당했으나 그것을 인식하지 못하면, 시상하부(視床下部, hypothalamus)는 휴식상태일 것이고, 나의 주위에서 적의를 읽었다면, 시상하부는 바빠질 것이다."52) 즉, 인간의 행동은 인지가 시상하부에 영향을 주어 그것이 동기로써 작용할 때 생겨난다.

"말릭(Mallick)와 맥칸드리쓰(McCandless)는 화를 나게 한 사람이 왜 화나게 했는지를 설명해 주는 것은 자신을 향한 공격을 줄일 수 있지만, 육체적인 공격의 자유로운 표현은 화가 난 어린이들의 응보적 공격행위를 줄이지 못한다고 하였다. 카우프만(Kaufmann)과 훼시바(Feshbach)도 이 의견에 동의했는데, 그들은 화나게 하는 상황을 인지적으로 재구성함으로써 공격하려는 학생들의 성향을 줄일 수 있다"53)는 것이다 이와 같이 인지를 통해 사태를 어떻게 해석하느냐 하는 것은 행동결정에 중요한 요인이다.

또, 사람들은 유관원리에 대한 인식을 통해 미래를 예상하고, 그에 따라 행동을 결정한다. "유관원리란 사람들이 어떠한 상황에서 특정한 반응을 하면 어떠한 결과를 받을 것인지를 예측하는데 도움이 되는 원리이다. 사람들은 일단 유관원리를 인지적으로 표상하면 타인의 행동을 예측할 수 있을 뿐만 아니라 자신의 행동도 조절할 수 있다. 사람들은 예측을 통해 사회적 보상을 얻을 수 있는 행동은 실행하며, 벌 받을 만한 행동은 피하

---

52) Richard I. Evance, op. cit., p.35.
53) A. Bandura, *Aggression*, p.57.

게 된다."54)

만약 사람에게 인지적 능력이 없다면, 미래의 사건은 현재의 동기와 행위의 원인이 될 수 없다. 사람은 인지적 능력이 있기 때문에 미래에 대한 예상을 통해 스스로를 동기화 할 수 있다. 게다가 인간은 사회적 존재라서 순수한 자신의 인지적 능력에 의해서만 행동을 결정하지 않는다. 인간은 인지적 능력을 통한 예측에 의해 행동을 하되, 환경을 고려하게 된다.

다. 인간, 행동, 환경의 상호작용

인간은 진공 속에 존재하지 않는다. 인간은 땅에 발을 딛고 살아간다. 인간은 사회적 존재로서 사회 환경, 자연 환경 등 여러 환경적 조건 속에서 살 수 밖에 없는 존재이다. 따라서 동물과 달리 인간은 생존하기 위해서 환경에 대한 고려를 하지 않을 수 없는 존재이다. 그러므로 인간의 행동을 이해하기 위해서는 충동이론가55)들이 주장하는 본능이나 충동보다 환경에 대한 이해가 선행되어야 한다.

---

54) David G. Perry, Kay Bussey, op. cit., p.169.
55) Bandura는 자신의 저서 *Aggression* p.54.에서 본능이론과 충동이론 그리고 사회학습이론을 다음과 같이 도식화하여 표현하고 있다.
① 본능이론
  공격본능 → 공격행위
② 충동이론
  좌절 → 공격충동 → 공격행위
③ 사회학습이론
  혐오경험 → 정서적 자극(각성)   → 종속(의존)
  기대결과 → 강화에 근거한 동기화 → 성취
                              → 물러남과 체념
                              → 공격
                              → 육체적 활동의 증대
                              → 약이나 술로 자기 지각 상실
                              → 건설적인 문제해결

74

인간은 인지에 의해 무엇인가를 욕구하였다고 하더라도 그것을 충족해도 괜찮은지를 고려하여 가능한 경우에만 그것을 표현하고 행동으로 옮긴다. 즉 아무리 욕구가 생겨났다 하여도 그것을 표현할 상황이 아니면 억제하거나 연기한다.

동물이 짝짓기를 할 때 취하게 되는 행동은 환경에 대한 고려가 없다. 동물들은 생득적으로 갖고 있는 본능과 호르몬에 의해 짝짓기 행위를 한다. 따라서 동물의 짝짓기는 '누구'와 '어디'에서 할 것인지 하는 것은 그리 중요하지 않다. 그러나 인간의 성 행동은 동물처럼 본능과 호르몬에 의해서만 결정되지 않는다. 인간은 환경이 더 중요하다. 그래서 '누구'와 '어디'에서 성 행동을 하느냐 하는 것이 본능과 호르몬보다 훨씬 더 중요하다.

이와 같이 인간의 행동은 환경적 조건에 제약될 수 밖에 없다. 만약 사람들이 상황조건에 구애됨이 없이 동일하게 행동한다면, 그것은 "사람들이 자신의 주변 세계에 대해 매우 무관심하거나, 둔감하거나 또는 상황에 구애됨이 없이 동일하게 행동함으로써 자신의 행위에 대한 개인적, 사회적 영향을 무시하는 것이다."56)

그런데 다행히도 인간은 자기의 환경을 이해하고, 설명하고, 예측하고, 통제하고, 수정할 수 있는 능력을 소유하고 있다. "사람들은 일상적인 상호작용에서 그들이 직면하는 상황을 분석하고, 어떤 행동을 선택할 것인지를 생각하며 자신들이 그 행위를 성공적으로 수행할 능력이 있을지를 판단하고, 그런 다음 행동이 산출하게 될 결과를 추정한다."57)

인간은 이렇게 환경속에 살면서 환경의 영향을 받음과 동시

---

56) A. Bandura, *Social Learning Theory*, pp.8-9.
57) A. Bandura, *Self-Efficacy: The Exercise of Control*, (New York: W. H. Freeman and Company, 1997), p.5.

에 환경을 통제할 능력이 있는 존재로 끊임없이 환경과 상호작
용하고 있다. 즉, 인간의 행동은 내적힘에 의해 가동되는 것도
아니고, 환경에 의해 마음대로 조종되는 것도 아니다. 인간의 심
리적 기능 수행은 개인적 결정인과 환경적 결정인과의 연속적
인 상호작용으로 설명된다. 대체로 사람들은 자신들의 행동을
통해 자신의 행동에 대한 환경 조건을 조성하고, 자신이 조성한
환경 조건이 다시 자신의 행동에 영향을 준다.

환경이란 개인이 불가피하게 접촉하지 않으면 안 되는 고정
된 속성이 아니다. 학생들이 강의에 불참하면 교수가 학생에게
영향을 미칠 수 없고, 책을 선택해서 읽지 않으면, 책이 인간에
게 영향을 줄 수 없다. 즉, 수행조건에 따라 활성화되지 않는
한, 환경은 영향을 미칠 수 없다. 따라서 "행동은 잠재적으로 영
향을 미칠 수 있는 많은 환경 요소 중 어느 것이 작용하고 그
것들이 어떤 형태를 취할 것인지를 부분적으로 결정한다. 환경
적 영향은 어떤 행위 목록(repertoire)이 발달되고 활성화될 것
인지를 결정한다."[58] 즉, 행위는 부분적으로 환경을 창조하고 결
과로써 생긴 환경은 행동에 영향을 미친다.

"로쉬(Rausch)는 어떤 사람의 이전의 행위가 다른 사람의 반
응을 결정하는 주요 요인이라는 것을 발견하였다. 그 예의 약
75%에 해당하는 경우가, 적대적 행위는 악의적 반응을 유발시
킨 반면, 온정적 행위는 거의 악의적 반응을 유발하지 않았다.
마찬가지로, 공격적인 어린이는 자신들의 행위를 통해 적대적
환경을 만든 반면, 사람들 간에 우호적인 반응 양식을 보여준
어린이는 우호적인 사회 환경을 만들었다."[59]

사람들은 금지적 환경보다 수용적 환경에서 더 공격적으로

58) A. Bandura, *Social Learning Theory*, p.195.
59) A. Bandura, *Aggression*, p.43.

행동하였으며, 위반행위를 쉽게 자기 스스로 용서할 수 없는 사회적 조건 하에서는 위반행위를 하는 경향이 더 적었다. 이처럼 사람과 환경은 각각 독립된 결정요인으로서 작용하는 것이 아니라, 서로가 다른 한쪽에 영향을 미치는 것이다. 그러나 반두라는 인간, 환경, 행동 간의 상호작용이 있기는 해도 어느 순간에서 보면, 세 가지 요소 중 어느 하나가 다른 것들보다 더 많은 영향을 끼칠 수 있음을 지적하고 있다.

2. 관찰과 기대에 의한 학습

반두라의 대표적인 학습방법은 관찰학습과 기대학습이다. 여기서는 먼저 관찰학습의 의미, 관찰학습이 이루어지는 과정, 관찰학습의 종류를 살펴보고, 다음으로 기대학습이 어떻게 이루어지며, 행동에는 어떤 영향을 미치는가를 살펴본다.

가. 관찰학습의 의미

우리의 삶은 학습의 과정이다. 우리는 평생 무엇인가를 배우며 살아가고, 학습에는 대체로 두 가지 방법이 있다. 하나는 직접 경험을 통한 학습이고, 다른 하나는 다른 사람의 행동을 관찰함으로써 배우는 것이다. "만약 인간의 행위가 직접 체험에 의해서만 영향을 받는다면, 인간의 행위 작용은 매우 능률적이지 못할 것이다. 다행스럽게도 인간은 다른 사람의 경험으로부터 많은 도움을 받을 수 있다."[60] 사람들은 다른 사람의 행위를 반복적으로 관찰하여 얻은 관찰 결과를 통해 행동하게 되는데,

---

60) Ibid, p.48.

이것은 사람들이 직접 경험한 것과 거의 같은 방식으로 행위에 영향을 미친다.

반두라는 학습이 직접적인 체험을 통하여 일어날 수도 있지만, 타인의 행동을 관찰하는 것에 의해서도 학습이 일어날 수 있다고 본다. 오히려 그는 관찰학습을 통한 대리적 학습을 더 강조한다.

"관찰학습을 통한 학습과정의 생략은 발달과 생존에 치명적이다. 왜냐하면 실수는 많은 희생을 치르거나, 심지어 생사의 갈림길에 놓이게 될 수도 있기 때문이다. 실제로 만약 우리가 시행착오의 결과를 직접 겪어야만 학습할 수 있었다면, 생존가능성은 희박했을 것이다."61)

관찰을 통한 학습은 인간으로 하여금 아주 많은 통합적 행동양식을 지루한 시행착오를 통해 조금씩 점차로 학습하지 않고서도 획득할 수 있게 할 뿐만 아니라 생존가능성도 높게 한다. 그런데 관찰학습은 인간에게만 국한된 현상은 아니다. "모델링 과정에 대한 발달연구에 의하면, 동물도 숙련된 모델의 행위를 관찰한 후, 적응 반응을 쉽게 한다. 자연환경에서 어린 새끼들은 같은 종의 구성원들에 의해 보여지는 행위를 관찰하고 배울 수 있는 기회를 무한히 제공받게 된다."62) 따라서 관찰 학습은 인간과 동물에 있어서 새로운 반응을 획득하는 주요한 수단이라고 할 수 있다.

반두라는 관찰학습이 인간의 경우에는 주로 가까이 있는 본보기 인물, 즉 부모, 형제자매, 교사, 친구, 텔레비전의 등장인물, 이야기 속의 주인공 등의 행동을 관찰함으로써 그리고 관찰한 반응을 심상 및 상징적 표상의 형태로 기억함으로써 이루어지

---

61) A. Bandura, *Social Learning Theory*, p.12.
62) A. Bandura, *Aggression*, p.27.

는데, 관찰학습에는 모방이 포함될 수도 있고 포함되지 않을 수도 있다고 하였다.

차를 운전하고 가다가 앞에 가던 차가 길에 패인 큰 구멍에 빠지는 것을 보았다면, 당신은 차의 파손을 막기 위하여 구멍을 피하여 차를 옆으로 꺾어갈 것이다. 이 경우 당신은 관찰로부터 학습은 했지만 관찰한 것을 모방한 것은 아니다.[63]

이 경우 관찰학습은 보게 된 것을 인지적으로 처리하고 어떻게 하는 것이 유리한 행동인지를 알려주는 정보로서 작용한 것이다. 따라서 관찰학습은 다른 사람의 행위를 그대로 흉내 내는 단순한 모방보다 훨씬 더 복잡한 것이다.

한편, 관찰학습은 플라톤(Platon) 이래, 여러 학자들에 의해 논의되기도 하고 실험적 연구를 통해 검증되기도 하면서 지금까지 이어져 오고 있다.

반두라가 주장하고 있는 관찰학습은 사람들의 능동적인 면을 강조했다는 면에서 여러 학자들과 다른 면을 보여주고 있다. 대부분의 학자들은 관찰학습을 단순한 모방이나, 관찰을 통해 인식된 외적자극에 의해 즉시적으로 일어나는 반응으로 생각하였는데, 반두라는 모델을 학습자가 능동적·선택적으로 관찰하며 관찰을 통해 획득한 지식을 상징적으로 부호화하여 저장하고, 언젠가 그와 비슷한 상황에 처하게 되면, 그와 비슷한 행동을 보이기도 하고, 관찰을 통해 얻게 된 정보를 바탕으로 예측하여 행동을 하기도 하며, 환경을 자신의 의도대로 바꾸기도 한다고 하였다.

이와 같이 관찰학습은 인간과 동물들의 삶을 결정하는 중요한 학습방법이다. 그중에서도 특히 고도의 인지적 능력을 갖고

---

63) B. R. Hergenhahn, op. cit., p.450.

있는 인간의 경우에는 더욱 중요하다고 할 수 있다. 왜냐하면
사람들은 관찰을 통해 얻은 정보를 이용하여 인지적으로 자신
의 행동을 결정하기 때문이다.

나. 관찰학습과정

관찰학습은 4단계의 하위과정에 의해 이루어지며, 그 하위과
정이 주로 인지적으로 이루어진다. 즉 관찰에 의해 습득된 것은
특정 자극－반응의 연합이 아니라 오히려 본보기 활동의 상징
적 표상이다. 관찰학습 과정을 좀 더 구체적으로 살펴보자.

관찰학습과정은 영향을 주는 많은 모델 가운데에서 무엇을 관
찰하고, 주목한 것으로부터 어떠한 정보를 끌어낼 것인가를 결정
하는 주의집중 과정(attentional process), 모델이 된 사건들에 의
해서 전달된 정보를 기억으로 표현할 수 있는 법칙과 개념으로 재
구성하고 변형시키는 기억유지과정(retention process), 상징적 개
념들을 적절한 행동으로 이행시키는 행위실행과정(behavioral
production process), 그리고 관찰을 통해 학습된 행위를 수행하게
하는 동기과정(motivational process)의 4단계로 이루어져 있다.64)

그러나 이 4단계의 과정은 행동할 때마다 누구나 항상 4단계
의 과정을 거친다거나, 원숭이가 보고 행동하는 것처럼 복사하
는 과정이 아니고, 관찰자가 능동적으로 판단하고 구성하게 되
는 과정이다. 한마디로, 위의 과정은 관찰학습의 기본과정이고
같은 상황에서 같은 모델이 주어졌다고 해도 관찰자의 경험이
나 상황에 따라 다른 내용을 학습할 수 있다.

---

64) A. Bandura, "Social Cognitive Theory," p.17.

1) 주의과정(attentional process)

반두라는 주의과정을 관찰학습이 성립하기 위한 가장 주요한 성분에 해당한다고 본다. 우리는 일상생활에서 무수한 사건들을 경험하고 있지만, 경험한 무수한 사건들을 전부 기억하는 것은 아니다. 우리가 기억할 수 있는 것은 경험한 사건들 중 주의를 기울인 것만 가능하다. 우리는 단지 단순하게 모델을 제시하는 것만으로는 충분한 주의를 이끌어 낼 수 없다. "관찰자가 모델 반응의 두드러진 특징에 주목하고, 인지하여 변별해야 한다. 그렇지 않으면 최초의 감각적 기록 수준에서 상응행동의 습득에 실패할 것이다. 따라서 변별적 관찰은 관찰학습이 성립하기 위한 조건의 하나이다."65)

그런데 주의를 기울이는 것은 두 가지 측면에 따라 결정된다. 하나는, 우리가 과거에 어떠한 것을 경험했는가 하는 것으로, 관찰을 통하여 학습한 이전의 활동이 강화를 획득하는데 유익함이 증명되었다면, 후속의 모델링 장면에서도 비슷한 행동에 주의를 기울이게 된다. 이전의 강화는 관찰자 속에 지각태(perceptual set)를 만들게 되며, 이것이 미래의 관찰에 영향을 미친다.66)

다른 하나는, 모델이 어떠한 특징을 지니고 있는가에 따라 주의집중이 달라진다는 것이다. 만약 어떤 모델이 매력적이라면, 그 모델은 주의를 받게 되지만, 불쾌한 특성을 나타낸다면, 무시되거나 거부된다. 예를 들어, 모델이 성·연령 등에서 관찰자와 비슷할 때, 존경을 받을 때, 지위가 높을 때, 유능할 때에는 주의를 받게 되지만 이러한 속성을 결여하고 있으면 주의를 받을

65) A. Bandura, *Psychological Modeling: Conflicting Theories*, (Chicago, New York: Aldine · Atherton, Inc., 1971), pp.16-17.
66) B. R. Hergenhahn, op. cit., p.455.

수 없게 된다.

　요컨대, 변별적 관찰에 영향을 미치는 주요인은 과거의 경험과 모델의 특성이라고 할 수 있다. 그런데 과거의 경험은 학습의 계획과 처리에 어려움이 있다. 학습의 효과를 높이기 위해서는 과거의 경험보다 모델의 특성을 활용함이 더 용이하다.

2) 기억유지과정(retention process)

　관찰학습과정의 두 번째 하위과정은 모델이 된 사건을 유지하는 기억유지 과정이다.

　"우리가 모델행동을 주의 깊게 관찰하였지만, 반응으로서 수행할 수 없는 경우가 있다. 그런 경우에도 모델반응은 표상적 형태로 습득된다. 이때, 외적인 모델링 단서가 없어진 후에 그것이 행동으로 재생되기 위해서는 처음의 관찰을 상징적 형태로 유지하지 않으면 안된다. 이 문제는 관찰에 의해 습득된 행동패턴이 한참 후, 행동으로 표출되는 경우에 특히 흥미롭다. 극히 드물기는 하지만, 관찰에 의해 습득된 반응패턴이 몇 년 동안이나 유지되어 오다가, 그 활동에 적절한 연령이나 사회적 지위가 되어 비로소 외현적으로 수행되는 경우도 있다."[67]

　요컨대 우리가 어떤 모델에 주의를 기울이고, 경험을 하였다고 해도 만약 경험한 것을 상징화해서 기억 속에 저장하고, 유지할 수 없다면, 그것은 일시적 효과는 있을지 몰라도 행위의 지속을 기대할 수 없을 것이다.

　결국, 관찰학습의 지속을 위해서는 모델의 행동을 상징화를 통해 기억 속에 저장하는 과정이 중요하다. 반두라는 상징화 과정으로 다음의 두 가지 내적 표상체제를 제시한다.

---

67) A. Bandura, *Psychological Modeling: Conflicting Theories,* p.17.

첫 번째가 심상이다. "시각적 심상은 언어능력이 결핍되어 있는 발달 초기의 관찰학습에 있어서 뿐만 아니라 언어로 표현하기 어려운 행동양식을 학습하는데 매우 중요한 역할을 한다."[68] 일단 심상이 형성되면 이전에 관찰된 사건들에 대한 준거를 통해 즉각적으로 생생한 물리적 자극의 심상이나 영상(picture)이 기억된다. "실제로 어떤 사람의 이름이 어떤 특정 사람과 일관되게 관계되고 있는 것처럼, 자극 사건이 서로 깊게 상관되어 있을 때, 그 사람의 신체적 특징을 떠올리지 아니하고, 이름만 듣는다는 것은 불가능할 것이다. 마찬가지로, 사람들이 일찍이 관찰한 활동(예를 들면, 골프나 서핑), 장소(샌프란시스코, 뉴욕, 파리), 사물(워싱턴 기념비, 항공로)을 언급하면 현재 눈앞에 없는 물리적 자극에 대한 이미지 표상이 생생하게 상기된다."[69] 이와 같이 시각적 심상은 관찰학습에서 기억유지를 위한 필수적 요소가 된다. 특히, 발달초기에 있는 어린이의 관찰학습에 그러하며, 이는 어린이의 관찰학습이 주로 시각적 심상을 통해 이루어져야 함을 말하고 있다.

두 번째 표상체제는 이전에 관찰한 사건에 대한 언어적 부호화이다. 반두라는 인간에 의해 이루어지는 관찰학습이 현저하게 빨리 성립되고 그 내용 또한 장기간 유지되는 것은 언어적 부호화를 통해서라고 하였다. 인지과정도 어찌 보면 시각과정보다는 언어과정이 중심이 된다. "모델이 지나간 순서를 학습하고, 기억하며, 나중에 재생하기 위해서는 시각 이미지보다는 언어적으로 부호화한 쪽이 한층 더 정확하다. 그리고 관찰학습과 유지가 언어적 부호화에 의해 촉진되는 이유도 언어적 부호화는 축적하기 쉬운 형태로 다량의 정보를 반송할 수 있기 때문이다."[70]

68) A. Bandura, *Social Learning Theory*, p.26.
69) A. Bandura, *Psychological Modeling: Conflicting Theories*, pp.17-18.

한편, "코티스(Coates)와 하텁(Hartup)은 재생결핍가설(the production deficiency hypothesis)에 의해 언어적 부호화의 역할에 대한 발달적 변화를 연구하였다. 이 가설은 케니(Keeney), 카니조(Cannizzo), 그리고 파펠(Favell) 등이 최초로 제안한 것으로 이 가설에 의하면, 나이가 어린 아이는 상징적 활동이 가능하지만, 이러한 상징적 활동을 자발적으로 이용하지는 않는다. 그런데 나이가 많은 아이는 언어적 매개를 자발적으로 행하였다."[71] 어린이는 나이를 먹어감에 따라 언어능력을 획득함으로써, 사건의 본질적인 면을 기억으로 표상하기 위해 언어로 상징화할 수 있게 된다. 또한 "어린이는 인지적이고, 언어적 기술을 습득하고 나서야 모델의 수행으로부터 규칙을 찾아낼 수 있고, 복잡한 언어적 변형을 효과적으로 사용할 수 있으며, 그들이 관찰한 것을 언어적 신호체계로 예측해서 말하고, 반복해서 말하도록 배움으로써, 그들의 기억을 개선할 수 있다."[72] 그러므로 어린아이가 언어능력이 발달한 경우, 관찰학습을 촉진하기 위해서는 시각과정보다는 언어적 부호화가 효과적이다. 이것은 우리에게 언어교육의 중요성을 시사해 주고 있다.

지금까지 관찰학습의 기억유지과정을 살펴보았는데, 관찰학습에서 행위의 지속을 위해서는 기억유지 과정이 필수적 요소임을 확인할 수 있었다. 그럼에도, 과거 모방이론에서는 이 과정이 사실상 무시되어 왔다.

3) 행위실행 과정(behavioral production process)

관찰학습의 세 번째 주요성분은 운동계에 의한 재생과정과 관계가 있다. 이 과정은 모델에 대한 주의집중을 통해 상징적으

---

70) Ibid, p.18.
71) Ibid, p.19.
72) A. Bandura, "Social Cognitive Theory", p.20.

로 부호화된 기억을 적절한 행동으로 전환시키는 과정이다. 부호화 된 기억을 행동으로 전환하는 과정은 사람들이 새로운 반응을 실행으로 옮김에 있어 외재하는 패턴에 따르거나 교수를 통해 지시를 받는 것과 유사하다. "유일한 차이는 지시에 따른 수행이 외적단서에 의해 안내되는데 반해, 모델링은 연기된 상황에서 행위의 재생이 자극 없이 상징적 표상에 의해 행동이 모니터 된다는 점이다."73)

여하튼 "개념들을 적절한 행위로 바꾸기 위해서는, 행위의 안내수단인 전환기술의 발달이 필요하며, 반드시 상징적 양식의 정보가 상응하는 행위의 양식으로 번역되어져야 한다. 이것은 행위결과를 조직하는 법, 즉 행위법규를 상징적 모델과 비교·감시하여 분명한 불일치가 있을 때, 바로잡는 법을 배우는 것을 의미한다."74) 사람들은 이러한 과정을 통해, 모델 제시에 의해서 새로운 행동의 개요를 습득하고, 실제로 수행을 하고, 일부 학습된 부분 행동에 초점을 두고 모델을 관찰하며, 정보 송환을 얻어 자기 수정적 조정을 계속함으로써, 자신의 행동을 세련시켜 나가게 된다.

그런데 "관찰학습의 속도와 수준은 운동수준과 필요한 성분반응을 얼마나 이용할 수 있는가에 달려있다. 복잡한 행위양식은 과거에 학습한 성분반응의 조합에 의해 생겨나며, 과거에 학습한 성분 자체도 비교적 복잡한 복합반응이다. 예컨대, 어떤 필요한 성분이 결여되어 있는 관찰자는 먼저 모델을 통해 구성요소를 보게 된다. 그러면 점층적 방식에 따라, 복잡한 성분은 모방을 통해 개발될 수 있다."75)

---

73) A. Bandura, *Psychological Modeling: Conflicting Theories*, p.22.
74) A. Bandura, "Social Cognitive Theory", p.20.
75) A. Bandura, *Psychological Modeling: Conflicting Theories*, p.22.

이상에서 우리는 단순히 지적인 기억만으로는 행위의 실행이
일어나지 않는 다는 것을 알아보았다. 행위의 실행은 행위결과
의 조직 및 상징적 모델과의 비교·감시 그리고 모델링을 통한
행위양식의 목격 등을 통해 발생하므로 행동 교육을 위해서는
모델링의 제시가 반드시 필요하다고 할 수 있다.

4) 강화와 동기과정(reinforcement and motivational process)

반두라는 관찰학습을 구성하는 마지막 하위과정으로 동기부여
와 강화과정을 들고 있다. 사람들이 모델행위를 관찰하여 모델행
동을 습득하고, 그것을 능숙하게 실행에 옮기는 능력을 갖추고
있어도, 만약 모델의 행위가 부정적 제재와 좋지 않은 유인 조건
을 획득한다면, 수행은 거의 일어나지 않는 데 반해, 긍정적 인센
티브가 소개되면 관찰학습은 즉시 행위로 전환될 수 있다.

사람들은 모델의 행동을 관찰하고, 관찰된 모델의 행동이 어떠
한 결과를 초래하는가에 따라 자신의 행위수행을 결정하게 되는
데, 이것은 관찰된 모델행동이 동기로서 작용하기 때문이다. 사람
들은 "모델의 행위가 보상을 받지 못하거나 벌을 받는 것보다 가
치 있는 결과를 얻는 것을 보게 되면, 그 행위를 더 잘 적용하는
경향이 있다."76)

그러므로 모델에 의해 관찰된 행동은 두 가지 기능을 한다고
할 수 있다. 하나는 모델의 행동이 보상을 받는 것을 관찰한 경
우로, 이 경우 모델의 행동은 행위수행을 위한 유인으로서 작용
하며, 모델 행동에 대한 긍정적 강화는 "습득된 행동을 표현하거
나 수행 할 가능성을 실제로 증가시킬 뿐 아니라 사람의 주의집
중 과정이나 기억과정에도 영향을 미친다."77)

---

76) A. Bandura, *Social Learning Theory*, p.28.
77) L. A. Hjelle and D. J. Ziegler, *Personality Theories: Basic*

다른 하나는 모델의 행동이 벌을 받는 것을 관찰한 경우로, 이 경우는 행위 억제 효과가 있다. 우리말에 일벌백계(一罰百戒)라는 말이 있는데, 이것은 바로 행위억제 효과를 두고 한 말이라 생각된다.

이처럼 동기과정은 앞의 3단계, 즉 주의, 기억유지 그리고 행위 실행 등에 피드백(feedback)을 통해 영향을 미칠 수 있으며, 특히 행위수행과는 아주 밀접한 관계에 있기 때문에, 도덕교육적 측면에서의 행동수정에 적용해 볼 만한 가치가 있다.

지금까지 관찰학습의 4가지 하위과정[78]을 살펴보았는데, 만약 우리가 단지 모방행동을 일으키는 것에만 관심이 있다면, 하위과정 중 몇 가지는 무시해도 좋을 것이다. 예를 들어, 목표하는 반응을 반복 제시하고, 재생하도록 가르치고, 실패했을 때는 안내를 통해 부추기고, 정확한 모방을 했을 때는 가치 있는 보상을 줌으로써 결국 대부분의 사람들로부터 상응반응을 이끌어 낼 수 있을 것이다. 그러나 "만약 모델링 현상을 지배하는 조건을 설명하고자 한다면, 다양한 통제 변수가 고려되어야만 한다."[79]

Assumption Research and Application, 이훈구 역, 『성격심리학』, (서울: 법문사, 1991), p.283.

78) 관찰학습의 하위과정을 도표화하면 다음과 같다.

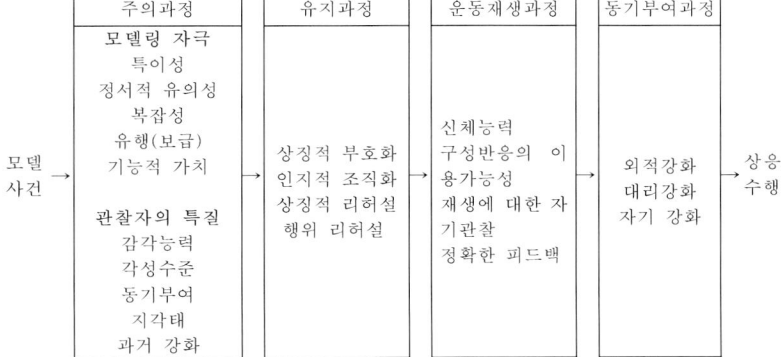

모방이론의 경우, 이 이론은 인지적 기능을 무시함으로 해서 모든 피험자에게 같은 모델링 자극을 주고 같은 강화를 부여해도 개인의 상징 활동의 차이에 따라 상응 반응이 차이가 생기는 것을 설명하지 못한다.

이 이론은 상응행동이 외적자극과 강화적 결과에 의해서만 통제된다고 생각하는데 문제가 있다. "라파스(Lavaas)는 자폐아에게 모방행동을 시키려 하다가 뜻하지 않은 곤란에 부딪혔다. 이를 계기로 주의집중에 관한 연구가 이루어졌고, 예비적 결과에 의하면, 자폐증 아동은 다양한 감각양식으로부터 전달된 정보를 처리하는 능력이 서툴다는 것을 알게 되었다. 그래서 관찰학습을 촉진하는데 도움이 된다고 알려진 주의집중을 높이는 절차를 사용함으로 해서 자폐아의 학습속도를 촉진시킬 수 있었다."[80]

위 실험에서도 알 수 있듯이, 사람들이 무엇인가를 모방하는 것은 그들이 과거에 모방을 위해 간헐적으로 강화를 받아왔기 때문이라고 보는 모방이론은 설명력에 한계가 있다.

결국, 반두라가 위에서 제시한 관찰학습의 4가지 하위과정은 관찰학습을 위한 필수 요소라고 볼 수 있고, 모델링 자극을 제시해도 적절한 상응행동이 나타나지 않는 경우, 우리는 다음의 원인을 생각해볼 수 있다. "① 모델사건에 대한 감각적 기록 실패, ② 기억표상을 위해 필요한 모델링 자극의 부적절한 부호화, ③ 유지력 감소, ④ 운동능력 부족, ⑤ 부적절한 강화로 인해 발생하는 상응행위를 수행하고자 하는 의도 부족"[81] 등이다.

그런데 관찰학습은 일상생활을 통해 우연적 또는 계획적으로

79) A. Bandura, *Psychological Modeling: Conflicting Theories*, p.23.
80) Ibid, p.23-25.
81) Ibid, p.25.

다양한 상황에서 발생한다. 게다가 발달초기의 단계가 아니면, 주로 언어적 모델 제시나, 영화, TV 등을 통해 이루어지는 상징적 모델 제시를 관찰함으로써 학습이 이루어진다. 어린이는 이러한 다양한 상징적 모델에 무차별적으로 노출되어 있기 때문에, 모델링 과정에서 갈등을 경험하게 될 수도 있고, 심지어는 부정적 측면을 학습하게 되는 경우가 발생할 수도 있다.

　이런 이유로 혹자는 관찰학습이 교육적인 면에서 계획하고 통제될 수 없기 때문에 무의미하다고 주장하기도 한다. 그러나 관찰학습도 부분적이나마 계획적으로 통제가 가능하다. 동기 유인적인 면에서, 모델의 행동을 모방하는데, 모델의 행동을 모방했을 때 얻게 될 이익이나 불이익에 관한 정보를 미리 줌으로써, 어느 정도 통제가 가능하다. 또한 상징적 모델 제시의 경우, 학습자의 능력을 고려하고, 학습자들에게 직접적으로 관계된 내용을 제시함으로써 적극적으로 영향을 줄 수도 있다.

다. 추상적 관찰학습과 창조적 관찰학습

　앞에서 관찰학습의 의미와 관찰학습이 어떠한 과정을 거쳐 이루어지고 있는가를 살펴보았다. 그런데 관찰학습은 모델의 모든 행동, 즉 외적 모델링 자극을 그대로 복사하는 것이 아니라, 여러 모델의 행동 중 공통 특성을 추출하여 규칙이나 원리를 학습하거나, 어떤 모델의 행동 중 어떤 부분에 선택적으로 반응함으로써 창조적으로 새로운 행동을 조합해 내기도 한다. 요컨대 관찰을 통해 기존의 목록(repertoire)에는 없던 새로운 반응을 할 수 있으며, 바로 이러한 과정을 통해 진보적 변화를 창출해 낸다.

1) 추상적 관찰학습

인간은 끊임없이 광범위하고 다양한 모델링 경험에 직면한다. 만약, 우리가 행한 행동이 타인이 수행한 하나하나의 반응과 구조적으로 완전한 동형이라면, 모델링 영향으로 생기는 변화는 실제로 극히 제한될 것이다.

"사람들은 모델링 과정을 통해서 여러 가지 반응들로부터 공통적인 특징을 추출해 내서 그들이 보고 들은 것 이상의 행동 규칙을 형성한다. 반두라는 모델링을 통한 이러한 학습의 단면을 다음과 같이 묘사하고 있다. 관찰자들은 각기 다른 모델의 특징들을 새로운 합성체로 통합함으로써 모델링을 통한 새로운 사고와 행동양식을 얻을 수 있다. 그리고 일단 시작되면 새로운 형태의 경험은 보다 더 진보적인 변화를 창출해 낸다."[82]

관찰자는 모델의 행동으로부터 어떻게 공통의 규칙과 원리를 추출하게 되는가? 모델의 모든 행동이 적절한 반응 특질 형태로 관찰자에게 정보로 전달되면, "관찰자는 나중에 비슷한 상황에 직면했을 때, 모델의 성향과 비슷한 스타일로 반응하려 한다. 비록 달라진 환경 때문에 모델의 반응을 흉내 낼 수 없을지라도 이러한 모델링 과정에서 관찰자는 모델과 비슷한 행동을 하기 위해 모델의 반응에서 공통 특징을 추출하고 일반 원리를 확립하게 된다."[83] 이렇게 "관찰자는 모델의 여러 반응에 공통하는 속성을 추출하고, 같은 행동 패턴을 전개하기 위한 규칙을 만들어 내어 그 규칙을 새로운 상황으로 구체화 한다. 그 결과 관찰자가 취할 행동은 이 같은 새로운 상황에서의 모델행동을 한 번도 목격하지 않았음에도 불구하고 모델이 똑같은 상황에서 취할 것으로 예상되는 행동과 비슷한 행동을 하게 된다."[84]

---

82) L. A. Hjelle and D. J. Ziegler, op. cit., p.278.
83) A. Bandura, *Aggression*, p.85.

그런데 추상적 규칙학습은 아동이 언어를 배우는 과정에서
두드러지게 나타난다. "아동은 어느 문장이든 쉽게 구성할 수
있지만, 그 문장 전부가 이전에 들었던 것은 아니다. 아동은 분
명 이전에 한 번도 관찰한 적이 없는 문장을 구성할 수 있다.
아동은 모방에 의해 특정 언어를 획득한다기보다는 관찰에 의
해 몇 가지 규칙을 배워서 그에 따라 무수히 많은 새로운 문법
적 문장을 만들어 낸다."85) 이처럼 아동은 추상적 모델링을 통
해 전혀 들은 적이 없는 문장과 말을 거의 무한한 정도로 만들
어 낼 수 있는 규칙을 학습할 수 있다.

이상에서 추상적 모델링을 살펴보았다. 그 내용을 다시 요약
해보면, 추상적 모델링은 세 가지 요소로 이루어져 있고, 그 첫
째는 공통의 규칙 또는 원리를 가지고 있는 광범위하고 다양한
장면을 관찰하는 것이고, 둘째는 다양한 경험으로부터 규칙이나
원리를 추출하는 것이며, 셋째는 학습한 규칙이나 원리를 새로
운 장면에 활용하는 것이다.

2) 창조적 관찰학습

사람들은 여러 가지 모델을 관찰하는 동안에 어떤 한 모델의
행동을 답습하거나 좋아하는 모델이 갖고 있는 모든 속성을 다
채용하는 일이 없다. 대체로 사람들은 "단일 모델로 제한받는
경우가 드물고, 좋아하는 모델의 모든 특징을 재생하지도 않는
다. 다양한 모델에 노출되어 있고, 다양한 모델을 관찰할 때, 그
중 한 가지나, 몇 가지를 주요 행동원으로 선택한다. 그래서 다
양한 모델의 모든 행동을 통합하여 비교적 새로운 반응을 습득하
게 된다."86)

---

84) A. Bandura, *Psychological Modeling: Conflicting Theories*, p.34.
85) Ibid, p.34.

실험에 의하면, 아이들이 여러 모델에 노출되었을 때, 그들은 행위의 주요 원천으로 모델들 중 한 명 또는 그 이상을 선택하였다. 하지만 선택한 모델의 행동 목록(repertoire) 전체 요소를 모방하지도 않았으며, 선택하지 않은 모델이라고 해서 전혀 모방하지 않은 것도 아니었다. 아이들은 보상할 힘을 갖고 있는 모델로부터 많은 특징을 모방했지만, 동시에 복종적 역할을 한 모델의 행동요소도 일부 재생하고 있었다. 아이들은 단순히 어느 한쪽 모델만 모방한 것은 아니었다. 오히려 아이들은 양쪽 모델로부터 대표적인 요소를 혼합하여 비교적 새로운 행동패턴을 나타내 보였다.87) 즉, 아이들은 여러 모델의 특성을 조합해서 개별 특성과는 다른 독자적인 새로운 혼합체계를 만들어 내게 된 것이다.

어느 가정의 동성 형제라도 부모와 형제의 속성을 다른 조합으로 습득한 결과 다른 성격 특성을 만들 수 있다. 게다가 관찰자는 다음번에는 새 멤버에게 모델이 되므로 모델링 영향은 차례차례로 전해져 결국에는 최초 모델행동과는 전혀 다른 새 패턴이 모델링에 의해 형성된다.

"베토벤(Beethoven)의 초기 업적은 하이든(Haydn)과 모차르트(Mozart)의 고전적 형태를 채용했으나, 정서의 표현을 특히 강조했고, 이것으로 말미암아 그의 예술적 성장의 방향이 예견될 수 있었다. 그리고 바그너(Wagner)는 새로운 오페라 양식을 전개하기 위해 베토벤의 심포니 양식과 베버(Weber)의 자연적 매력 그리고 메이어베르(Meyerbeer)의 극적 기교를 융합시켰다."88) 이와 같이 여러 분야의 창조자들은 처음에는 다른 사람

---

86) Ibid, p.37.
87) Ibid, pp.86-87.
88) A. Bandura, *Social Learning Theory*, p.48.

의 업적에 의존하지만 그 경험을 기초로 해서 새로운 것을 창조해 낸다.

그런데 "새 행동이 모델링에 의해 달성되는 정도는 모델 패턴의 다양성에 의존한다. 같은 문화에서는 모든 모델이 비슷한 반응 양식을 보이므로 연속적으로 모델을 계승해도 모방행동은 거의 변하지 않는다. 반면, 모델의 다양성이 현저한 사회에서는 다양한 새 행동 패턴이 형성되기 쉽다."[89] 그러므로 창조적 관찰학습을 촉진하기 위해서는 다양한 모델을 제시하는 것이 중요하다.

그러나 주의할 것이 있다. 모델이 너무 혁신적인 경우 그것은 창조적 아이디어를 촉진할 수는 있지만 오히려 역효과를 발휘할 수도 있다.

"모델은 매우 생산적인 반면, 관찰자는 제한된 능력을 지니고 있다면, 관찰자의 창조적 능력은 불리한 비교에 의해 평가절하될 수 있다. 즉, 유능하고 창조적인 사람을 모델링 하는 것은 재능이 부족한 사람에게 오히려 노력을 그만두도록 만들 수 있다."[90] 이와 같이 창조적 아이디어의 촉진은 혁신적이고, 창조적인 모델만 제시한다고 해서 생겨나는 것이 아니다. 관찰자가 그것을 어떻게 생각하느냐에 따라 달라진다. 효능감이 있는 관찰자에게는 혁신적인 모델이 효과가 있겠지만, 효능감이 부족한 관찰자의 경우는 오히려 부정적으로 영향을 미칠 가능성이 있다. 따라서 모델제시도 관찰자의 능력을 충분히 고려하여 제시되어야만 하고, 그렇게 될 때, 그 효과를 기대할 수도 있다.

지금까지 추상적 관찰학습과 창조적 관찰학습을 살펴보았다. 여기에서 우리는 사람들이 다른 사람들로부터 행동을 채용하는

---

89) A. Bandura, *Psychological Modeling: Conflicting Theories*, p.38.
90) A. Bandura, *Social Learning Theory*, p.49.

데 상당히 선택적으로 반응한다는 것을 알 수 있었다. 그리고 모델링을 통해 관찰학습을 촉진하기 위해서는 다양한 모델에 대한 노출과 관찰자의 상황을 충분히 고려한 모델제시가 필요함도 알 수 있었다.

라. 기대학습과 행동결정

우리는 학습뿐만 아니라 일상생활을 할 때도, 무의식적으로 행동하지 않는다. 우리들 대부분은 과거에 의해서 결정된 현재에서서, 미래에 대한 예측, 즉 기대를 통해 행동을 한다. 만약 우리 인간에게 미래에 대한 예측능력, 즉 행동을 예기하고, 예측할 수 있는 능력이 없다면, 우리는 아마도 위험하지는 않을지 몰라도 매우 비생산적인 방법, 즉 자극에 대한 반응에 의해서만 모든 활동을 할 수 밖에 없을 것이다. 그런데 "다행히도 사람들은 계속해서 관찰하고, 사고하고, 가정과 기대감을 형성하며, 결국에는 자신이 하고자 하는 것뿐만 아니라 환경의 자극에 의해 전달된 가능한 결과에 근거하여 무엇을 할 것인가를 결정한다."[91]

현재의 행위는 과거의 경험에 의해서만 결정되는 것이 아니라, 미래에 대한 예측이 피드백 되어 현재의 행위에 영향을 미치기도 한다. 어쩌면 과거에 의해 결정되는 것보다, 오히려 미래에 대한 기대에 의해 결정되는 부분이 더 많을 지도 모른다.

특정 행동으로 인해서 어떤 사람이 처벌받는 것을 보는 것은 그 자신이 처벌받는 것만큼의 정보적 가치가 될 수 있다. 대개 유인이라고 불리는 이러한 종류의 정보는 우리가 행동의 가능한 결과를 올바르게 예측하고, 우리의 행동을 적절히 조절하고자 할 때, 반드시 필요한 것이다. 이처럼 기대는 우리의 현재생

활에 상당한 비중을 차지하고 있고, 학습을 통해 행동을 결정하는데도 중요한 선행요인이 될 수 있다.

그러면 기대학습이 어떻게 이루어지고, 우리의 행동결정에 어떠한 영향을 끼치는지 좀 더 구체적으로 살펴보자. 반두라는 기대학습은 대체로 두 가지 방법에 의해 이루어진다고 하였다. 첫째는, 상징적 기대학습이고, 둘째는 대리적 기대학습이다. 이러한 두 가지 기대학습은 먼저 인지적 자기각성이 전제되어야만 가능하다. 그래서 본 논의에서는 먼저 인지적 자기 각성에 대해서 살펴보고, 다음으로 기대학습을 논한다.

1) 인지적 자기각성

인지적 자기각성이론에 의하면, 정서 반응은 외적·물리적 자극에 의해서만 일어나지 않고, 인지적 자극에 의해서도 일어난다. 사람들은 매스꺼운 경험을 상상함으로써 구토를 할 수도 있고, 물리적으로 고통스런 경험을 하지 않았으면서도, 가상된 고통자극을 상상함으로써 실제 자신에 의해서 일어나는 것과 유사한 주관적인 불쾌감과 생리적 반응을 일으킬 수도 있다.

"어떤 사건이 고통의 전조라는 것을 알고 있는 사람에게 어떤 사건의 발생은 그 사람에게 두려운 생각을 갖도록 하며, 나아가 두려운 생각은 다시 정서적 반응을 일으킨다. 반면, 어떤 이유에서든 선례가 된 사건 자극이 고통의 전조라는 것을 알아차리지 못한 사람은 인지적 각성을 일으키지 못한다."[92]

그링스(Grings)와 그 외 다른 학자들은 사람들이 육체적으로 고통스러운 경험을 하지 않고도 인지에 의해 이전에는 중립적이던 자극에 대해 정서적 반응을 일으킬 수 있는가를 연구하였다.

---

92) A. Bandura, *Social Learning Theory*, p.69.

"주어진 자극에 가끔 충격이 동반될 것이라는 사실을 사람들
에게 말해주었다. 그러나 예로서 제시된 경험을 제외하고는 결
코 충격이 동반되지 않았는데도, 실험이 진행됨에 따라 이전에
는 중립적이었던, 자극이 정서 반응을 일으키는 사고와 결합됨
으로써 정서 반응을 일으키게 되었다."93)

이와 같이 사람들은 인지적 자극만으로도 충분히 정서반응을
일으킬 수 있다. 실제로, 사람들은 어떤 사태를 직접 경험하기도
하지만, 오히려 대부분은 간접경험을 통해 생활하고 있다. 이러
한 면에서 보면, 사람들이 겪게 되는 정서반응은 직접 경험보다
는 간접경험을 통한 인지적 자극에 더 많이 의존한다고 해도
틀리지 않는다.

그런데 정서반응이 인지적 통제를 받는 정도는 그것이 상징적
으로 확립된 것인가 또는 직접 경험을 통하여 형성된 것인가에
따라 다르다.

"실제 고통 경험을 통하여 형성된 공포반응은 인지적 방법에
의해 잘 변화되지 않으나, 사고에 의해 유발된 공포는 물리적 위
협이 더 이상 없을 것이라는 사실을 알게 되자 즉시 사라져 버렸
다. 반면, 고통스런 경험에서 생긴 공포반응은 물리적 위협이 더
이상 존재하지 않는다는 것을 알고 있음에도 불구하고 장기간 지
속되었다. 따라서 인지적 정서반응은 두 개의 구성요소로 이루어
져 있다고 할 수 있다. 그 중 한 가지 구성요소는 자기 각성에 의
해 생성된 것으로, 이것은 자신의 사고를 바꿈으로써 쉽게 수정
될 수 있다. 다른 구성요소는 외적자극에 의해 직접 생겨난 것으
로 중재되지 않은 것이다. 이것은 불일치 경험을 통해서만 사라
질 수 있다."94)

---

93) Ibid, p.69.
94) Ibid, p.70.

요컨대, 사람들은 인지적 자극에 의해 구토, 불쾌감, 공포 등을 느끼며 살아간다. 따라서 우리는 교육적인 면에서 인지적 통제에 관심을 가질 필요가 있다. 왜냐하면 아이들에게 어떠한 인지적 자극을 제시하느냐 하는 것은 아이들의 삶에 많은 영향을 미칠 수 있기 때문이다.

2) 상징적 기대학습과 대리적 기대학습

기대학습은 상징적 기대학습과 대리적 기대학습으로 구별된다. 상징과 대리적 모델이 기대학습에서 어떠한 역할을 하는지 살펴보자.

먼저 상징적 기대학습의 경우는 어떠한가? 만약 우리가 직접 경험에 의해서만 학습을 할 수 밖에 없다면, 기대학습의 범위는 매우 한정적일 것이다. 우리는 직접 경험보다는 간접 경험, 즉 상징적인 정보에 의해 더 많은 경험을 한다.

우리가 경험하는 상징적 정보 중, 가장 일상적이며, 많이 사용하는 것은 언어이다. 우리는 사람과 사물에 대한 직접적인 접촉이 없이도 상징으로써 언어와 그 밖의 다른 그림 등의 시각적 상징에 의해서도 정서적 반응을 일으키게 된다.

"혐오와 공포를 느끼게 하는 말은 새로운 혐오와 공포를 생겨나게 할 수 있다. 역으로 호의적 반응을 일으키는 말은 관련 사건에 기쁨의 가치를 더하는데 사용될 수 있다."[95]

이렇게 느끼게 된 정서반응은 행위를 위한 기대가 되어 사람들로 하여금 어떻게 행동해야 할 것인가를 알려준다. 한마디로 상징은 기대학습의 중요한 매체 역할을 한다고 할 수 있다.

아이들이 일상생활을 통해 쉽게 접할 수 있는 상징적 정보에

---

95) Ibid, p.64.

는 컴퓨터, 텔레비전, 책 등이 있다. 특히 컴퓨터의 사이버 세계에서 얻게 되는 엄청난 상징적 정보는 아이들의 삶의 방식까지도 바꿔 놓고 있는 실정이다. 또한 사회가 발전해감에 따라 이러한 상징적 정보의 역할은 점점 더 많은 영향력을 발휘하게 될 것으로 생각된다.

이제, 대리적 기대학습에 대해서 살펴보자. 우리는 정서반응을 직접경험을 통해서도 학습할 수 있지만, 관찰을 통해서도 학습할 수 있다. 즉, 직접 경험을 하지 않고도 다른 사람이 두려워하는 것을 보거나 상처받는 것을 보고도 정서반응을 학습할 수 있다. 반두라는 이것을 대리적 기대학습이라 하였다. 그는 이러한 대리적 기대학습을 통해 사람들이 대리적 회피학습과 대리적 각성을 일으킬 수도 있다고 보았다.

만약 우리가 대리적 회피학습을 할 수 없다면, 우리는 학습을 위해 상당한 위험을 감수하지 않으면 안된다. 크룩스(Crooks)는 원숭이를 가지고 대리적 회피학습이 어떻게 일어나는가를 실험을 통해 살펴보았다.

"그는 원숭이들이 여러 가지 장난감을 가지고 노는 것을 오랫동안 관찰하였다. 그런 다음 원숭이들에게 모델 원숭이가 특정 장난감을 만질 때마다 녹음된 테이프로 고통스런 소리를 들려주었다. 그리고 모델 원숭이가 통제 장난감을 만질 때마다 같은 소리가 뒤로 되감기면서 나는 소리, 하지만 고통스럽지 않은 소리를 들려주었다. 실험 후에 그런 모습을 관찰한 원숭이로 하여금 통제 장난감을 자유롭게 가지고 놀 수 있도록 하였으나, 그 원숭이들은 다른 원숭이들에게 고통을 준 것 같은 통제 장난감을 조심스럽게 회피하였다."[96] 요컨대 대리적 회피학습은 방어

---

96) Ibid, p.66.

적 행동을 학습하게 함으로써 행동을 할 때, 위험을 겪지 않을 수 있도록 한다.

한편, 사람들은 대리적 각성을 통해 정서반응을 하기도 한다. 사람들은 모델의 관찰을 통해 모델이 고통스런 자극으로 힘들어하는 것을 보게 되면, 모델의 행위를 보고, 자신이 모델이 겪고 있는 고통과 같은 고통을 겪고 있는 것처럼 자기각성을 통해 정서 반응을 보이게 된다. 그런데 많은 도덕 학자들은 이러한 대리적 각성을 감정이입에 의한 역할채택(role-taking), 즉 다른 사람의 경험이나 정서 상태를 직관하여 다른 사람의 입장에 서서 생각해 봄으로써 느끼게 되는 것으로 본다.

그러나 "사회학습이론에 의하면 모델에 의해 형성된 정서는 관찰된 결과가 비슷한 상황에서 자신에게 발생하는 것처럼 상상하는 자기 각성의 매개과정을 통해 대리 각성을 일으키는 것이다. 따라서 사람들은 다른 사람의 전망을 취하기보다는 관찰된 결과를 자신에게 적용함으로써 더 쉽게 자기각성을 일으킨다."97)

처크(Church)의 연구결과에 의하면 "어떤 동물에 의한 고통의 표현은 이전에 함께 고통을 경험한 다른 동물에게는 강한 정서적 각성을 일으켰지만, 동일한 고통을 경험은 했으나 같은 종의 다른 동물과 함께 고통을 겪은 적이 없는 동물들에게서는 정서적 각성이 조금은 덜 일어났다. 그리고 어떤 고통도 경험한 적이 없었던 동물에게서는 아무런 정서적 반응도 일어나지 않았다."98) 이처럼 대리적 각성은 자기 각성과정을 통해 일어나며, 유사한 경험을 한 경우, 이러한 자기각성은 더 쉽게 일어난다.

이러한 예는 일상생활에서도 쉽게 찾아볼 수 있다. 우리는 영

---

97) Ibid, p.66.
98) Ibid, p.65.

화를 볼 때, 주인공이 슬퍼 눈물을 흘리면, 자신도 눈물을 흘리게 되는데, 이것은 자신이 영화의 주인공 입장에 서서 생각해 봄으로써 눈물을 흘린다기보다 자신이 그 영화의 주인공인양 착각하여, 자신을 영화의 주인공이라고 생각하기 때문에 눈물을 흘리는 것이라고 할 수 있다. 또한 타인의 죽음을 보고 슬퍼하는 현상도 마찬가지이다. 우리가 타인의 죽음을 보고 슬픔을 느끼는 것은 자신이 타인의 입장에 서 봄으로써 그 사람이 슬플 것이라고 생각되어 슬픈 것이 아니라, 다른 사람의 죽음을 통해 자신이 죽었을 경우를 생각하면서 슬픔을 느끼는 것이다.

이러한 대리적 각성에 대하여 쉬토트란트(Stotland)는 다음과 같이 말하였다. "관찰자들은 어떤 사람이 겪고 있는 것을 보았을 때, 다른 사람들이 어떻게 느꼈는지를 상상할 때보다 그들 스스로가 어떻게 느낄지를 상상할 때, 더 정서적으로 반응한다."99)

결국 대리각성은 감정이입에 의해 다른 사람의 입장에 서 봄으로써, 다른 사람에 대한 동정으로 내가 슬픔을 느끼는 것이기보다는, 오히려 다른 사람의 경우를 자신에게 적용, 자기각성을 일으킴으로써 슬픔을 느끼는 것이다.

이 주장이 타당성이 있다면, 이것은 현재 실시되고 있는 도덕교육적 상황에서 볼 때, 매우 의미 있는 일이 된다. 왜냐하면 요즈음 이루어지고 있는 도덕교육 중에는 도덕교육을 감정이입에 의한 역할채택에 목적을 두고 있는 경우가 많이 있기 때문이다.

그러므로 사회학습이론적 입장에서 도덕교육을 한다면, 그것은 감정이입에 의한 역할채택보다는 학생들로 하여금 상징적이든, 대리적이든, 직접적이든 유사체험을 많이 해보게 함으로써 자기각성을 촉진하도록 하는 것이 된다.

---

99) Ibid, pp.66-67.

3. 모델학습과 행동

가. 모델링 현상 구별 - 모방, 동일시, 모델링

모델링 현상은 어떤 대상을 보고 그 대상이 하는 것과 상응하는 행동을 하는 것을 말하는데, 이러한 상응행동을 가리키는 말은 상당히 다양하다. 모방, 모델링, 관찰학습, 동일시, 내면화, 모사 등이 상응행동을 가리키는 용어로 많이 사용되고 있다.

여기에서는 주로 모방, 동일시[100] 그리고 모델링에 대하여만 살펴본다. 그 순서는 먼저 모방과 동일시가 어떻게 구별될 수 있는가를 알아보고, 다음으로는 모방과 동일시가 사회학습이론에서 사용하는 모델링과는 어떻게 다른가를 살펴본다.

통상, 모방과 동일시는 행동 내용으로 구별되는 경우가 많다. 그 구별은 모델에 대한 반응 결과로 생기는 변화 내용에 근거한다. 일반적으로 모방은 개개 반응의 재생으로 정의되지만, 동일시는 학자들마다 그 용어를 사용하는 방법이 다르다.

---

100) A. Bandura, *Psychological Modeling: Conflicting Theories*, p.72. 동일시이론이라고 하면 우리는 일반적으로 프로이트의 방위적 동일시 가설을 떠올리게 된다. 프로이트는 동일시 행동이 부모와 자식 간의 라이벌 관계의 결과 때문에 생긴다고 하였다. 즉, 어머니의 성애적 주목을 받으려고 아이와 아버지가 경쟁을 한다는 경쟁관계에서 이를 설명한다. 그런데 휘팅(Whiting)은 프로이드의 방위적 동일시가설을 확장시켜 동일시에 대한 지위선망이론을 제창하였다. 어린이는 어른과 애정, 관심, 음식물, 보호 등을 획득하는 경쟁에서 지게 되고, 그래서 이를 더 많이 얻은 어른을 선망하게 되며 그 결과, 그런 어른을 동일시하게 된다. 그리고 휘팅은 물질적인 것이든 사회적인 것이든 모든 형태의 강화가 경쟁관계가 발전하는 중요한 원인이 된다고 보고 있다. 따라서 지위선망이론으로부터 다음과 같은 가설을 세워 볼 수 있다. 가장 강하게 동일시가 일어나기 쉬운 조건은 경쟁관계에 있는 어른이 아이가 원하는 것을 손에 넣는 경우이며, 그와 같은 어른이 일 순위 동일시 대상이 된다.

콜버그, 파슨즈(Parsons) 그리고 쉬톡(Stoke) 등은 다양한 반응 패턴이 채용되는 것, 에머리히(Emmerich)는 모델의 상징적 표현 획득, 라조비크(Lazowick)는 같은 의미계의 획득, 그리고 게비츠(Gewirtz)와 스팅글(Stingle)은 동기, 가치, 양심을 채용하는 것으로 정의하고 있다.

또한, 상응행동을 만들어 유지한다고 가정되는 조건에 따라 구별되는 경우도 있다. 파슨즈는 동일시에는 광범위한 성적 정신 에너지의 형성이(cathexis)[101] 필요하지만, 모방에는 필요하지 않다고 본다. "콜버그는 지각적 유사성에 기인하는 내재적 만족에 따라 상응행동이 유지되는 것을 동일시라고 하고, 외재적 보상에 의해 지지되는 도구적 상응반응에는 모방이라는 표현을 사용하였다. 모우러(Mowrer)는 모델이 존재할 때에 생기는 상응행동은 모방이라 부르고, 모델이 없을 때에 모델행동을 수행하는 것을 동일시라고 정의하였다."[102] 이와 같이 동일시와 모방은 학자들에 따라 매우 다양하게 정의되고 있다.

그런데 "반두라, 블란차트(Blanchard)와 리터(Ritter) 그리고 퍼로프(Perloff) 등은 여러 실험을 통해, 관찰자가 모델에 노출될 경우, 특정 행동, 정서반응, 모델의 활동과 관련된 대상에 대한 평가, 그리고 자기평가에 있어서 유사한 변화가 동시에 발생한다고 하였다."[103] 따라서 이 같은 변화의 일부를 동일시로, 다른 일부를 모방으로 임의로 부르는 것은 별다른 의미가 없다는 것이다. 실제로, 앞에서 제시한 개념 정의는 전통적으로 모방이라고 불려지는 상응행동의 대다수는 동일시로 보여지며, 반대로

---

101) 프로이트가 사용한 개념으로 특정 사람, 물건, 관념에의 Libido집
  중 현상을 가리킴.
102) Ibid, p.4.
103) Ibid, p.5.

동일시 학습으로 생각되는 많은 행동들은 모방으로 재분류될 수 있다.

그래서 사회학습이론에서는 모방이나 동일시 대신 모델링이란 용어를 사용한다. 그러면 사회학습이론에서는 왜 모방이나 동일시 대신 모델링을 사용하는가? 그 이유는 다음과 같다. 첫째, 모델링은 모방이라는 단어가 의미하는 것보다 훨씬 넓은 심리학적 효과를 지닌다. 둘째, 동일시라는 용어는 너무 산만하고 임의적이며, 경험적으로 볼 때 문제가 많아서 논점을 명확히 하거나 과학적 연구를 하는데 도움이 되지 않는다. 요컨대 사회학습이론에서 사용하고 있는 모델링은 모방이나 동일시보다 포괄적이며, 관찰을 통해 이루어지는 학습과정을 체계적으로 설명해 주는 개념이라고 할 수 있다.

나. 모델링의 발생과 효과

인간은 사회적 동물이고, 상징적 동물이며, 언어적 동물이다. 인간의 일상은 항상 타인과의 관계 속에서 이루어지고 있다. 또 사람들은 어떤 순간에 어떻게 행동할 것인가에 영향을 주는 무수한 신호들에 노출되어 있고, 그러한 신호들 중 다른 사람의 행위보다 더 효과적인 것은 없다.

"사람들은 다른 사람이 손뼉 치면 손뼉 치고, 다른 사람이 떠나는 것을 보면 나가게 되며, 다른 사람처럼 머리를 하고, 다른 사람과 비슷하게 옷을 입는 등 다른 무수한 경우에 그들의 행위는 본보기에 의해 촉진된다."[104]

이처럼 타인과의 관계 속에서 생활할 수 밖에 없는 인간에게 있어 타인의 행위에 대한 모델링은 행동에 많은 영향을 끼친다.

---

104) A. Bandura, *Aggression*, p.46.

그래서 여기에서는 인간의 행동 결정에 중요한 영향을 끼치는 모델링은 왜 일어나며, 어떤 조건에서 발생하는가, 또 모델링은 어떠한 효과가 있는가를 살펴보고자 한다.

먼저, 사람들은 왜 다른 사람의 행위에 영향을 받는가? 다시 말해, 사람들은 왜 다른 사람의 행위를 모델링하려 하는가? 그 이유에 관해서는 여러 가지의 설명이 있다.

모델링에 관한 최초의 설명에 의하면, 모델링은 본능적 현상이다. 사람들이 타인의 행동을 재생하는 것은 그들에게 그렇게 할 수 있는 생득적 경향이 있기 때문이다. 콜버그는 모델링하는 이유를 유능감을 느끼기 위해서라고 하였다. 사람들은 자기보다 유능한 사람을 모델링함으로써 자신도 그 사람처럼 유능하다고 느낄 수 있기 때문에 모델링 한다는 것이다. 특히 아동의 경우, 그들은 유능하고 영향력 있는 인물을 모델링함으로써 자신도 그렇게 될 수 있다고 느낀다.

아동은 발달시기에 따라 모델링의 대상도 변하는데, "전조작기의 아동은 유능성을 체격이나 힘 같은 외적특징과 동일하게 생각하므로 성인이나 힘센 상상적 존재 예컨대, 로봇이나 괴물을 모델링 하려고 애쓰며, 구체적 조작기에 들어서면 아동은 자신 및 타인을 여러 가지 사회적 역할, 즉 소년, 소녀, 걸스카우트, 보이스카우트 등에 따라 분류할 수 있게 되며, 이때가 되면, 아동은 자신이 원하는 사회적 역할에 능숙한 인물을 모델링 하려고 애쓴다."105)

반두라는 보상에 대한 기대가 모델링을 유발한다고 보았다. 즉 모델의 행동을 관찰하고 그 행동이 보상을 받는 것을 목격하게 되면 사람들은 그 행동을 모델링 한다는 것이다. 그런데

---

105) David G. Perry, Kay Bussey, op. cit., pp.163-164.

모델링은 주로 인지적으로 작용한다는 것이 반두라의 견해이다. 목격된 모델의 행동은 하나의 정보가 되고 그 정보가 보상을 초래할 것이라는 긍정적 정보로 인식되면 모델링이 일어난다는 것이다.

이와 같이 다른 사람을 모델링 하고자 하는 이유도 학자들마다 그 견해가 다양하다. 그런데 여기서 중요한 것은 모델링의 이유가 본능적인지, 유능감인지, 아니면 보상기대인지 하는 것이 아니다. 중요한 것은 사람들이 자신의 행동을 결정할 때, 이유야 어떠하든 모델링에 의존하고 있다는 사실이다.

다음은 행동 결정의 주요 요인인 모델링이 일어나는 조건은 무엇인가?

밀러(Miller)와 돌라드(Dollard)는 "모델링이 일어나기 위해서는 ① 관찰자는 행위에 동기부여가 되어 있을 것, ② 필요한 행동을 위한 모델링 절차가 제공될 것, ③ 관찰자는 상응반응을 수행할 것, ④ 상응반응에 대해 정적 강화가 부여될 것"106) 등과 같은 조건이 충족되어야 한다고 하였다.

"피아제는 모델이 새로운 행동을 했을 경우, 아동이 그 시기에 모델의 행동을 표현할 능력이 없으면, 심지어 이미 습득된 친근한 반응일지라도 모델의 행동을 모델링하지 않는다고 하였다. 따라서 모델링이 일어나기 위해서는 아동이 이미 그 활동을 계발해 왔든지, 이해할 수 있든지, 아니면 모델이 반복하기 전에 직접 수행해온 것이든지 이어야만 한다."107) 요컨대 모델링이 일어나기 위해서는 도식(schema)108)이 충분히 분화되어 있어야

---

106) A. Bandura., *Psychological Modeling: Conflicting Theories*, p.9.
107) Ibid, p.26.
108) Barry J. Wadsworth, *Piaget's Theory of Cognitive and Affective Development*, (New York & London: Longman, 1989), p.10.
   피아제는 정신도 몸처럼 구조를 가지고 있다고 생각하였다. 모든

만 된다.

그러나 모델링이 다양한 과정에 의해 이루어진다고 주장하는 견해, 즉 사회학습이론은 모델링이 이루어지지 않는 이유를 "모델링 자극에 대한 부적절한 관찰, 실행을 위한 운동계의 미비, 그리고 부적절한 강화 등의 결과라고 본다."109) 따라서 사회학습이론의 견해에 의거해서 본다면, 피아제의 견해는 모델링이 일어나지 않는 이유를 아동의 성숙 미흡 내지는 아이 자신의 단점으로 취급할 위험성을 내포하고 있다.

마지막으로 모델링은 어떠한 효과가 있는가? 모델링이 사람들에게 미치는 영향은 대체로 다섯 가지로 분류해 볼 수 있다. 첫째는 새로운 행위 양식의 습득이다. 관찰자는 다른 사람의 수행을 바라봄으로써, 새로운 행위패턴을 습득할 수 있다. 관찰자가 아직 학습하지 않은 새로운 반응을 모델이 나타내면, 나중에 관찰자는 대체로 동일한 행동을 재현하게 된다.

실제 실험 결과를 보아도, "공격모델을 관찰한 대부분의 어린이들은 공격행동을 본받아 적대적인 표현을 한 반면, 통제집단의 어린이들은 공격행동을 거의 나타내지 않았다."110) 이와 같

동물들은 먹고 소화하는 구조인 배(stomach)를 가지고 있다. 사람들이 왜 자극에 안정적으로 반응하는가를 설명하기 위해 그리고 기억과 연합된 많은 현상을 설명하기 위해 피아제는 도식(schema)를 사용하였다. 도식은 사람들이 지적인 면에서 환경에 적응하고 환경을 조직하는 인지적·정신적인 구조이다. 배는 동물들이 자신의 환경에 적응하기 위해 사용하는 생물학적 구조이다. 마찬가지로 도식은 정신적 발달에 적응하고 정신적 발달과 함께 변하는 구조이다. 도식은 존재하는 것으로 추론된다. 몸의 구조로서 배는 실제로 존재하는 대상이다. 그러나 도식은 신경체계 내에서 작용하는 것으로 생각된다. 따라서 도식은 육체의 한 부분도 아니고, 관찰될 수 있는 것도 아니다. 도식은 존재하는 것으로 추론되는 가정적 구조이다.

109) A. Bandura, *Psychological Modeling: Conflicting Theories*, p.27.
110) A. Bandura, *Aggression*, p.74.

이 사람들은 모델링을 통해 새로운 행위를 학습할 수 있다.

둘째는 행위규칙의 학습이다. "사람들은 모델을 관찰함으로써 여러 행동에 대한 규칙을 학습한다. 타인의 행동과 결과 간의 규칙성을 파악함으로써 비난받을 행동과 칭찬받을 행동의 속성을 알게 되고,"111) 그럼으로써 어떤 행동은 해도 되고 어떤 행동은 해서는 안된다는 규칙을 학습하게 된다.

셋째는 이전에 학습한 억제 행위의 강화와 약화이다. 사람들은 모델의 행위가 벌을 받거나 보상을 받는 것을 관찰하게 되면, 억제 행위를 강화하거나 약화시키게 된다. 이처럼 관찰에 의한 행동 제어효과는 주로 모델의 행동이 벌을 받는지, 아니면 보상을 받는지에 의해 결정된다.

만약 모델의 행동이 벌을 받게 되면, 관찰자는 반응을 축소하거나 모델이 한 행동을 점점 하지 않게 된다. 이렇게 되면 억제 효과가 나타난다. 그러나 억제 효과는 모델이 벌 받는 것을 관찰함에 의해서 뿐만 아니라 모델이 자신의 행동에 대해 스스로 벌을 가하는 경우에도 나타나게 된다.

반면, "모델이 위협적인 또는 금지된 활동을 했는데도 불리한 결과가 생기지 않는 것을 보게 되면, 관찰자는 억제를 약화시킨다."112) 이러한 탈 억제 효과는 금지된 행동을 해도 불리한 결과를 받지 않거나 보상을 받게 되는 것을 본 후, 관찰자가 억제하고 있던 행위를 증가시키는 것이다. 이와 같이 모델의 행위결과는 관찰자의 행위를 억제시키거나 탈 억제시키는 데 매우 효과적이다.

문제는 관찰자가 모델의 행위를 관찰하였지만, 그 결과를 확인할 수 없거나 그 결과가 명확하지 않은 경우이다. 이때는 모

---

111) David G. Perry, Kay Bussey, op. cit., p.138.
112) A. Bandura, *Social Learning Theory*, p.49.

델의 특징, 즉 모델의 복장, 언어, 풍채, 연령, 성, 능력, 그리고 지위 등이 영향력을 발휘하게 된다. "레프코비츠(Lefkowitz), 블라케(Blake), 모우톤(Mouton)이 밝혀낸 바에 의하면, 모델이 높은 지위에 있는 것처럼 차려입고 있을 때가 낮은 지위에 있는 것처럼 차려입고 있을 때보다 금지된 행위를 범하는 모방 행동이 더욱 많았다. 그 이유는 높은 지위에 있는 사람은 일탈행동을 해도 사회적으로 약자인 경우보다 불이익을 당하는 경우가 적다고 알고 있기 때문이다."113) 이런 경우 모델의 특징이 주는 단서의 정보가(情報價)는 주로 관찰자의 과거의 경험 속에서 단서와 강화와의 상관을 통해 획득된다고 할 수 있다.

넷째는 반응촉진효과이다. 이것은 다른 사람의 행동이 비슷한 행동을 촉진하는 단서로서 작용하는 경우이다. "사람들은 다른 사람이 손뼉을 치면 손뼉치고, 다른 사람이 하늘을 응시하면 자신도 모르게 올려다보는 식으로, 다른 사람들이 보여주는 것을 따라한다. 따라서 무수한 상황에서 그들의 행위는 다른 사람들의 행위에 의해서 환기되며, 촉진된다고 할 수 있다. 그런데 반응촉진효과는 아무런 새로운 반응도 습득할 수 없기 때문에 관찰학습과 구별되고, 또한 해당되는 행위가 사회적으로 허용되었으므로 억제에 의해 방해받지 않기 때문에 탈 억제과정에도 포함되지 않는다."114)

다섯째는 정서각성효과이다. 관찰자가 모델의 감정표현을 관찰하게 되면, 정서각성을 일으키게 되고, 그것은 반응을 증가시키는 경향이 있다. 모델이 어떤 행동을 하면서 아무런 감정표현을 하지 않는 것보다 감정을 표현하게 되면, 관찰자도 정서적으

---

113) A. Bandura, *Psychological Modeling: Conflicting Theories*, p.152.
114) Ibid, pp.6-7.

로 반응하게 되고, 결국 모방행동도 더 많이 이끌어 낼 수 있다.

지금까지 모델링의 효과에 대해 살펴보았다. 사람들은 본능에 의해서든, 유능감과 보상기대 때문이든, 모델링에 의존하여 행동을 결정한다. 그리고 모델링은 행위의 교수자, 억제자, 탈 억제자, 촉진자, 정서 각성자로서 작용한다. 그런데 모델링에는 실제 모델을 직접 관찰하고 학습하는 방법이 있는가 하면, 시청각적 정보를 보거나, 듣거나 함으로써 모델링을 하는 상징적 모델링이 있다. 우리는 이 중 상징적 모델링에 더 많이 의존하고 있고, 영향을 받는다.

다. 상징적 모델링

일상생활에서 사회적 모델을 제거하는 것은 행동을 말소하는 것이 된다. 행진하는 사람 없이 행진이란 행동이, 말하는 사람 없이 언어반응이, 키펀치 없이 구멍 뚫는 반응이 있을 수 없듯이 말이다. 따라서 대부분의 사회적 행동 사례에서 모델행위는 불가결한 현상이다.

한편, 모델링을 통한 사회학습은 주로 마주치는 사람을 본보기로 하거나 시청각적 전시를 읽고, 바라본 상징적 모델을 본보기로 삼게 된다. 만약 우리가 실제 모델을 통해서만 사회학습을 한다면, 사회학습 효과는 매우 한정될 수 밖에 없다. 다행히 인간은 상징능력이 있어, 인간은 사회로부터 주어지는 무수한 정보, 즉 상징을 통해 사회학습을 할 수 있다. 오히려 인간은 상징적 모델링에 더 많은 영향을 받는다.

요컨대 새로운 행위방식의 학습이 실제 모델에 의해서 이루어지는 경우, 이것은 직접적으로 접촉하고 있는 공동체의 구성원들에게만 유포되는데 반해, "상징적 모델링은 모델의 행위방식이 넓게 흩어져 있는 단체에까지 확산될 수 있다. 신문사설, 라디오

보도, 텔레비전을 통한 생생한 묘사는 새로운 행위 방식이 어떻게 수행되고, 그 결과는 어떠한가에 대한 자세한 예를 제공해 준다. 예를 들어, 비행기 납치자들은 자신들이 비행기를 납치하는 행위를 직접 관찰하기보다는 오히려 매스 미디어를 통해 약탈행위를 배운다."115) 이처럼 "상징적 모델링은 넓은 지역에 흩어져 있는 대규모 청중들에게 동시에 영향을 미칠 수 있기 때문에 매체를 통한 모델링의 전염가능성은 직접적인 행위 모델링을 통한 전염가능성보다 훨씬 더 크다."116)

한편, 상징적 모델링의 모델링 자극에는 시각적 매체와 언어 등이 있다. 상징모델링 연구에 의하면, 모델의 행동 특징을 그림, 언어 등으로 정확하게 묘사할 수만 있으면 모델이 실제로 없어도 쉽게 상응행동을 이끌어 낼 수 있다.

"살아있는 모델에 의한 모델링이나 상징 모델링 모두 그들이 같은 양의 반응정보를 전달하고, 또 똑같이 주의를 끌기만 하면, 같은 정도의 모방행동을 끌어 낼 수 있다. 그러나 다양한 모델 형태가 전부 똑같은 효과가 있다고는 할 수 없다. 강하게 금지되어 있는 행동을 탈금지하려면, 필름으로 모델을 제시하기보다도 실제 장면으로 살아있는 인간을 모델로 하는 쪽이 효과가 있다. 게다가 관찰자의 개념조작능력이 저조할 때에는 언어 모델링보다 행동 모델링 쪽이 훨씬 효과적이다."117)

여하튼, 상징적 모델링에서 시각적 매체와 언어는 실제 모델만큼이나 의미가 있다는 것은 사실이다. 따라서 시각적 매체와 언어가 모델링에 얼마만큼 영향력이 있는가를 좀 더 구체적으로 살펴볼 필요가 제기된다.

---

115) A. Bandura., *Aggression*, p.107.
116) Ibid, p.73.
117) A. Bandura, *Psychological Modeling: Conflicting Theories*, p.43.

아마도 대표적인 시각적 매체는 영화나 텔레비전 등이 될 것이다. 이중에서도 텔레비전은 가장 일상적이며 가장 많은 영향을 미치는 매체라고 할 수 있다. "사람들이 오랜 시간 동안 텔레비전의 모델을 보는 데 소비하는 시간을 생각해보면, 텔레비전이 행동이나 사회적 태도의 형성에 중요한 역할을 하고 있다는 것을 부인할 수 없을 것이다. 게다가 커뮤니케이션 기술의 발달로 원격조작이 가능한 텔레비전 장치로 원하기만 하면 언제든지 활동을 묘사할 수도 있게 되었다."118)

그런데 텔레비전을 통해 가정에 제공되는 대부분의 상징 모델은 도덕적 가치보다는 경제적 가치를 더 중요시한다. 그래서 시청률을 높이기 위해 폭력과 사악한 행위도 아무런 제약 없이 방영하여, 사람들은 자신의 의도와 상관없이 텔레비전의 모델을 통해 폭력과 사악한 행위를 배울 기회를 무제한적으로 제공받게 된다.119)

"리버트(Liebert)와 바론(Baron)은 추격, 두 번의 주먹싸움, 두 번의 총격, 한 번의 칼싸움이 포함된 텔레비전 연속극 「The Untouchables」 중에서 3분 30초 동안의 분량만을 발췌하여 한 아동집단에게 보여 주었다. 다른 아동집단에게는 같은 시간 동안 비공격적인 운동장면을 보여 주었다. 그 후 모든 아동에게, 옆방에 있는 다른 아동을 공격할 기회를 주었다. 아동은 단추 누르기를 통하여 작업을 하고 있는 다른 아동의 손가락에 벌을 줄 수 있었다. 그 결과, 공격적인 인물을 본 아동은 통제집단의 아동보다 더 자주 그리고 더 오랫동안 단추를 눌렀다."120)

이와 같이 상징적 모델링에서 시각적 매체는 사회적 행위의

---

118) Ibid, pp.41-42.
119) A. Bandura, *Aggression*, p.101.
120) David G. Perry, Kay Bussey, op. cit., p.264.

주요 원천이 되며, 실제 교수에 의한 성취만큼 효과적이라고 할 수 있다. 예컨대 사람들은 텔레비전 등을 통해 태도, 정서반응 그리고 행동양식 등을 학습할 수 있다.

그러면 언어 모델링은 어떠한가? 만약 언어능력이 발달되었다면, "언어 모델링이 광범위하게 사용될 수 있다. 왜냐하면 언어 모델링은 행동으로 나타내기에는 극히 어렵거나 시간이 걸리는 다양한 행동을 언어로 전할 수 있기 때문이다. 게다가 언어에 의한 기술(description)은 지금 진행하고 있는 활동의 중요한 측면에 주의를 기울이기 위한 효과적 수단이므로 행동적 표현과 함께 언어 모델링이 많이 사용되고 있다."[121]

그런데 언어 모델링을 매개로 새로운 반응패턴을 확립하는 것은 종종 교수라 불리고 있어, 모델링과는 다른 것처럼 생각되기 쉽다. 따라서 "언어에 의한 행동통제과정을 검토함에 있어서, 교수의 모델링 기능과 선동 기능을 구별하는 것은 매우 중요하다. 언어는 이전에 학습한 활동을 실행시킬 때에도, 새로운 행동을 가르치기 위해서도 사용될 수 있다. 우리는 교수를 통해 어떤 행위가 필요한지, 그 행위를 어떻게 실행할 수 있는지를 설명하고, 사람들로 하여금 어떻게 반응해야 하는지를 선동하면 정확한 수행을 이끌어 낼 수 있다. 하지만, 자동차 근처에도 가 본적이 없는 사람에게 자동차를 운전하도록 명령만 한다고 해서 운전을 할 수 있는 것은 아니다. 따라서 교수와 언어 모델링 효과를 표면적으로 비교한 연구에 의하면, 교수와 언어 모델링은 모두 언어 모델링 효과를 나타내었고, 둘의 차이는 단지 필요한 반응을 명확히 하는 정도의 차이뿐이었다."[122]

요컨대 상징적 모델링은 시각적 매체와 언어 모델링으로 구

121) A. Bandura, *Psychological Modeling: Conflicting Theories*, p.41.
122) Ibid, p.44.

별되고, 이러한 상징적 모델링은 실제 모델만큼 효과적이었다. 오히려 대중매체의 발달로 부모, 교사, 그 밖의 전통적 역할 모델의 임무는 서서히 쇠퇴해가고 상징적 모델이 더 많은 영향을 미치고 있다고 할 수 있다.

Ⅳ. 외적요인과 행위통제

제3장에서 반두라의 사회인지이론에 대한 개괄적 설명으로서 사회학습이론의 이론적 전제, 관찰학습과정, 모델링에 의한 학습 등을 살펴보았다. 이제, 이러한 이론을 토대로 도덕교육으로서의 행위통제가 어떻게 이루어지는가를 제4장과 제5장에 걸쳐서 살펴보고자 한다. 특히 제4장에서는 외적요인에 의한 행위 통제를 위주로 논의를 전개해 볼 것이다. 그런데 여기에서 외적요인이라 함은 교육자에 의해 주어지는 보상과 벌을 통한 행위수정을 의미한다. 따라서 먼저 외적규제로서의 보상과 벌을, 다음으로 행위수정을 살펴본다.

1. 강화에 의한 행위규제

강화에는 긍정적 강화와 부정적 강화가 있다. 긍정적 강화는 주어진 반응을 보상함으로써 반응의 강도를 증가시키는 것[123]이고, 부정적 강화는 주어진 반응에 대해 벌을 줌으로써 그 반응을 소거시키는 방법[124]이다. 우리는 행위를 규제하기 위한 수단으로 이러한 긍정적 강화와 부정적 강화, 즉 보상과 벌을 자주 사용한다.

우리는 의식적이든, 무의식적이든, 보상과 벌에 의거해 생각하

---

123) David A. Statt, *The Concise Dictionary of Psychology*, 정태연 옮김, 『심리학 용어 사전』, (서울: 이끌리오, 2001), p.25.
124) Ibid, p.72.

고, 행동하며 삶을 살아간다. 특히 교육적 상황에서는 더욱 그러하다. 가정에서 부모가 자녀들을 가르칠 때나, 학교에서 교사가 학생들을 가르치는 상황에서는 의도적이며 공식적으로 보상과 벌이 사용된다. 보상과 벌이 이처럼 포괄적으로 사용되는 이유는 직접적인 경험에 뿌리를 두고 있는 학습의 보다 초보적인 형식은 대체로 주어진 행위에 수반된 보상과 벌의 결과에 의해 지배되기 때문이다.

"사람들은 자신들이 반드시 처리하지 않으면 안되는 상황에 반복적으로 직면하게 되고, 그러한 상황을 처리하기 위해 어떠한 시도든 하게 되는데, 그들이 시도한 것 중, 어떤 것은 실패하게 되고, 어떤 것은 좋은 결과를 낳는다. 이러한 차별적인 강화과정을 통해 성공적인 행위는 탐구활동에서 선택하게 되지만, 효과가 없는 행위는 버려지게 된다."[125] 뿐만 아니라 주어진 행위가 벌을 받게 되거나 보상이 없을 것을 나타내는 자극은 행위의 수행을 억제하는 경향이 있는 반면, 그 행위가 허용되거나 보상을 받을 수 있을 것이라고 생각되는 자극은 행위의 발생을 촉진한다.

다음의 인용은 관대한 어머니와 함께 있을 때는 자유롭게 파괴적 행동을 하였으나, 공격을 인정하지 않는 아버지가 나타났을 때는 거의 파괴적 행위를 하지 않았던 자폐적 소년의 예이다.

"남편이 집에 있을 때, 빌리는 모범적인 아이였다. 왜냐하면 빌리는 아버지가 잘못된 행동을 하면, 즉시 냉정하게 벌을 준다는 것을 알고 있었기 때문이다. 그러나 아버지가 집을 나가면, 빌리는 갑자기 돌변하였다. 그는 내 작은 방으로 들어와 나의 잠옷을 찢고, 옷에 오줌을 누었다. 또 가구를 박살냈고, 집이 부

---

125) A. Bandura, *Aggression*, p.43.

서질 정도로 벽을 치면서 뛰어 다녔다. 게다가 그는 내가 자기에게 좋은 옷을 입히는 것을 좋아한다는 것을 알고 있었기 때문에, 자신의 셔츠 단추를 뜯어내었고, 바지를 뒤집어쓰기까지 하였다."126)

이처럼 보상과 벌은 행위규제의 효과적인 수단으로서 사회학습의 가장 중요한 요인이라고 할 수 있다.

그런데 사람들은 외적으로 주어지는 보상과 벌에 의해서만 피동적으로 자신의 행위를 규제하지 않는다. "사람들은 자기에게 주어질 수 있는 보상과 벌에 대해 통제력을 발휘하기도 한다. 자신들의 특징과 행위에 대해 스스로를 축하하기도 하고, 자신들의 성취를 칭찬하거나, 학대하기도 하며, 자기 관리자로서 엄청나게 주어지는 사회적·물질적 보상과 벌을 자신들이 자유롭게 이용할 수 있도록 배열하기도 한다."127) 따라서 인간의 행위를 충분히 이해하기 위해서는 외적으로 주어지는 보상·벌과 함께 사람들이 어떻게 자기 관리를 하고 어떻게 자신의 통제하에 있는 보상과 벌을 규제하는가를 알아야만 한다.

그런데 보상과 벌은 상황적이다. 상황에 따라 보상이 벌이 되기도 하고, 벌이 보상이 되기도 한다. 보상 후에 발생한 무 보상은 부정적 강화와 유사한 기능을 하고, 벌 다음에 오는 무 보상은 긍정적 강화로서 기능하게 된다.

"모우러에 의하면, 종래보다 유해하다고 생각되는 자극이 주어지지 않은 채 위험신호가 끝나버리면, 생체는 안도감을 느끼게 되는데, 여기에서 안도감은 일종의 이차적 점진 감소성 강화가 되고, 이것은 공포자체를 역으로 조건부여 하게 된다. 이런 효과는 관찰자가 모델에게 유해한 결과가 생길 것을 예측하고

---

126) Ibid, p.46.
127) Walter Mischel, op. cit., p.390.

있는데 그러한 결과가 발생하지 않을 때에 나타난다. 즉, 벌을 받지 않을까 하는 관찰자의 불안이 어느 정도 역으로 조건 형성되면, 완전히 똑같거나 혹은 막연한 모방에 의해 관찰자 스스로 모델이 제시하는 여러 가지 반응을 하게 된다."[128] 이러한 예상된 벌의 무벌 효과는 강화 역할도 하지만 금지된 행동의 탈제지 효과도 있다. 만약 예상되던 벌이 주어지지 않는 경우, 즉 이전에는 벌이 주어졌던 행동에 대해 어른이 아무런 반발도 하지 않은 경우, 아이들은 이것을 허용으로 받아들이게 된다. 따라서 이전에는 하지 않던 행위를 하도록 허용하는 탈제지 효과를 지니게 되는 것이다.

이상에서 강화로서의 보상과 벌의 역할을 살펴보았다. 우리는 교육현장에서 아이들의 행위를 통제하기 위해 가장 흔하게 이러한 보상과 벌을 사용하고 있다. 하지만 위에서 언급한 것처럼, 보상과 벌은 단순한 요인이 아니다. 상황에 따라 보상이 벌이 되기도 하고, 벌이 보상이 되기도 한다. 따라서 행위 규제를 위해 사용하는 보상과 벌은, 막연한 기분에 따라 시행되어서는 아무런 효과가 없거나, 오히려 역효과를 일으킬 수 있다. 그러므로 외적통제요인으로서의 보상과 벌에 대한 체계적 이해는 교육적 효과를 위해 반드시 필요하다고 생각된다.

가. 보상의 기능

사람들은 오랜 기간을 통해, 어떤 행동이 어느 정도 보상을 받는가에 따라 그 정보를 종합해 행동을 조정한다. 사고력이 없는 유기체는 아무리 오랫동안 보상을 주더라도 정확한 수행을 이끌어 내기는 어렵다.[129] 왜냐하면 보상은 단순히 기계적인 반

---

128) A. Bandura, *Psychological Modeling: Conflicting Theories*, pp.159-160.
129) 사회학습이론에서는 강화가 다음과 같은 과정에 의해 행동에 영

응 강화인으로 작용하지 않기 때문이다.

사회학습이론에서는 보상을 정보적 요인, 주의집중 및 유인 요인, 행위촉진 요인 그리고 행위지속 요인으로 작용하는 것으로 본다. 보상은 그 자체가 행위에 영향을 주는 것이 아니다. 보상으로 인해 생겨나는 이차적 요인이 행위에 영향을 줌으로써 행위를 조정한다. 따라서 보상이 행위에 어떠한 영향을 주는가 하는 것은 보상의 이차적 요인을 살펴보면 알 수 있다.

첫째, 보상은 정보적 기능을 한다. 사람들은 어떤 사람이 어떤 행동을 하여 보상을 받는 것을 보거나, 자신이 어떠한 행동을 해서 보상을 받게 되면, 그러한 행동에 의해 발생한 결과는 정보가 되어 사람들로 하여금 어떠한 행동을 하면 보상을 받을 수 있을 것이라는 생각을 갖게 한다. 그래서 자신이 그와 비슷한 상황에 처하게 되면, 그러한 보상을 얻을 수 있을 것이라는 기대에 의해, 즉 경험을 통해 얻게 된 정보에 의해 행동을 하게 된다. 예컨대, "공격 후 보상받는 모델을 본 사람은 자기도 이와 유사하게 행동하면, 보상을 받을 수 있다고 생각한다. 직접경험 또한 중요하다. 공격행동으로써 좌절에서 벗어날 수 있었던 사람은 공격을 해볼만 하고 가치 있는 행동으로 여기게 된다."[130] 이처럼 직접적 보상이든 대리적 보상이든 보상이 행동에 영향을 미치는 것은 정보적 기능을 통해서이다.

둘째, 보상은 주의집중 및 유인 기능을 한다. 사람들은 모델과 비슷한 행동을 해서 벌을 피할 수 있거나, 보상을 받았거나, 또는 무엇인가 가치로운 것을 획득하게 되었다면, 그러한 행동을

향을 준다고 본다.

$$S \text{ 상징적 기호화}$$
AS 예기적 강화자극 → A 주의 → SM 모델자극 → C 인지적 체계화 → R 반응
$$R \text{ 리허설}$$
130) David G. Perry, Kay Bussey, op. cit., p.246.

118

하는 모델에 더 많은 주의집중을 하게 된다. 이처럼 "보상에는 유인적 동기부여 효과가 있어 관찰 반응을 설정하거나 촉진시킴으로써 모방학습에 간접적으로 영향을 준다. 또, 보상 결과를 예측하면 이용가치가 높은 시범 반응을 코딩하거나 리허설 하는 활동이 동기부여 되고, 그 결과 관찰학습에서 얻은 기억의 유지를 강화할 수도 있다."131) 요컨대, 사회적 반응 효과를 통해 생겨나는 유인은 사회적 반응 자체에 내재되어 있는 것이 아니라 그 사회적 반응의 예언적 가치에 의해 생겨나는 것이다. 이러한 관점에서 보면, "자신에게 보상이나 처벌을 가할 수 있는 힘을 갖고 있는 사람의 찬성이나 반대는 자신의 생활에 영향을 미칠 수 없는 사람의 찬성이나 반대보다 더 영향력이 크다고 할 수 있다."132)

그러나 사회학습이론에서 보상은 필요조건이기보다 촉진조건으로 간주된다. 그 이유는 주의집중을 일으키는 요인에는 보상 이외에도 다른 요인이 많이 있기 때문이다. "관찰현상에 두드러진 물리적 특징이 있을 때나, 이전의 경험으로 인해 좋은 감정 상태이거나 특징을 쉽게 알아보게 되면, 그 같은 현상은 학습이 잘 이루어진다. 예를 들어, 흥미를 자아내는 음악을 듣거나, 뛰어난 그림을 보거나, 매혹적인 미인을 응시하는데에는 아무런 보상도 필요 없다. 실제로 물리적 수단을 강구하여 충분히 주의를 끌었을 때에는, 거기에 정적 유인이 첨가된다는 점에서 관찰학습의 달성수준은 조금도 다르지 않다."133) 여하튼, 보상은 관찰학습에 있어서 무엇에 주의를 기울일 것인가, 그리고 얼마나 오랫동안 주의를 기울일 것인가에 영향을 미친다는 것은 분명

131) A. Bandura, *Psychological Modeling: Conflicting Theories*, p.45.
132) A. Bandura, *Social Learning Theory*, pp.101-102.
133) A. Bandura, *Psychological Modeling: Conflicting Theories*, p.46.

한 사실이다.

셋째, 보상은 행위촉진기능을 한다. 이것은 보상의 기능 중 가장 대표적인 기능 중 하나이다.

사회학습이론에서는 인지적 학습과 수행을 구별한다. 그래서 인지적으로 학습이 이루어졌다고 해서 반드시 수행이 일어난다고 생각하지 않는다. 그러나 만약 인지적 학습이 이루어진 상태에서 그 행동이 보상받는 것을 보거나 직접 경험을 하게 되면 수행이 일어날 가능성은 높아진다고 보았다.

사람들은 타인이 어떤 행동을 해서 보상을 받는 것을 목격하게 되면, 자신도 그 행동을 하면 보상을 받을 수 있을 것이라고 생각한다. 그리고 "다른 사람을 돕고 나서 보상을 받으면, 즐거움을 느끼게 되며, 이러한 즐거운 기분은 그 행동뿐만 아니라 앞으로도 돕겠다는 생각과 연합된다. 그래서 사람들은 외적보상 없이도 돕는 행동을 계속하게 된다."[134]

그런데 사회적 보상이 이타적 행동을 유발하는 이유는 사회적 보상이 사람들로 하여금 자기평가 기준을 형성하도록 도와주고, 또 자기 지각을 하도록 해주기 때문이다. 사람들은 이타적 행위로 인해 칭찬을 받게 되면, 어떠한 행동이 바람직한 행동인가를 알게 됨으로써 자기평가 기준을 형성하게 되며, 자신에게 이타적 동기가 있다고 자기지각을 하게 된다.

예를 들어, 아이에게 "네가 그런 행동을 하다니 참 착하구나" 하고 칭찬을 해주면 아이는 자신을 착한 아이라고 자기 지각하게 되고, 그러한 자기 지각에 따라 행동하려 한다. 따라서 아이들로부터 이타적 행동을 끌어내기 위해서는 아이들을 볼 때마다 아이들에게 이타적 성향이 있다는 보상을 주는 것이 필요하다.[135]

134) David G. Perry, Kay Bussey, op. cit., p.284.
135) Ibid, p.292 참조.

　그런데 보상은 이처럼 이타적 행동만 촉진하는 것은 아니다. 보상은 공격행위도 촉진한다. 사람들이 공격행위를 하는 것은 자신들의 공격행동이 어떤 형태로든지 보상을 받은 적이 있거나, 공격을 통해 보상의 결과를 얻을 수 있다고 판단되기 때문이다. 반두라는 아이들이 공격행동을 하는 이유를 그들이 소속되어 있는 집단, 즉 가정이나 또래 집단 등으로부터 보상을 받기 때문이라고 하였다.

　비행 청소년들의 경우, 그들은 사회적으로는 배척을 받지만 비행 청소년 집단으로부터는 보상을 받는다. 비행 청소년들은 그들이 가해적이고 파괴적인 행동을 얼마나 많이 하는가에 따라 비행 집단 구성원의 집단 내에서 지위를 보장받는다. 이처럼 비행 청소년들은 사회로부터는 소외당하지만, 자신들이 소속되어 있는 집단으로부터는 보상을 받고 있기 때문에 공격행동을 하게 되는 것이다.

　그리고 공격적인 아이들의 대부분이 가정으로부터 자신들의 공격행동에 대해 보상을 받고 있다고 할 수 있다. 매우 공격적인 소년의 부모는 자녀가 부모를 공격할 때는 심하게 벌하지만, 다른 아동에 대한 공격은 적극적으로 권하거나 묵인한다. 심지어 공격적인 아이는 공격적 반격을 통하여 가족들로부터 보상을 받기도 한다. 자신을 무시하는 어머니에게 소리를 지름으로써 어머니로부터 주의를 끌어내거나, 아버지가 하지 말라는 일을 도전적으로 계속함으로써 아버지가 하지 말라는 주장을 포기하거나, 누나의 놀림을 멈추기 위해 때렸을 때, 누나가 울면서 가버리거나 함으로써 보상을 받는다.[136) 이와 같이 공격적인 아이들은 자신이 소속되어 있는 집단이나 가정으로부터 자신들의

---

136) Ibid, p.258.

공격적 행동에 대해 보상을 받고 있다.

　이것은 일반적인 연구결과에 의해서도 입증되고 있다. "그 연구결과에 의하면 공격행위는 긍정적 강화가 더 이상 주어지지 않을 때는 감소하였다."[137] 따라서 공격적인 아이들로 하여금 공격행위를 하지 못하게 하기 위해서는 아이들이 공격행위로부터 받을 수 있는 모든 보상을 철회하거나 건설적 행위가 긍정적 보상을 받을 수 있는 제도를 만드는 것이다.

　넷째, 보상은 행위지속기능을 한다. 사람들은 보상이 어떻게 주어지는가에 따라, 즉 자신의 행동이 어떻게 보상을 받는가에 따라 행동을 지속할 것인지, 아니면 포기할 것인지를 결정하게 된다. 사람들은 행동을 하고, 자신의 행동이 어떠한 결과를 가져올 것인가를 예측하게 되는데, 이러한 예측에 영향을 미치는 것이 바로 보상의 빈도이다.

　"사람들은 자신의 행위가 계속해서 강화를 받게 되면 성급한 결과를 기대하게 되고, 실패하게 되면 쉽게 낙담한다. 그런데 불규칙적으로 강화를 받은 사람은 좌절이 반복되고, 성공은 아주 간헐적으로 발생하더라도 자신의 행위를 지속시키는 경향이 있다. 또 행위결과를 예측할 수 없을 때, 사람들은 자신의 노력이 결국 성공하게 될 것이라는 신념을 갖게 되고, 그러한 신념에 의해 노력을 지속하기 때문에 변화에 매우 높은 저항력을 보인다. 결국 행위는 강화를 적게 받고 불규칙적으로 받을 때, 그리고 강화를 받을 수 있는 더 나은 수단이 없을 때, 가장 오래 지속된다."[138] 따라서 교육적 측면에서 볼 때, 어떠한 행위를 지속시키고자 한다면 교육자는 그 행동에 대해 계속해서 보상을 주기보다 불규칙적으로 보상을 주는 것이 더욱 효과적이라고 할

---

137) A. Bandura, *Aggression*, p.287.
138) A. Bandura, *Social Learning Theory*, pp.115-116.

수 있다.

이상에서 보상의 기능을 살펴보았고, 보상은 주의집중, 행위촉진 및 행위 지속기능을 하였다. 그러나 보상은 이러한 긍정적 측면만 있는 것이 아니다. 만약 보상을 잘못 사용하면, 아이의 내재적 흥미를 감소시켜 오히려 아이를 피동적으로 만들거나 자기조절능력을 상실시킬 수도 있다. 따라서 보상을 줄 때는 반드시 내재적 흥미를 감소시키지 않도록 신중하게 시행되어야 한다. 그러면 보상은 어떻게 시행될 때, 내재적 흥미를 감소시키지 않는가?139) ① 물질적 보상은 때때로 내재적 흥미를 감소시키지만, 사회적 보상, 즉 칭찬, 인정 등은 그렇지 않다. ② 아이의 유능성을 의미하는 보상은 내재적 흥미를 감소시키지 않는다. ③ 아이 스스로 자신이 받을 보상을 결정한다면, 보상은 내재적 흥미를 감소시키지 않는다. 그러므로 아이들에게 칭찬, 인정, 그리고 능력이 있다는 말을 가능한 한 많이 해주되, 자기 보상할 기회를 제공해주는 것도 필요하다.

나. 벌의 기능

보상의 주된 기능이 주의집중 및 행위의 촉진이라면, 벌은 행위를 억제하는 기능을 한다. 그런데 보상과 마찬가지로 벌도 상황에 따라 그 효과가 다르다. 언제 주는가, 얼마나 강하게 주는가, 어떠한 벌을 주는가 그리고 벌을 주는 사람이 누구인가에 따라 긍정적으로 작용하기도 하고, 부정적으로 작용하기도 한다.

가정과 학교에서 부모나 교사들은 아이들의 행위를 억제하기 위한 수단으로 벌을 가장 많이 사용하고 있다. 실제로, 벌은 행위조정에서 중요한 위치에 있다. 그런데도 가정이나 학교에서

---

139) David G. Perry, Kay Bussey, op. cit., p.119.

시행되는 벌은 기분이나 그때그때의 상황에 따라 아무런 기준도 없이 주어지는 경우가 대부분이다. 게다가 벌의 효과는 일시적이고, 지속적인 효과가 없기 때문에 의미가 없다고 주장하거나, 또는 벌에 대한 부정적 시각 때문에 벌 자체를 멀리하거나, 아예 언급조차 하지 않으려는 경향도 있다.

그러나 "벌에 있다고 생각되는 좋지 않은 속성 대부분은 벌 그 자체에 내재되어 있는 것이 아니다. 그것은 대체로 벌이 적용되는 잘못된 방식에 기인한다. 대부분 일상생활에서 사용되는 벌은 긍정적 방향으로 사용되지 않고 남용되거나, 때를 놓치거나, 변덕스럽게 사용되거나, 보복적으로 사용된다."140) 이와 같이 벌이 잘못 사용되면, 그 벌은 아무런 효과도 없거나, 오히려 역효과가 발생할 수도 있다. 하지만 벌이 잘못 사용되지만 않는다면, 분명히 행위 억제에 상당한 효과가 있으며, 우리는 이것을 경험을 통해 알 수 있다. 따라서 무조건 벌을 회피하거나 부정적으로만 생각해서는 안된다.

보상과 벌은 밤과 낮처럼 서로 상관적 관계에 있다. 만약 밤이 싫다고 밤을 없애거나, 벌이 싫다고 벌을 없애면, 그것은 결국 낮의 의미와 보상의 의미도 사라지게 하는 결과를 초래한다. 보상과 벌은 반드시 함께 존재할 때, 그 의미가 산다. 문제는 보상이든, 벌이든, 그것이 적절하게 사용되느냐 하는 것이지, 적절치 못한 경우라면 그것은 모두 문제이다. 벌에만 문제가 있는 것이 아니다.

우리는 벌이라고 해서 그것을 비교육적으로 보거나 교육현장에서 사용하지 않아야 하는 것으로 보아서는 안된다. 오히려 벌이 긍정적인 효과를 발휘할 수 있도록 벌에 대한 연구가 심도

---

140) A. Bandura, *Aggression*, p.298.

있게 이루어져야 한다. 그래서 부모나 교사에게 벌에 대한 정보를 제공하여 벌이 기분에 따라 주어지지 않고, 합리적으로 사용될 수 있도록 해야 한다.

그러기 위해서는 벌의 시기나 강도, 특성, 그리고 벌을 주는 사람의 지위에 따라 벌이 어떻게 작용하는가를 살펴볼 필요가 있다.

첫 번째는 벌의 시기로 벌이 이탈 행위의 시작과 함께 주어지는 것과 이탈행위를 하고난 다음에 주어지는 것 사이에 어떠한 차이가 있는가?

아론프리드와 레버(Reber)는 한 훈련조건에서는 어린이의 손이 멋진 장난감에 닿자마자 벌을 주었고, 다른 훈련 상황에서는 장난감을 집어든 후, 일정시간 그것을 가지고 논 후에 벌을 주었다. 그 결과 시작과 함께 벌을 받은 그룹, 완료 후에 벌을 받은 그룹, 그리고 아무런 벌도 없는 통제그룹에서 발생한 위반자의 비율은 각각 26%, 71% 그리고 80%이었다.

다른 연구에서 아론프리드는 위반행위에 수반되는 자기 처벌적 반응의 발생과 벌의 시기에 관한 효과를 조사하였다. 전에는 중립적이던 단체에 대한 라벨링을, 한 그룹의 피험자에게는 벌의 시작과 함께 하였고, 다른 그룹의 피험자에게는 벌의 종료와 함께 하였다. 그리고 이러한 시도를 여러 번 실시하였다. 그 결과 단체에 대한 라벨링을 벌의 시작과 함께 하였을 때보다 벌의 종료와 함께 하였을 때, 자기 처벌적 진술을 더 많이 토로하였다. 이것은 반응초기에 주어진 벌은 이탈행위를 억제하는 불안을 야기시킨 반면, 벌의 종료와 결합된 자기 처벌적 반응은 불안을 축소시키는 역할을 하였다는 것을 의미한다. 전자의 경우 불안은 이탈반응의 중지에 의해 줄어들게 되나, 후자의 경우 불안은 자기 처벌적 반응을 통해 줄어들게 된다.

이러한 설명을 지지하는 몇 가지 제안적 증거가 블랙(Black), 솔로몬(Solomon), 그리고 휘팅(Whiting)에 의해 이루어진 개에 대한 연구에서 제시되었다. 이 조사에 의하면, 먹고 싶으나 먹을 수 없는 먹이에 접근하려할 때, 육체적인 체벌을 받은 개는 유혹에 대해 높은 저항을 나타냈으나 위반 후 정서적 반응은 거의 없었다. 반면, 금지된 먹이를 먹는 동안 벌을 받은 개는 유혹에 대한 저항은 덜 하였으나, 이탈 후의 정서적 반응은 더 많이 나타내었다. 블랙 등은 개의 정서적 행위를 죄의식의 표시로 추정하였다.141)

이상의 실험결과에서 알 수 있듯이 위반행위의 시작과 함께 주어진 벌은 불안을 야기시킴으로써 억제 반응을 낳는 반면, 이탈행동이 이미 수행된 후, 주어진 벌은 자기 처벌적 반응, 자기 비판적 반응을 일으켜 죄의식을 낳는다. 그 이유는 "바람직하지 않은 행동을 한 후, 발생한 벌은 벌을 받는 사람이 자기 처벌적 반응, 자기 비판적 반응, 또는 사과적 반응이 있을 때만 철회되기 때문이다. 따라서 죄를 인정하는 반응, 자기비판 또는 사죄는 강하게 강화된다. 그러나 만약 변명, 은닉, 또는 처벌적 작인의 회피에 의해 벌을 피할 수 있다면 이러한 반응은 강화될 것이다. 그러므로 훈육이 효과를 거두기 위해서는 벌을 줄 경우, 탐탁찮은 행동을 억제할 만큼 충분한 벌을 주어야 하고, 벌의 마지막에는 피교육자가 교육자의 요구를 수용해야 한다."142)

그런데 "어린이를 훈육하는 대부분의 부모들은 어린이가 이탈행위를 시작하면 벌을 준다. 어린이가 자기 처벌적 반응을 일으

---

141) A. Bandura, Richard H. Walters, *Social Learning and Personality Development,* pp.185-186.
142) Morton Deutsch and Robert M. Krauss, *Theory in Social Psychology.* (New York, London: Basic Books Inc., 1965), p.98.

키도록 이탈행위를 한 다음에 벌을 주는 부모는 드물다. 이로 인해 대부분의 부모들이 시행하는 훈육은 죄의식의 발달보다 두려움의 발달을 촉진시키게 된다."143)

따라서 만약 교육자가 벌을 주고자 한다면, 먼저 단순히 행위를 억제하고자 하는데 목적이 있는지, 아니면 자기 처벌적 반응을 유도하는데 목적이 있는지를 판단한 다음, 그에 합당한 시기를 선택하여 벌을 주어야 한다.

두 번째는 벌의 세기로 벌을 강하게 주느냐, 아니면 약하게 주느냐에 관한 것이다. 우리는 벌을 주고자 할 때, 벌을 강하게 주어야 할지, 아니면 약하게 주어야 할지에 대해 갈등을 한다. 대부분은 강하게 주는 것이 효과적이라고 생각하기 쉽다. 그러나 오히려 가벼운 벌이 공격행동을 억제하는데 더 효과적이다. 가벼운 벌은 보복적이거나 평가절하적으로 사용되기보다 사회적 기능을 개선하기 위한 건설적 방법으로 사용되고, 건설적으로 사용된 약한 벌은 수용자가 기꺼이 수용하려 한 반면, 보복적·억압적으로 사용된 강한 벌은 강한 원망을 불러일으키게 된다. "가벼운 벌은 공격행동의 억제에 지속적인 효과가 있는데 가혹한 벌은 오히려 공격행동을 억제하는데 자주 실패를 하며 심지어 악화시키기까지 한다."144)

이것은 실험을 통해서도 입증되고 있다. "펜더그라스(Pendergrass)는 벌의 불가피성과 엄격성에 대한 비교를 통해, 상호간의 공격에 대해서 잠깐 동안 격리시키는 것이 정기적으로 오랫동안 격리시키는 것보다 공격행위를 제거하는데 훨씬 더 효과적이라는 것을 발견하였다. 게다가 보상선택과 결합되어

---

143) A. Bandura, Richard H. Walters, *Social Learning and Personality Development,* p.186.
144) A. Bandura, *Aggression,* p.307.

사용된 약한 벌은 엄한 벌만으로는 실패한 긍정적 변화를 지속
시킬 수도 있었다."145)

　귀인이론도 심한 처벌은 아이들을 일시적으로 복종하게 하는
데는 효과적일지 모르지만, 스스로 원해서 착한 행동을 한다는
신념을 감소시키기 때문에 행위 억제의 지속적 효과가 없다고
본다. "레퍼(Lepper)는 약하게 위협받은 아이는 자신이 본래 착
하기 때문에 금지한 행동을 하지 않았다고 귀인 하는 반면, 심
하게 위협받은 아이는 외적강요 때문에 금지한 행동을 하지 않
았다고 귀인 한다고 하였다. 그는 약하게 위협받은 아이가 더
긍정적인 자기 지각을 형성했기 때문에 새로운 상황에서도 더
도덕적으로 행동할 것이라고 추론하였다."146)

　위의 실험결과들에 의하면, 심한 벌보다 약한 벌이 행위억제
와 지속에 더 효과적이었다. 만약 우리가 벌을 주고자 한다면,
그 목적이 일시적인 복종보다는 행위의 억제와 지속에 있다면
반드시 약한 벌을 주어야만 한다.

　세 번째는 벌의 특성으로 어떠한 벌이 효과적인가에 관한 것
이다. 일반적으로 벌에는 언어적 처벌과 체벌이 있다. 언어적
처벌은 아이가 부적절한 행동을 했을 때, 그러한 행동을 하지
않도록 큰소리로 말하거나, 체벌하겠다고 위협하는 것 그리고
그 아이를 나쁜 아이라고 비난하는 것 등이 있다. 언어적 처벌
은 많은 실험에서 잘못된 행동을 변화시키는데 매우 효과적이
라는 사실이 입증되었고, 처벌의 방법상 많은 문제점을 안고 있
지 않기 때문에 별다른 사회적 논쟁을 일으키지 않는다.

　문제는 잘못된 행동에 대해 하게 되는 언어적 처벌, 즉 말로
요구했을 때 효과가 없는 경우에 취해지는 체벌이다. 체벌은 인

---

145) Ibid, p.308.
146) David G. Perry, Kay Bussey, op. cit., pp.111-112.

권 침해 문제, 반사회적 행동인 공격의 본보기가 될 수 있다는 공격 모방가설 문제와 함께 상당히 많은 문제점을 안고 있다. 그런데 인격에 대한 침해 문제는 주로 우리사회에서만 논쟁이 되고 있는 것이다. 체벌이 잘못 이루어진 경우, 아이들의 신체에 손상이 발생하기 때문에 체벌 자체를 아이들에게 가하는 폭력으로 규정하고, 인격 침해로 보고 있다. 그러나 이것은 잘못된 논의이다. 체벌은 교육 방법 중 하나이다. 체벌은 단순히 사회적 논쟁거리가 아니다. 이것은 교육적 차원에서 연구되고 논의되어야 한다.

먼저 체벌이 교육적 측면에서 효과가 있는지, 없는지를 검토하고 논의해야 한다. 그런 후, 교육적 효과가 없다고 판단된다면 체벌은 금지되어야 한다. 그러나 만약 교육적 효과가 있고, 체벌이 교육적 목적으로 사용된다면, 그것은 인권침해의 잣대로 잴수 있는 영역이 아니다. 따라서 체벌에 대한 문제는 먼저 체벌의 긍정적 효과는 무엇이고, 체벌이 야기하는 부정적 측면은 무엇인가를 교육적 차원에서 논의하는 것이다.

학자들에 의하면, 일반적으로 체벌은 다음과 같은 몇 가지 위험한 결과147)를 초래할 수 있다. ① 부모가 자녀를 체벌하면 자녀도 다른 사람을 공격하는 경향이 있다. 사람들은 이것을 공격－모방가설이라 한다. 사실, 공격적인 아이, 비행청소년, 범죄자 등은 모두 부모로부터 불규칙적으로 가혹하게 체벌 당한 경험이 있다. ② 심한 체벌을 받은 아동은 부모를 회피함으로써 바람직한 행동을 배울 기회를 감소시킬 수 있다. 신체적으로 학대받은 아동은 부모를 피하며, 부모가 가까이 오라고 할 때, 갈등을 나타낸다. ③ 체벌은 때때로 아동이 적절한 행동에 대한 규

---

147) Ibid, pp.110-111.

칙을 학습하고 기억하는데 방해가 된다. 심하게 체벌 받은 아동은 너무 놀라고 무서워서 일탈행동과 그 결과를 인지적으로 연합하지 못할 수 있다. ④ 체벌 받은 아동은 외적요인 때문에 바람직하게 행동한다고 믿는다.

　이러한 체벌의 부정적 측면 중, 반두라는 공격 모방 가설에 더 많은 비중을 둔다. 한마디로, 부모의 체벌은 공격행동의 본보기가 될 수 있다는 것이다. 아이가 부모의 체벌, 즉 공격행동을 관찰하게 되면 아이는 타인에게 영향력을 행사하거나, 말다툼을 해결하기 위해 신체적인 힘을 사용해도 된다고 생각하게 되며, 이러한 가정의 아이는 가정 내에서는 공격행동을 억제하지만 안전한 상황에서의 만만한 대상인 친구들에게는 공격행동을 표출하게 된다. 게다가 "체벌은 종종 부모의 감정 섞인 반응일 수 있을 뿐만 아니라 시행할 때, 시간을 맞추기가 어렵다. 체벌은 위반이 즉시 발견되지 않거나, 위반을 하는 시점에 부모가 거기에 없다면 어쩔 수 없이 연기될 수 밖에 없고, 심지어 아이의 비행이 직접 목격되었을 때조차도 부모가 나타날 때까지 연기될 수 밖에 없다."[148]

　그래서 반두라는 체벌보다는 추론(reasoning)을 제안하고 있다. "추론은 부모나 다른 사람이 아이의 행동을 자제시키기 위해 가능한 근거를 설명하는 것으로, 본보기를 제시하는 상징적 모델링과 비슷한 상황에 처했을 때, 사회적으로 반응할 수 있는 반응 양식에 대한 자세한 교수를 포함한다."[149] 부모가 이러한 추론을 사용하게 되면, "그것은 좌절을 느끼는 사회적 상호작용에서 비공격적으로 반응하는 방법에 대한 본보기를 제공해

---

148) A. Bandura, Richard H. Walters, *Social Learning and Personality Development*, p.196.
149) Ibid, p.195.

줄"150)뿐만 아니라 아이들로 하여금 자신의 행위를 평가하고, 안내할 수 있는 기준을 제시해 주기 때문에 더 효과적이다.

그러면 체벌은 이처럼 부정적 측면만 있는가? 체벌은 많은 긍정적 측면도 갖고 있다. 체벌은 사회화 수행자가 신체적 고통을 줌으로써 아이들로 하여금 어떤 행동을 하지 않도록 하는 방법으로, 이것은 두 단계 과정을 통해 아이들의 일탈행동을 억제한다. 1단계는 행동에 대한 불안의 고전적 조건화 단계이고, 2단계는 불안 감소로써 강화된 기피반응의 도구적 조건화 단계이다.

사람들은 파블로프의 개와 같이 사물과 사건에 무의식적이고 자동적인 반응을 보일 수 있다. 예컨대, 불이나 거미에 한 번 놀라면, 그 이후로는 계속해서 불꽃이나 벌레만 보아도 긴장을 하게 된다. 마찬가지로 "우리는 거짓말을 하거나, 과자를 훔치면, 부모에게 벌을 받게 된다. 만약, 그 처벌이 충분히 일관성이 있었다면 우리는 탄로 날 가능성이 전혀 없을 때조차도 거짓말을 하거나, 훔치면 안절부절못하게 된다."151) 따라서 체벌이 일관되게 사용된다면 우리는 고전적 조건화에 의해 일탈행동을 억제할 수 있을 것이다.

게다가 "경우에 따라 적절한 정도로 체벌할 수 있다고 생각하는 부모와 교사는 지나치게 허용적인 부모나 교사보다 아이를 더 신중하게 체벌하는 경향이 있다. 오히려 지나치게 허용적인 부모나 교사는 아이를 체벌하는 동안 격앙되는 경향이 있다."152) 대체로 체벌할 수 있다고 생각하는 부모와 교사는 일탈행

---

150) Ibid, p.194.
151) James Q. Wilson, *The Moral Sense*, (New York: Free Press Paperbacks, 1993), p.105.
152) David G. Perry, Kay Bussey, op. cit., p.114.

동이 발생할 때마다 적절한 체벌을 가함으로써 일관성이 있는 벌을 주게 되고, 지나치지 않을 만큼 체벌을 하기 때문에 벌의 효과를 최대한 이끌어 낼 수 있다. 반견, 허용적이거나 체벌에 부정적 시각을 갖고 있는 부모나 교사는 일탈행동이 발생할 때마다 참거나 아예 방치하는 경향이 있다. 그러다가 일탈행동을 반복적으로 목격하게 되면 참지 못하기 되고, 폭발함으로써 격앙된 상태에서 체벌을 하게 되며, 이렇게 격앙된 상태에서 가해지는 체벌은 남용되거나 보복적으로 이루어지기 때문에 역효과를 발생시킨다. 바로 이러한 현상 때문에 사람들은 체벌을 부정적으로 본다. 그러므로 체벌을 교육적 방법의 하나로 인정하고 최대한 교육적 차원에서 이루어지도록 하는 것이 중요하다.

사회학습이론에서도 아이가 지나치게 제멋대로이고, 주의가 산만한 경우, 또 단순히 말로 요구하는 것만으로는 충분하지 않을 경우, 실제로 체벌하거나 체벌하겠다고 위협하는 것이 필요하다고 보고 있으며, 체벌이 "신중하고 적절한 방식으로 이루어진다면, 그것은 사회화 과정에 유익하다고 생각한다."153)

한편, 우리는 일반적으로 일탈행동을 억제하는데 이러한 체벌만 사용하기도 하지만 대체로 체벌과 함께 인지적 요인을 사용한다. 즉, 체벌과 함께 어떤 행동을 하면 안되는 이유를 설명한다. 실험에 의하면, 훈련단계에서 아이에게 부저소리와 함께 장난감을 만지면 안 되는 이유, 예컨대 "그것은 깨질 수 있기 때문에", "다른 아이의 것이니까", "만지면 다른 사람이 싫어하니까"를 함께 제시했을 때, 검사 단계에서 금지된 장난감을 덜 만졌다. 따라서 아이를 체벌하더라도 지나치지 않을 만큼 하고, 아이의 행동이 왜 나쁜지를 설명하며, 아이가 자신의 의견을 표현

---

153) Ibid, p.110.

할 수 있도록 대체로 다정하면서도 북돋아 주는 분위기에서 한다면 부모의 체벌은 아이의 유능성 발달에 도움이 된다.[154]

이상에서 벌의 특성에 대해 살펴보았는데, 위에서 언급한 것처럼 체벌은 분명 부정적으로 작용할 수 있다. 하지만 제대로 사용만 된다면 교육적 효과도 크다고 할 수 있다. 따라서 중요한 것은 체벌에 대한 무조건적인 부정보다, 체벌의 사용에 있어서 그것이 남용되거나, 때를 놓치거나, 보복적으로 사용되지 않도록 하는 것이라고 할 수 있다.

네 번째는 벌을 주는 사람의 지위에 대한 것이다. 지금까지 벌을 주는 시기, 벌의 세기, 벌의 종류에 대해 살펴보았다. 그런데 동일한 시기에, 동일한 강도로, 동일한 벌을 주어도 벌을 주는 사람이 어떤 사람인가에 따라 그 효과는 다를 수 있다. 예컨대, 어떤 사람이 벌을 주어서 아이로부터 상당한 행위 억제 효과를 얻었다고 해서 자신도 같은 효과를 얻을 수 있을 것이라는 기대를 해서는 안된다.

"그람(Graham), 차바트(Charwat), 호닉(Honig) 그리고 웰츠(Weltz) 등에 의하면, 청소년기 아이들의 경우 약한 공격을 받았을 때보다 강한 공격을 받았을 때, 더 많은 반격을 하였다. 그러나 공격자가 부모이거나 권위적인 인물일 경우, 상당히 반격을 줄이거나 거의 반격을 하지 않았다는 사실을 발견하였다."[155] 또 "반두라와 월터스(Walters)의 의존성에 대한 연구에 의하면, 공격적인 소년은 부모로부터 거절을 당하는 경험을 많이 했고, 비공격적인 소년보다 부모에 대한 의존도가 훨씬 낮았다."[156] 그 이유는 의존적인 소년은 부모로부터의 보상 철회를 싫

---

154) Ibid, p.109.
155) A. Bandura, Richard H. Walters, *Social Learning and Personality Development*, p.129.

어하기 때문에 부모의 기대에 어긋난 행동을 하지 않는데, 부모로부터의 벌을 많이 경험한 소년은 부모에게 기대할 것이 적기 때문에 공격적이다.

학교 현장에서 보면, 아직 학생들과 인간적인 관계가 형성되기 전에 체벌을 가했을 때, 학생들은 수용적이기보다 반항적인 태도를 보이는 반면, 학생들과 인간적인 관계가 형성된 후에는 가혹한 벌이라도 학생들은 수용하는 태도를 보인다. 따라서 벌의 효과 면에서 볼 때, 벌을 주는 사람이 어떤 위치에 있는가 하는 것은 매우 중요하다. "따뜻하고 보상적인 사람에 의해서 주어지는 벌은 그렇지 않은 사람에 의해서 가해지는 벌보다 수용적이고, 또 금지 행위를 줄이는데 훨씬 더 효과적이다."157)

지금까지 벌을 주는 시기, 벌의 세기, 벌의 특성, 그리고 벌을 주는 사람의 지위에 따라 벌이 많은 차이를 보인다는 것을 알 수 있었다. 이런 점에서 보면, 우리는 보상을 할 때보다 벌을 줄 때 더욱 신중해야 한다. 그런데도 우리는 보상을 줄 때는 오히려 이성적일 뿐만 아니라 상당히 신중을 기하면서, 벌은 기분에 의해, 아무런 기준도 없이 시행하는 경향이 있다. 바로 이러한 현상 때문에 벌이 부정적 이미지를 갖게 되며, 사회에서 교육적 방법으로 인정되지 못하는 것이다. 그러므로 우리는 벌을 줄 때 가능하면 이성적으로 충분한 근거에 의해 시행할 필요가 있다.

다. 대리강화

대리강화는 모델행동이 보상을 이끌어 내거나 벌을 받거나 하는 것을 봄으로써 관찰자의 행동이 변화되는 것을 의미한다. 앞에서 우리는 보상과 벌의 기능을 살펴보았다. 일반적으로 우

---

156) Ibid, p.144.
157) A. Bandura, *Aggression,* p.308.

리는 '보상과 벌' 하면 직접강화를 생각하게 된다. 즉, 어떤 사람이 어떤 행동을 한 후 얻게 되는 결과만을 생각하기 쉽다. 뿐만 아니라 우리는 행위결정도 주로 이러한 직접강화에 의해 이루어지는 것으로 생각한다. 그러나 강화에는 직접강화와 대리강화가 있고, 실제 일상생활을 뜯어보면 직접강화보다 오히려 대리강화에 의해 판단하고 행동을 결정하는 경우가 더 많다.

현대 사회는 과학 기술의 발달로 대중매체가 혁명적으로 확산되어 있어서, 직접강화보다 대리강화가 더 많은 영향을 미친다. 그리고 효과 면에서도 오히려 대리강화가 더 효과적일 수가 있다.

직접강화의 경우, 수행자들은 자신들이 직접 수행을 해야 하기 때문에 수행의 반응을 창출하고, 선택하고, 작용하며, 그 결과에 대응하는데 최소한 어느 정도 주의를 기울여야 한다. 따라서 동작과 결과 간의 관계를 발견하는데 어려움을 겪을 수 있다. 하지만 대리강화는 타인의 성공과 실패를 목격할 수 있고, 올바른 해결책을 찾는 데 주의를 분산시키지 않아도 되기 때문에 학습에 더 효과적일 수 있다. 특히, 이러한 현상은 과제가 수공능력(手工能力, manual skills)을 다루는 것이 아닌 개념적 과제일 때, 더욱 그러하다.158) 이렇게 보면 강화효과나 영향력 면에서 볼 때, 대리적 강화가 상대적으로 더 우수할 수 있다.

그러면 대리강화는 어떠한 과정을 통해 행동에 영향을 미치는가? 반두라는 대리강화가 적어도 여섯 가지 다른 기제(機制)에 따라 관찰자에게 심리적 변화를 불러일으킨다고 본다.

그 첫째는 관찰한 결과의 정보기능이다. "사람들은 타인의 행위결과를 보면, 어느 행동이 승인되며, 어느 것이 부인되는가를

---

158) A. Bandura, *Social Learning Theory*, p.122.

알게 된다. 결국, 관찰한 결과는 정보로서 작용하게 되며, 그로 인해 어떠한 행동을 하면, 어떻게 된다는 것을 알게 되고, 그렇게 되면, 그와 유사한 행동은 촉진되거나 금지되게 된다."159) 어린이에게 공격적인 말을 하면서 공격행동을 하는 모델을 보여 주었다. "한 조건에서는 그 모델이 공격행위를 한 것 때문에 벌을 받게 되었고, 다른 조건에서는 모델이 그의 공격 행위에 대해 칭찬과 보상을 받았으며, 또 다른 조건에서는 모델은 아무런 결과도 경험하지 않았다. 그 결과 공격 행위를 한 모델이 벌을 받는 것을 관찰한 어린이와 비교해 보면, 보상이나 아무런 결과를 받지 않은 모델을 본 어린이는 보다 더 다양한 모방적 공격 반응을 자발적으로 수행하였다."160)

대리강화의 정보적 기능은 이처럼 행위의 촉진과 억제에만 영향을 미치는 것이 아니다. 그 정보는 행위의 탈억제와도 관련이 있다. 만약 모델이 사회적으로 용인되지 않는 일탈행동을 했음에도 불구하고 그 행위에 대해 아무런 결과가 없거나 그 행위가 강화를 받게 되면 탈억제가 나타난다. 예를 들어 "「이유 없는 반항」이란 영화의 결투 장면을 본 청년이나 어른에게서는 영화의 주인공에게 어떤 결과가 일어날지 불확실한 상황에서 필름이 끊겨도 신체적 공격행동의 증가가 나타났다."161) 이 경우처럼 "모델이 사회적 금제에 의해 금지된 행동을 했는데도, 그 행동이 벌 받지 않는 것을 보게 되면, 사람들은 모델이 보상을 받는 것을 목격한 것과 같은 정도로 그와 비슷한 행동을 많이 하게 된다."162)

---

159) A. Bandura, *Psychological Modeling: Conflicting Theories*, p.50-51.
160) A. Bandura, *Aggression*, p.65-66.
161) A. Bandura, *Psychological Modeling: Conflicting Theories*, pp.152.
162) A. Bandura, *Social Learning Theory*, p.119.

이와 같이 모델이 받게 되는 행위결과는 정보로서 작용하여 관찰자의 행동을 촉진, 금지, 그리고 탈억제시키는데 영향을 미친다.

둘째는 사회적 상황의 간파이다. 같은 행동도 그 행동이 수행된 사회적 상황에 따라 다른 대우를 받을 때가 종종 있다. 그럴 경우 대리적 강화는 관찰자에게 모델의 활동이 받게될 것 같은 상황, 즉 어떤 상황에서는 좋은 대우를 받고, 어떤 상황에서는 비난을 받게 될 것인가를 알게 해준다. 따라서 이러한 환경에 대한 변별을 통해 사람들은 전에 모델이 좋은 결과를 받았던 상황에서는 상응행동의 수행을 하려하고 반면, 같은 행동으로 인해 다른 사람들이 벌을 받았던 상황에서는 모방행동을 자제하게 된다.

셋째는 동기부여효과이다. 사람들은 어떤 사람이 어떤 일을 해서 후한 보상을 받는 것을 보면, 자신도 같은 일을 하면, 똑같은 보상을 받을 수 있으리라는 기대를 하게 된다. 이 경우 대리강화는 동기부여인자로써 기능하게 된다.

넷째는 정서적 각성에 대한 대리적 조건화와 소거이다. 일반적으로 모델은 보상을 받거나 벌을 받을 때, 정서반응을 나타내기 마련이고, 관찰자는 모델의 정서반응을 봄으로써 자신도 정서반응을 일으키게 된다. 이처럼 대리적으로 유발된 정서반응은 수행자의 고통반응과 규칙적으로 결합된 환경자극과 모델의 행동에 조건을 부여하게 된다. 그 결과 관찰자가 나중에 같은 행동을 하거나 부정적 유의성을 지닌 자극에 직면하게 되었을 때, 공포나 반응 억제를 일으키게 된다. 또한, 관찰자 쪽에서 보면, 위협적인 활동인데도 수행자가 좋지 않은 결과를 겪지 않고 그 활동에 참여하는 것을 보게 되면, 관찰자의 정서적 각성과 행위 억제는 사라지게 된다. 그러므로 정서적 각성에 대한 대리적 조건 형성과 소거는 모델의 정서적 결과를 관찰함으로써 관찰자가 하게 되는 행위억제와 촉진을 어느 정도 설명할 수 있다.

다섯째는 모델의 지위에 대한 수정이다. 벌은 모델과 모델의 행동을 평가절하 하는 경향이 있다. 반면, 같은 모델이 보상이나 칭찬 등을 받게 되면, 관찰자에게는 보고 배워야할 사람이 된다. 이처럼 보상과 벌에 의한 모델의 지위에 대한 수정은 관찰자가 다른 모델의 행위를 모방하는 정도에 영향을 준다.

여섯째는 강화자와 수용자의 가치를 바꾸는 것이다. 대리강화는 강화를 받는 사람의 가치뿐만 아니라 강화자의 가치도 바꿀 수 있다. 어떤 사람이 갖고 있는 권력을 남용하여 부적절한 보상이나 벌을 행사할 때, 사람들은 그의 권위의 적합성에 대해 의문을 갖고 강하게 분개한다. 이와 같이 불공정한 벌에 대한 관찰은 순응을 촉진하기보다는 오히려 관찰자로 하여금 자신의 행위를 자책하는 것으로부터 벗어나게 해주며, 이로 인해 위반행동을 증가시키게 된다. 따라서 평소에는 법규를 잘 지키고, 사려 깊은 사람들이 모델이 법을 위반한 것에 대해 부당한 처벌을 받는 것을 관찰하게 되면, 자극을 받아 양심의 가책 없이 법을 위반하거나, 손쉽게 잔혹한 행동을 하게 되는데163) 이것은 부당한 처벌에 대한 강화자와 수용자의 가치 변용 때문이라 할 수 있다.

대리강화에는 위에서 살펴본 것처럼, 모델이 다른 사람으로부터 보상이나 벌을 받는 경우도 있고, 모델이 자신의 행위에 대해 스스로 하게 되는 자기강화도 있다. 사람들은 다른 사람이 자기 강화를 통해 자신의 행위를 성공적으로 조정하는 것을 보게 되면, 자신도 모델이 한 것처럼 하기 위해 노력을 하게 된다.

---

163) A. Bandura, *Psychological Modeling: Conflicting Theories*, pp.51.

　"한 연구는 자기 강화가 모방을 통해 이루어진다는 가설을 검사(test)해 보았다. 한 그룹에 속해 있는 어린이는 볼링게임을 하는 동안 높은 자기 강화기준을 적용한 친구나 성인모델을 관찰하였다. 이러한 조건에서 모델들은 자신의 볼링점수가 높을 때만 자신의 수행에 대하여 칭찬과 보상을 하였다. 모델의 점수가 낮았을 때, 그는 자기 보상을 하지 않았다. 두 번째 그룹에 있는 어린이는 모델들이 상대적으로 낮은 기준을 적용했다는 것을 제외하고는 자기 보상과 자기 비난에서는 비슷한 유형을 보여 준 모델에 노출되었다. 통제집단에 있는 어린이는 어떤 모델도 관찰하지 못했다.

　모델에 노출된 후, 자기 보상에 대한 검사는 어린이의 강화유형이 그들이 관찰한 모델의 강화유형과 매우 비슷했다는 것을 보여 주었다. 처음에 높은 기준을 적용한 성인에 노출되었던 어린이는 후에 거의 항상 높은 수준의 수행에 대해서만 자기 강화를 했다. 반면, 낮은 기준을 적용한 모델을 관찰했거나, 아니면 모델이 없었던 어린이는 자기 강화에 있어서 상대적으로 더 관대하고 더 부정기적이었다. 그들은 심지어 보통(중간정도의)이나 열등한 성취를 한 후에도 스스로에 대해 관대하였다."164)

　결론적으로 말하면, 대리강화는 모델을 통한 대리강화와 자기 강화로 구분되고, 이것은 관찰자에게 정보로 작용함으로써, 관찰자의 정서, 가치뿐만 아니라 행위의 촉진, 억제, 그리고 탈억제 등에도 영향을 미친다.

---

164) Walter Mischel, op. cit., p.391.

2. 행위수정

행위수정은 문제행동의 제거와 사회적 행위의 습득을 의미한
다. 그런데 대부분의 도덕발달이론은 행위수정보다 인지에 초점
을 맞추고 있다. 즉, 어떠한 행동은 왜 나쁘고, 왜 해서는 안 되
는가를 이해하고 알도록 하는데 주로 관심을 기울이고 있다. 그
래서 지(知)를 우선시하고, 행(行)은 지(知)에 의해 수반되는 것
으로 생각한다.

반두라는 행위수정에 대해 상당한 관심을 보인다. 그는 행위
를 바꾸게 되면 그것에 의해 가치와 태도도 바뀔 수 있다고 보
고, "만약 사람들이 새로운 방식으로 행동한다면, 결국 그들의
태도는 그 행위방향으로 바뀔 것이라고 하였다."[165]

우리의 전통적 도덕교육은 어떠한가? 우리의 전통적 도덕교
육도 행을 강조하는 경향이 짙다. 이이는 그의 책 『격몽요결』에
서 구용(九容)을 강조하였고, 이황은 『성학십도』에서 경(敬)을
강조하였다.[166] 여기에서 구용과 경은 분명히 행동거지나 태도

---

165) A. Bandura, *Aggression*, p.257.
166) 이이는 『격몽요결(擊蒙要訣)』 지신(持身)장에서 몸과 마음을 가지
런히 하는데 구용(九容)만한 것이 없다고 하면서 구용을 다음과
같이 열거하였다. 걸음걸이를 무겁게 할 것, 손가짐은 공손하게
할 것, 눈가짐은 단정히 할 것, 입은 조용히 할 것, 말소리는 고요
하게 할 것, 머리가짐은 항상 곧게 할 것, 숨쉬기를 정숙하게 할
것, 설 때는 덕스럽게 할 것, 얼굴 모습은 장엄하게 할 것 등이다.
이황은 『성학십도(聖學十圖)』 경재잠(敬齋箴)에서 경(敬)을 성학의
시작과 마지막이라고 하면서 경을 실천하는 방법을 다음과 같이
설명하고 있다. "의관을 바로 하고 그 첨시(瞻視)를 높이고 잠
심(潛心)하여 거처하면서 상제(上帝)를 모시듯 하라. 발짓은 무겁
게 하고 손짓은 공손하게 하여 땅을 골라 밟되 개미 둑에서 굽이
돌 듯 하라. 문을 나가면 손님같이 하고 일을 받들면 제사 드리듯
하여 조심조심 두려워하여 감히 잠시도 안이하게 말라. 입을 지키

를 통한 도덕교육을 의미한다.

그런데 요즈음의 도덕교육은 '바람직한 행동'을 목적으로 하면서도 행을 직접적으로 다루고 있지 않다. 물론 지・행은 서로 불가분의 관계에 있다. 따라서 알면 아는 만큼 수행될 가능성이 높은 것도 사실이다. 그러나 그것은 단지 가능성일 뿐이다. 앞에서도 언급한 바 있지만, 반두라는 인지적 학습과 수행을 구별하였다. 그는 아는 것과 수행은 반드시 일치하지 않는다고 본다. 그러므로 도덕교육이 최대의 효과를 얻기 위해서는 지와 함께 행도 직접적으로 다루어야 한다.

일상생활에서 부모와 교사는 행동을 어떻게 다루고 있는가? 부모와 교사는 문제행동을 하는 아이를 접하게 되면, 그 아이로 하여금 문제행동을 하지 못하도록 하기 위해 다양한 방법을 사용한다. 그런데 이들이 사용하는 다양한 방법 중에는 교육적 효과가 있는 것도 있지만 그렇지 않은 것도 있다.

때때로 부모는 자신도 모르는 사이에 자녀의 강압적인 습관을 촉진시키기도 하고 가르치기도 한다. 아이가 어떤 것을 요구할 때, 처음에는 "안된다"고 하다가 점점 더 심하게 요구하면, 결국 들어주는 부모들이 있다. 이러한 부모는 자녀의 요구적 반응을 점점 더 강화할 뿐이다. 자녀가 아무리 귀찮게 해도 확고하고, 일관성 있게 훈육하는 것은 자녀 양육에서 매우 중요한 변인이다.167)

기를 병마개 막듯 하고 잡생각 막기를 성문 지키듯 하여 성실하고 진실하여 감히 잠시도 경홀(輕忽)히 하지 말라. 동으로서 서로 가지 말며, 남으로서 북으로 가지 말고, 일에 당하여 보존하고 다른 데로는 가지 말라. 하나에 둘을 겹치지 말고, 둘에 셋을 겹치지 말라. 마음은 오직 전일하여 만 가지 변화를 살필 수 있다. 이에 일삼으면 이것이 경(敬)을 지킴이니 동에나 정에나 어김없고 밖이나 안이나 서로 바르게 하라."

167) David G. Perry, Kay Bussey, op. cit., p.274.

또, 많은 예에서 보면, 훈련 활동에서 제시된 모델링이 직접적인 훈련효과와 일치하지 않거나 그 반대인 경우가 있다. "만약 부모가 놀이친구를 때린 것 때문에 자신의 아이를 때렸다면, 의도된 벌의 목적은 자신의 아이로 하여금 다른 사람을 때리지 못하도록 하는 것이다. 그러나 의도된 훈련과 함께 그 부모는 무의식중에 자신이 제거하려 하는 바로 그 행위를 예시하고 있다. 물론 보복에 대한 두려움 때문에 어린이들은 자신들의 부모에게 반격을 생각할 수 없다. 그러나 부모가 보여 준 본보기의 영향은 가족을 벗어난 상황에서는 행위를 안내하고자 하는 부모의 지시보다 더 중요시 된다."168) 그래서 언어적이고 육체적인 공격 같은 억압적 방법을 통해 자신들의 요구에 순응을 강요하는 부모에게는 친구들에게 비슷한 공격적 방법을 사용하는 아이들이 있다.

게다가 부모나 교사는 일어날 가능성이 있는 위반행위에 대해 반복적으로 경고를 하는 경우가 있는데, 이러한 반복적인 경고는 금지보다는 그 일을 생각하게 하는 명령의 형식이 될 수 있다. 결국 자극적인 거부 모델링은 그렇지 않으면 아이에게 결코 발생하지 않을지도 모를 행위를 가르칠 수 있다.169)

이와 같이 부모나 교사가 행위수정을 위해서 하게 되는 많은 행동은 오히려 행위 수정보다는 위반행위를 촉진하거나 가르칠 수도 있다. 그러므로 행위수정은 이론적 근거 없이 막연한 생각에 따라 시행되어서는 안된다. 이러한 뜬에서 보면 반두라의 행위수정 방법은 의미가 있다.

반두라는 행위수정 방법을 대체로 여섯 가지 즉, 격리, 강화철회, 대안제시, 추론, 가치평가 그리고 사회적 모델링 등으로 구

---

168) A. Bandura, *Aggression*, p.96.
169) Ibid, p.97.

별170)하고 있다. 그 내용을 살펴보면 다음과 같다.

첫째는 격리이다. 일반적으로 사람들은 '격리'를 이야기하면, 범법자에게 주어지는 사회적 격리를 생각하게 된다. 즉, 교정 기관에 의해 이루어지는 장기간에 걸친 격리를 떠올린다. 그러나 이러한 장기간의 격리는 학교나 가정에서 부모가 사용할 수 있는 교육적 방법이 아니기 때문에 논의를 계속할 의미가 없다. 여기에서 반두라가 주장하는 격리는 잠깐 동안의 격리를 말하는 것으로, 사람들이 손상행위를 할 때마다 정해진 시간 동안 타임아웃 영역에 있는 의자에 앉아 있도록 하거나 방안에 있도록 하는 방법이다.171)

---

170) Morton Deutsch와 Robert M. Krauss는 *Theory In Social Psychology*, p.99에서 그리고 Bandura와 Walters는 *Social Learning and Personality Development*, pp.224-248에서 행위수정 방법을 다음과 같이 다섯 가지로 상세화 하고 있다. 첫째는 소거인데 이것은 행위를 유지하는 긍정적 강화나 불안 감소를 제거하는 것이다. 둘째는 역조건화인데 이것은 불안이나 두려움을 나타내는 반응과 양립할 수 없는 것으로 두려움을 생성시키는 자극반응에서 이끌어 내는 것이다. 즉 두려움을 발생시키는 상황과 양립할 수 없는 반응을 낳기 위해 이완을 사용하는 것이다. 셋째는 긍정적 강화인데 반응의 강도를 증가시키기 위해서 보상을 주는 것이다. 넷째는 사회적 모방으로 장애가 있는 어린이에게 성공적인 성인 모델을 제공해서 그의 행동을 본받게 하는 것이다. 다섯째는 변별적 학습으로 주어진 자극에서 바람직한 반응을 보상하기 위해서는 긍정적 강화를 사용하고 바람직하지 못한 반응을 벌주기 위해서는 부정적 강화를 사용하거나 그것들을 없애기 위해 보상을 제거하는 것이다. 그리고 Bandura는 자신의 책 *Principles of Behavior Modification*에서 행위수정 방법을 아홉 가지로 열거하고 있다. 그 내용은 ① 원인과 결과 통제인 인과과정, ② 가치문제와 목표, ③ 모델링과 대리과정, ④ 긍정적 통제, ⑤ 혐오 통제, ⑥ 소거, ⑦ 역조건화를 통한 제감 작용, ⑧ 혐오의 역조건화, ⑨ 상징적 통제 등이다. 본 논의에서는 이러한 분류에 따르지 않고 Bandura의 저서 *Social Learning and Personality Development*와 *Aggression*에 제시된 행위수정 방법 중 교육적 적용가능성을 고려하여 연구자 나름대로 여섯 가지로 설정하여 보았다.

반두라는 문제는 문제가 발생한 환경에서 가장 잘 해결된다는 일반적 규칙에 따라 "벌로 주어지는 잠깐 동안의 격리 프로그램이 오래 지속된 자기 파괴적 행위를 제거할 수 있고, 게다가 사회적 기능도 개선할 수 있다고 보았다."[172]

물론 재발이 잘되는 행위나 지나친 공격행위에 대해서는 격리만 사용하게 되면 그 효과는 그리 크지 않을 수도 있다. 그런 경우는 격리와 함께 강화를 사용하면 행위수정의 효과를 극대화 할 수 있다. 예컨대, "지나친 공격행위에 대해 부모, 교사 그리고 병원의 후견인이 잠깐 동안의 사회적 격리와 함께 우정에 대해서는 보상하고 유해 행위에 대해서는 벌을 준 결과, 공격행위를 성공적으로 제거할 수 있었다."[173] 그리고 "짜증내는 행위를 수정하는데 있어서 소년이 자신을 따리거나 떼를 쓸 때마다 그를 10분 동안, 또는 그런 행위를 그만 둘 때까지 자신의 방안에 있게 하였다. 이러한 상황 하에서 짜증내는 행위는 점차 감소하였고 결국은 사라졌다."[174] 이처럼 잠깐 동안 이루어지는 문제 상황으로부터의 격리는 행위수정에 매우 효과적이므로 주목할 만한 가치가 있다. 반두라는 격리가 행위수정, 즉 공격행위의 축소와 사회적 행위로의 자연스런 개선에 효과적인 이유를 자유행위의 증가를 위한 자기 강화 효과로 본다.

둘째는 강화철회이다. 부모나 교사는 간헐적인 긍정적 강화나 반복되는 불안 감소에 의해 유지되는 만성적인 골치 아픈 행동의 제거라는 문제에 자주 직면하게 된다. 비록 소거의 세세한 절차가 바람직하지 않은 행동을 유지시키는 강화의 성격에 따라

---

171) A. Bandura, *Aggression*, p.306.
172) Ibid, p.306.
173) Ibid, p.301.
174) Ibid, p.300.

144

다를 수 있지만, 소거는 그런 행위를 제거하는데 이용될 수 있는 방법이다.

특히, 긍정적 강화에 의해 유지되는 행위의 경우, 소거는 강화철회에 의해 이루어질 수 있다. 대부분의 이탈행위는 긍정적 강화에 의해 지속된다. 이탈행위는 위반자가 그 행위를 통해 어떠한 형태로든 긍정적 강화를 받고 있다고 볼 수 있다. 따라서 강화철회는 소거의 대표적 방법이라고 할 수 있다.

사람들은 대체로 행위수정 방법으로 벌과 보상 등을 많이 사용한다. 벌과 보상은 반사회적 행위의 억제와 긍정적인 사회적 행위의 형성을 위해 사용된다. 그런데 부정적 강화인 벌은 반사회적 행위를 제거하는데는 효과적이지 못하다. 그 이유는 반사회적인 행위를 수정하는데 사용되는 벌은 상황에 따라 긍정적 강화로 작용할 수 있으며, 벌이 긍정적 강화로 작용하게 되면 벌은 오히려 반사회적 행위를 지속시키는 요인이 되기 때문이다.

또, 벌의 경우, 위반자가 원하는 사회적 목표를 획득할 수 있는 사회적 방식을 제공받지 못하는 상황에서 주어지게 되면, 일시적 억제 효과를 얻을 수 있을지 모르지만 지속적인 행위수정의 효과를 기대하기는 어렵다. 반두라는 "반사회적 행위가 벌을 무릅쓰고도 지속되는 이유를 벌이 행동을 바꾸지 못하기 때문이 아니라, 재범자의 목록(repertoire) 속에 있는 구성요소가 반사회적이기 때문이라고 보고 있다."175) 한마디로, 반사회적 행위는 벌 그 자체만으로는 억제되거나, 제거되지 않는다. 따라서 벌은 반사회적 행위를 제거하는 효과적인 행위수정 방법이라고 할 수 없다.

한편, 반두라에 의하면, "강화철회는 공격자 자신의 발달을 방

---

175) A. Bandura, Richard H. Walters, *Social Learning and Personality Development*, p.213.

해하고, 다른 사람의 복지를 심각하게 침해하는 행위를 처리하는 수단이 될 수 있다."176) 그러나 강화철회가 행위수정에 효과적이기는 하나, 만성적이고 다루기 힘든 반사회적 행위는 강화철회만으로 행위수정이 성공적으로 이루어지지 않을 수 있다. 만성적이고 다루기 힘든 반사회적 행위의 경우는 강화철회와 함께 보상이나 벌을 동시에 사용하면 보다 효과적일 수 있다.

학교에서 교사로 하여금 파괴 행위는 무시하도록 하고, 교육적인 추구에 대해서는 적극적으로 관심을 보이도록 함으로써 교실에서의 공격행위와 반항적인 행위를 줄일 수 있었다. 문제 행위는 무시되고, 건설적인 행위는 칭찬을 받을 때, 이것은 다른 사람들에게 본받을 긍정적인 모델을 제공하는 것이 된다.177) 그런데 반사회적인 행위가 이처럼 강화철회를 통해 제거될 수 있는 것은 반사회적 행위가 긍정적 강화에 의해 유지되는 경우이다.

에일런(Ayllon)과 미챌(Michael)은 병원에 입원한 정신병자의 바람직하지 않은 반응을 제거한 두 가지 실례를 제시하였다. 첫 번째의 경우, 여자 환자가 계속해서 간호사실에 들어왔고, 그 환자는 이끌리거나 등을 떠밀려 병실로 인도됨으로써 관심에 의해 행위가 강화를 받았다. 간호사들은 상담자에 의해 환자가 들어오더라도 아무런 반응을 보이지 말라는 교육을 받았다. 그 후, 반응의 빈도가 점점 줄어들었고, 8주 후에는 거의 완전히 사라졌다.

두 번째의 경우는 한 여자 환자의 망상에 다른 환자들이 부정적으로 반응한 반면, 간호사들이 가끔 동정적으로 그 환자의 말을 들어줌으로써, 다른 때에는 벌을 받거나 무시되었던 행위에 간헐적인 강화를 준 사례이다. 간호사들은 정신병적 대화를

---

176) A. Bandura, *Aggression*, p.299.
177) Ibid, pp.294-295.

강화하지 않도록, 즉 분별 있는 대화에만 강화하도록 교육을 받았다. 그 후, 환자의 정신병적 반응은 잠깐 동안의 처치 동안에도 감소하였다.178)

이처럼 강화철회는 행위수정에 매우 효과적이며, 체벌에 따른 나쁜 영향을 수반하지 않는다는 면에서 의미가 있다. 게다가 강화철회를 반사회적 행동과 양립할 수 없는 사회적(prosocial)179) 행동의 권장을 병행한다면, 반사회적 행동을 제거하는데 더 큰 효과를 기대할 수 있을 것이다. 그러나 이 방법을 사용할 때는 아동의 행동 중 정확히 어떤 행동 때문에 보상을 철회하게 되었는지를 아동에게 구체적으로 알려 주어야 한다.

세 번째는 대안제시이다. 우리 속담에 "개도 나갈 구멍을 보고 쫓아라"라는 말이 있다. 이 말은 무엇을 쫓을 때 그 갈 길을 남겨놓고 쫓아야 한다는 말이다. 만약, 개를 쫓는데 도망갈 구멍이 없으면, 개는 죽음을 무릅쓰고 사람에게 달려들어 사람을 물 수도 있다. 따라서 나갈 구멍에 해당되는 대안제시가 없는 상황 속에서 어떤 행동이 잘못이라고 가혹한 벌만을 준다면, 그 벌은 오히려 반감만 불러일으킬 뿐 행위수정에는 별다른 효과가 없을 것이다.

우리는 어떠한가? 대부분 가정과 학교에서 부모와 교사는 어

---

178) A. Bandura, Richard H. Walters, *Social Learning and Personality Development*, pp.226-228.

179) prosocial을 우리말로 옮길 때 대체로 두 가지 형태로 옮겨지고 있다. 그 하나가 "친사회적"이고, 다른 하나는 "익사회적"이다. 그런데 필자는 이것을 "사회적"이라고 옮기고자 한다. 그 이유는 우리는 관용적으로 반사회적이다라는 말과 대비되는 말로 사회적이라는 말을 사용하지, 친사회적이라거나 익사회적이라는 말을 사용하고 있지 않고, 사회적이라는 말이 반사회적이라는 말과 대비될 때는 사회적이라는 말만으로도 그 의미를 충분히 전달할 수 있기 때문이다.

린이가 반사회적인 행동을 하면, 그 행동을 하지 못하도록 하는 데만 관심을 기울이지, 어린이가 어떤 방법으로 행동을 하면 인정을 받을 수 있고, 사회적 보상을 얻을 수 있는가에 대해서는 가르치려 하지 않는다. 즉, 어린이의 반사회적 행동을 처벌한다던가, 그 행동이 부정적 결과를 낳을 것이라는 것을 알려주거나, 아니면 모델링을 통해 불법적 수단으로 목표물을 획득하면, 벌을 받는 것을 보여주기만 한다.

그러나 처벌, 부정적 결과 제시, 그리고 모델의 처벌 관찰 등은 행위수정의 일시적 효과는 기대할 수 있지만, 근본적인 해결은 될 수 없다. 행위수정 프로그램이 효과를 거두려면, 사회화 수행자는 대안제시를 통해, 어떠한 행동이 사회적으로 인정을 받을 수 있는 행동인가를, 그리고 그러한 행동을 하면 다른 사람들로부터 관심, 인정, 애정을 받을 수 있다는 것을 알려주어, 사회적 기술을 습득하도록 해 주어야만 한다.

"사회적·언어적으로 미숙한 사람은 불화를 다루는 한정된 수단을 갖고 있어서 경미한 자극에 대해서도 육체적 공격을 하게 된다. 특히, 폭력행위가 긍정적으로 보이는 상황에서는 더욱 그러하다."180) 또 "한정된 기술을 갖고 있는 어린이가 다른 사람의 인정을 받고 싶어 하는 경우에는 엄한 책망도 보상으로 작용하기 때문에 부정적 방법으로 주의를 끄는 행위는 변화에 강하게 저항한다. 게다가 단체 속에서 교사를 소외시키는 잘못된 행동은 주목을 받고 싶은 동료의 위안에 의해 종종 강화를 받게 된다."181)

따라서 사회학습이론에서 공격을 줄이는 가장 효과적인 방법은 적절한 강화와 함께 공격자가 선택할 수 있는 사회적 방법

---

180) A. Bandura, *Aggression,* p.255.
181) Ibid, p.294.

을 다양하게 제시하는 것이다. 즉, 보상받을 수 있는 선택항목을 개발하여 개인의 선택의 자유를 높여주는 것이다.

"슬랙(Slack)과 쉬비츠게벨(Schwitzgebel)은 실험을 위하여 범죄가 많이 발생하는 지역에 있는 낡은 가게를 실험실로 설치하였다. 그들은 거기에서 강경한 위법자들과 접촉하게 되었고 그들을 피험자로 삼았다. 그들은 즉시적 보상으로 돈을 주어 위법자들로부터 규칙적인 참여와 협력을 이끌어 낼 수 있었다. 그 후, 얼마 안가서 그들은 소년들을 다루기 위해 필요했던 물질적 강화를 사회적 보상으로 대체할 수 있게 되었다. 또, 소년들에게는 다양한 활동에 참여할 기회가 주어졌고, 소년들은 합법적인 방법으로 보상을 획득하는데 이용할 수 있는 기술도 습득하게 되었다. 그 결과 그들의 일하지 않는 습관은 바뀌었고, 위법활동도 상당히 줄어들었다."182)

실험에서 알 수 있듯이, 바람직하지 않은 행동을 제거하기 위한 가장 효과적인 방법 중의 하나는 그 행동과 양립할 수 없는 사회적 행동을 길러주고 보상하는 것이다. 그러면 구체적으로 어떻게 해야만 사회적 행동을 길러줄 수 있는지 변화프로그램을 통해 살펴보자.

"① 사람들로 하여금 자신들의 사회 환경을 통제하는 법을 배우도록 도와주는 것으로, 사람들은 의사결정 기술을 익힐 필요가 있고, 환경을 변화시켜 자신들에게 적합하도록 만드는 법과 기술을 배울 필요가 있으며, 상대편의 압력에 반응하는 방법과 적대자에 대한 두려움을 경감시키는 법을 개발시킬 필요가 있다. ② 기술의 습득은 경험 있는 지도자들에 대한 모델링과 갈등을 일으키는 그룹 역할놀이를 통해 가장 잘 이루어질 수 있

---

182) A. Bandura, Richard H. Walters, *Social Learning and Personality Development*, pp.239-240.

다. ③ 기술이 습득되면, 다음 일은 일상의 문제에 대한 성공적 해결을 통해 효능감을 갖도록 하는 것이다."183) 그런데 이러한 변화 프로그램이 효과를 거두려면, 새로운 환경에 가입할 수 있는 기술 수립과 함께 처음에는 새로운 환경에서 성공하도록 하기 위해, 변화 프로그램 담당자들은 그들이 필요로 하는 모든 지원과 안내를 제공해야만 한다.

네 번째는 추론(reasoning)이다. 추론은 행동을 자기조절시키기 위해 가능한 근거를 설명하는 것으로 본보기를 제시하는 상징적 모델링과 비슷한 상황에 처하게 되었을 때 적용할 수 있는 사회적 반응양식에 대한 자세한 교수 등도 포함한다. 여기에서 사회적 행위에 대한 본보기의 제시와 어떻게 하면 사회적 방법으로 행동할 수 있는가에 대한 분명한 교수는 자신의 행위를 평가하고 안내할 수 있는 기준을 제공한다.184) 게다가 추론은 부모가 이탈이 예상되거나 바라지 않는 결과를 예방하기 위해 이탈의 초기에 이탈의 발생을 가로막으려 할 때, 사용되기 때문에 이탈에 대한 저항을 촉진시킬 수 있다. 따라서 추론은 결과에 초점을 맞추고 이루어지는 언어적·육체적 벌이나 특권의 박탈보다 이탈행위의 억제와 지속에 효과적이다.

반면, 육체적 벌은 앞에서도 언급한 바 있지만, 어린이가 비행을 저지른 것에 대해 부모는 감정 섞인 반응을 보일 수 있고, 시행 시간을 맞추기가 어렵다. 또, 어린이가 벌을 예상하게 되면, 행동을 삼가고, 벌 받을 시간이 도래하였을 때는 사회적 행동을 하게 된다. 비록 대부분의 부모가 아이들을 벌하기 전에 비행을 원 상태로 되돌릴 수 있을지라도 그것이 육체적 벌에

---

183) A. Bandura, *Aggression*, p.321.
184) A. Bandura, Richard H. Walters, *Social Learning and Personality Development*, p.195.

의한 경우, 그것은 위반행위뿐만 아니라 사회적 행동도 혐오자
극과 짝하게 된다. 따라서 이 방법은 분명히 사회적 반응을 촉
진시키는 최선의 방법은 아니다.[185)

게다가 심한 육체적 벌은 아이의 행위를 수정하고자 하는 부
모가 오히려 인간관계에서 공격적인 반응 방법을 배울 수 있는
공격모델이 될 수 있다. 비록 보복에 대한 두려움 때문에 아이
가 부모 앞에서는 반격을 하지 않을지라도, 아이는 자신이 스스
로 다른 사람을 지배하거나 처리하려 할 때, 부모의 행동을 본
받게 된다. 반대로 추론을 사용하게 되면, 부모는 좌절을 느끼는
사회적 상호작용에서 비공격적으로 반응하는 방법에 대한 본보
기를 제공하게 된다.[186)

반두라와 월터스는 이것을 확인하기 위해 "계속 반사회적인
공격을 한 청소년의 가정과 공격적이지도 또는 수동적이지도
않은 소년의 가정을 비교하였다. 그 가정들은 교훈과 본보기를
통해 자신의 아들들을 훈련시키는 방법에 있어서 크게 달랐다.
비공격적인 소년들의 부모는 자신의 아이들에게 원칙을 확실하
게 지키도록 하였다. 그들은 논쟁을 해결하는 수단으로 육체적
공격을 사용하는 것을 용서하지 않았다. 가족과의 상호작용에
있어서 부모들은 행동을 신중하게 하였고, 사회문제를 다루는데
도 주로 추론을 통해 해결하였다.

반대로 공격적인 소년의 부모는 반사회적인 공격을 하지는
않았으나 그들은 반복적으로 호전적인 태도와 행위, 즉 언어
적·육체적 벌, 특권의 박탈, 격리 등을 보여 주었고, 그러한 태
도와 행위에 대해 강화를 하였다. 자신들에 대한 공격은 인정하
지 않으면서, 적어도 부모들 중 한사람은 가족 이외의 친구, 교

---

185) Ibid, p.196.
186) Ibid, p.194.

사, 그리고 다른 어른들에 대한 공격에 대해서는 대부분 장려하였다. 초기 유년시절 동안 그 선동은 종종 공격적인 소년이 적대자를 다루는데 주먹을 사용하도록 하는 요구의 형식을 취하였다."[187]

요컨대 "공격적인 아이의 부모는 매우 비공격적인 소년의 부모보다 아이들을 교육하는데 언어적, 육체적 벌, 특권의 박탈, 격리 등을 더 많이 사용한, 반면 비공격적인 소년의 부모는 자신들의 일반적 행위방식과 일관되게 추론을 더 많이 사용하였으며, 자신들의 아이와 긍정적 관계를 회복하기 위해 더 자주 시도를 하였다."[188]

이상의 논의처럼 추론은 이성적으로 처리되기 때문에 어린이와 긍정적 관계를 유지하는 상황 속에서 행위수정이 이루어지며, 어린이도 요구에 수용적 태도를 보인다. 또, 추론은 이탈의 초기에 발생하기 때문에 행위수정의 효과도 크다. 이처럼 추론이 효과적인 행위수정 방법이라는 것은 반두라 이외에도 많은 학자들이 인정하고 있는 상황이다.

"아론프리드의 한 실험에 의하면, 자신들이 어떻게 행동해야 하는가에 대한 분명한 교수를 받은 어린이는 제시된 기준에 미치지 못했다고 믿게 되었을 때, 기대된 행위 방식을 분명하게 제시받지 못한 어린이보다 더 자기 비판적 반응을 나타내었다."[189]

호프만(Hoffman)은 어린이로 하여금 타인에게 해를 끼치는 행동에 대해 책임감을 느끼도록 가르치는 방법으로 귀납적 추리를 제시하였다. 이 방법은 어린이의 죄책감 예측을 증가시킬

---

187) A. Bandura, *Aggression*, p.94.
188) A. Bandura, Richard H. Walters, *Social Learning and Personality Development*, p.194.
189) Ibid, p.195.

수 있기 때문에 행위 억제 효과가 있다는 것이다. 특히, 피해자 중심의 추리는 더 효과적이라고 하면서 그 이유를 다음과 같이 설명하고 있다. "① 다른 사람의 느낌과 생각을 그 사람의 입장에서 경험해 보도록 한다. ② 훈육의 합리적 기초를 알려주며, 규칙에 대한 관심을 촉진시킨다. ③ 그릇된 행동을 어떻게 하면 만회할 수 있는가를 알려준다. ④ 외현적 단서, 예컨대 울음, 미소를 보고 타인에게 무슨 일이 일어났는가에 대하여 알 수 있게 한다."190)

다섯 번째는 가치평가이다. 사회적 동물인 인간이 갖고 있는 사회적 욕구 중 가장 큰 욕구가 어쩌면 인정에 대한 욕구일 것이다. 사람들은 사회생활을 하면서 다른 사람들로부터 인정을 받고 싶어 한다. 그래서 다른 사람들로부터 인정을 받는 경우, 인정해 주는 사람들의 기대에 미치지 못할까 두려워하며 열심히 일을 하고, 사회적으로 바람직한 행동이라고 생각되는 행위를 하게 된다. 반면, 인정을 받지 못하는 경우, 소외감을 느끼고, 의욕을 상실하거나, 일탈행위를 하기도 한다. 그 만큼 다른 사람들로부터의 인정은 인간의 행동 결정에 중요한 요인이라고 할 수 있다.

여기서 인정이라는 것이 무엇인가? 그것은 다른 말로 하면 사회의 가치평가일 것이다. 사람들은 사회에서 가치 있다고 생각되는 것을 하게 되면, 그 사회로부터 인정을 받는 것이고, 가치롭지 못한 행동을 하게 되면, 인정을 받지 못하는 것이다. 사람들은 결코 가치로부터 자유롭지 못하다.

한편, 사람들은 반사회적인 행동도 자기 생각에 가치 있다고 여겨지는 한, 반사회적인 반응 양식을 버리려하지 않는다. 그리

---

190) David G. Perry, Kay Bussey, op. cit., p.290.

고 "자기평가 기준은 사회적 가치를 추구하는 그룹을 선택할 것인지, 또는 반사회적 가치를 추구하는 그룹을 선택할 것인지에도 결정적인 영향력을 발휘한다."191) 그런데 이러한 자기평가 기준도 사회의 가치평가와 결코 무관하지 않다. 그래서 반사회적인 행위에 대한 자기평가도 변화 작인인 사회적 가치평가에 의해 표현되고, 모델이 된 판단을 통해 얼마든지 바뀌어 질 수 있다.

예컨대, 우리는 "사회화된 보통 사람을 뛰어난 투사로 바꾸는 데 인성구조, 공격 충동, 또는 기질을 바꾸지 않고서도 그렇게 할 수 있다. 오히려 전투에서 사람을 죽이는 능력이나 의도는 몇 가지 주요 특징을 조합한 직접적인 훈련에 의해 획득된다. 바로, 살인에 대한 도덕적 평가를 바꾸어 사람들이 자기 비난의 억제 없이 살인을 할 수 있도록 하는 것이다. 이것은 전쟁에 높은 도덕적 목적을 부여하는 교화를 통해 성취된다. 사람들에게 국가의 생존을 위해, 세계평화를 위해, 잔인한 압제자에 의한 노예상태로부터 인간성의 회복을 위해, 그리고 민족의 명예를 위해 싸워야만 한다고 교화를 함으로써 이루어진다. 이러한 도덕적 호소력은 적(敵)을 난폭한 지도자에 의해 조종당하는 노예적 광신자나 인간이하의 존재로 묘사함으로써 더욱 강력해질 수 있다."192)

이처럼 사람들은 자신의 행동이 사회적 가치 평가에 의해 어떻게 평가되느냐에 따라 자신의 행동에 대해 자부심을 느낄 수도 있고 수치심을 느낄 수도 있다. 한마디로 말해, 사람들의 행동결정은 사회적 가치평가의 영향 하에 있다고 할 수 있다. 따라서 행위수정이 효과를 거두려면, 행위결과와 수행에 대한 가

---

191) A. Bandura, *Aggression*, p.318.
192) Ibid, p.99.

치평가를 계속해서 결합시켜야만 한다.

여섯 번째는 사회적 모델링이다. 반두라는 행위수행이 강의나 거리에서의 시행착오 경험에 의해서는 습득에 한계가 있다고 본다. 예컨대, "교정을 촉진하는 다른 도움 없이 규범적 교수만으로는 한정된 결과를 낳을 수 밖에 없기 때문에, 행위자는 행위수정의 원리를 이해하고 있으면서도, 어찌할 바를 몰라서 그들이 알고 있는 것을 이행하지 못하는 경우가 있다."[193] 또 어떤 사람이 만약 어떤 사람이 소극적인 반응 목록(repertoire)만을 지니고 있다면, 그는 유해행위를 제거하는 어려움을 겪게 된다. 이럴 경우, 이들에게 필요한 것은 실천에 대한 안내이며, 그것이 바로 모델링이다.

스태플스(Staples), 윌슨(Wilson), 월터스(Walters) 등은 이러한 모델링의 효과를 실험을 통해 검증하고 있다. "그들은 참가자들의 평가를 토대로 말을 가장 적게 하는 환자들을 선발하였다. 그런 다음 환자들에게 풍경, 동물 그리고 다른 자극을 묘사한 슬라이드를 보여주고, 그림으로 본 것을 말해 보라고 하였다. 이때, 몇몇 환자들에게는 말을 많이 하는 모델을 보여주었고, 다른 환자들에게는 음악만을 들려주었다. 그 결과, 말이 많은 모델에 노출된 환자들은 음악만 들은 환자들에 비해 언어적 반응에서 현저한 증가를 나타내었다. 또 예비적 결과에 의하면, 말을 많이 하는 모델에 대한 노출이 말에 대한 보상으로 담배를 주는 것보다도 훨씬 더 효과적이었다."[194]

반두라는 "사회적 모델에 의한 공격행위의 형성과 억제의 해제에 대한 실험을 하였다. 그 결과 공격에 높은 억제를 보여주

---

193) Ibid, p.289.
194) A. Bandura, Richard H. Walters, *Social Learning and Personality Development*, p.244.

었고, 사회적 행위에 수동적이며 자신 없어 하는 어린이조차도 공격적 모델에 노출된 후에는 공격적 반응을 나타내었다."195) 게다가 이러한 효과는 어린이에게만 국한된 현상이 아니었다. 심지어 "어른들도 모델을 관찰함으로써 이전의 관계에서는 아무런 발전도 이루지 못한 아주 복잡한 사회적 행위를 획득할 수 있었다."196) 이와 같이 모델링은 교수와 강화보다 행위의 형성과 억제 그리고 행위의 수정에 더 효과적이었다.

문제는 행위수정의 한 형태인 사회적 기술의 습득은 대체로 높은 수준의 숙련이 이루어질 때까지, 모델링을 통한 행위시연, 실행 그리고 수행 피드백 등의 반복된 시도를 하면 이루어질 수 있는데 "바라는 행위가 모델링을 통해 전달 된 후, 그것들이 유지될 것인지, 버려질 것인지는 그 행위가 발생시킨 결과에 달려있다는 점이다. 그러므로 새롭게 획득된 반응양식이 유지되기 위해서는 수행 피드백으로써 긍정적 결과를 배열하는 것이 필요하다."197)

한편 반두라는 사회적 기술의 습득을 위한 사회적 모델링 과정을 구체적으로 다음과 같이 제시하고 있다.

첫째는 모델링을 통한 행위시연이다. 여기에서 모델링은 실제 모델링과 상징적 모델링, 즉 영화, 비디오 등을 포함한다. 물론, 모델제시와 함께 그 행위가 긍정적 결과를 초래할 수 있다는 정보를 제공해 준다면 더 효과적일 것이다.

둘째는 역할놀이를 통해 직접 새로운 행위방식을 실행해 보도록 하는 것이다. 특히, 공격과 같은 문제행동의 경우에는 역할 바꾸기를 해볼 것을 제안하였다. 역할 바꾸기는 참가자들로 하

---

195) Ibid, p.244.
196) Ibid, p.250.
197) A. Bandura, *Aggression*, p.255.

여금 자신들의 행위가 다른 사람에게 어떠한 영향을 미치는가를 경험할 수 있게 해주기 때문에 다른 사람에 대한 더 많은 이해를 가능하게 하며, 이렇게 해서 생긴 이해는 사회적 교환에서 적대자의 반응에 의해 생겨날 공격을 줄일 수 있다.

셋째는 수행 피드백인데, 반두라는 수행 피드백으로 오디오나 비디오를 활용할 것을 강조한다. 그는 "수행 피드백은 행위교정을 위한 정보를 제공할 뿐만 아니라 행위 리허설의 이점을 깨닫는데도 필요하며, 피드백으로 목격자의 보고도 어느 정도 도움이 될 수 있다고 하였다. 하지만 가장 분명한 피드백은 목적에 적합하게 제작된 오디오나 비디오 기록에 의해 제공되는 것으로, 이것은 직접적인 비디오 재생을 통해 학습자로 하여금 자신의 수행, 태도, 말투, 버릇 등을 관찰할 수 있게 해준다는 점에서 효과적이라는 것이다. 게다가 성공적인 성취를 관찰하게 되면, 학습자는 더 많은 개선을 위해 어떤 수행이 필요한가 하는 것도 쉽게 파악할 수 있다."198)

이와 같이 사회적 모델링을 통한 행위수정 방법은 ① 반사회적 행위를 유발시키는 다양한 상황에서 여러 사람들이 어떻게 새로운 행동을 하는가를 반복적으로 본보기를 통해 보여주고, ② 모델로 보여준 행위를 좋은 조건 하에서 학습자들이 자발적으로 능숙하게 수행할 때까지 안내와 충분한 기회를 학습자에게 제공하며, ③ 성공 경험을 배열하여 새로운 기술을 습득하도록 하는 것 등으로 요약된다. 반두라는 이렇게 적절한 시연, 안내를 통한 실천, 그리고 성공경험만 주어진다면, 이 방법은 거의 긍정적 결과를 낳을 수 있다고 확신하였다.

결론적으로 말해, 우리는 가정이나 학교에서 공식적이든, 비공

---

198) Ibid, p.256.

식적이든, 도덕교육을 실시하고 있다. 도덕교육이 무엇인가? 그
것은 일탈 행동을 하는 학생으로 하여금 그런 행동을 하지 못
하도록 하는 것이다. 다시 말해, 반사회적 행동을 사회적 행동으
로 수정하는 것이다. 그렇다면 반두라의 행위수정 방법은 반드
시 도덕교육적 차원에서 공식적이고, 계획적으로 다루어질 필요
가 있다고 생각한다.

V. 내적요인과 행위조절

반두라는 인간의 행동이 외적통제에 의해서만 규제된다고 생각하지 않았다. 인간은 외적요인에 의한 통제와 더불어 내적요인에 의해서도 행위를 조절한다고 보았다.

인간은 성장의 초기에는 주로 외적통제에 의존하나, 성장함에 따라 외적통제보다는 내적자기조절에 더 많이 의존한다. 따라서 반두라는 외적통제에 의한 내면화보다, 스스로 어떤 기준을 설정함으로써 발생하는 유인(incentive)에 의해 행동을 조절하는 것과 할 수 있다는 자신의 신념에 의해 행위를 조절하는 것이 발달적 측면에서 보면 보다 성숙한 것이라고 보았다.

그러므로 내적요인에 의한 행위조절은 반두라에게 있어서 도덕성의 발달이고, 동시에 도덕교육의 목적이라고 할 수 있다. 그러면 도덕교육의 목적이 되는 내적요인에 의한 행위조절은 어떻게 이루어지는가? 그것은 먼저 행동결정에 중요한 영향을 미치는 자기평가를 통해서이고, 다음은 수행과 밀접한 관계를 갖고 있는 효능감에 의해서이다.

1. 자기평가와 행동

자신의 행동에 어떠한 강화를 할 것인지를 결정하는 것은 '평가'를 통해서이다. 그런데 평가를 위해서는 무엇인가와 '비교'를 해야 하며, 비교를 통해 '기준설정'을 해야 한다. 따라서 비교, 기준설정, 자기평가, 그리고 자기 강화는 행위의 자기조절에 필수 요소라고 할 수 있다.

가. 비　교

"자연조건 하에서, 사람들은 지속적으로 자신들이 비교를 원하든, 원하지 않든, 사회적 결과에 대한 비교를 통해 얻게 되는 정보에 직면하게 된다."[199] 이러한 비교는 비교를 통한 방어적 과대평가와 극단적인 자기비하를 초래하지 않는다면 대체로 가치 있는 일이라고 할 수 있다. 왜냐하면 비교는 실제로 도전을 하게하고, 어느 정도의 성공을 보장하며, 능력의 개선을 위한 동기유발을 자극하기 때문이다.

만약, 비교가 없다면, 기준설정도 불가능하고, 평가도 불가능해진다. 비교를 하지 않는다면, 우리는 자신이 어떠한 일을 얼마나 해야 되는지, 또 어떤 일은 해도 되고, 어떤 일은 하면 안 되는지도 알 수 없게 된다. 뿐만 아니라 자신의 행위결과에 대한 평가를 할 수 없어 자기 보상과 자기 처벌도 불가능해진다. 한마디로, 행위의 방향을 결정할 수 없게 된다. 그러므로 비교는 삶에 필수적 요소라고 할 수 있다.

그런데 비교에는 자기비교와 사회적 비교[200]가 있다.

먼저 자기비교에 대해 살펴보자. 자기비교는 과거의 행동을 현재의 수행수준을 평가하는 준거로서 이용하는 비교이다. "사람들은 사회적 비교의 역효과를 줄이기 위해 다른 사람과 비교하지 말고 스스로를 자신의 능력 및 기준과 관련해서만 판단하

---

199) A. Bandura, *Self-Efficacy: The Exercise of Control*, p.97.
200) 반두라는 비교를 4가지로 구별하였다. 즉 규범적 비교, 사회적 비교, 집단비교 그리고 자기비교로 구별하였다. 그런데 여기에서 규범적 비교, 사회적 비교 그리고 집단비교는 모두 사회비교에 해당되기 때문에 여기에서는 연구자의 임의대로 자기비교와 사회비교로 구별하였다.

도록 권하기도 한다. 왜냐하면 자기비교는 사회적 비교에서 오는 불쾌감 없이 개인적 도전과 성공을 통해 자기발전의 경험이라는 혜택을 제공해주기 때문이다."201)

사람들에게는 자신들의 과거 성취를 능가하려는 경향이 있다. 따라서 "자신의 이전 행위는 진행 중인 수행을 평가하는 참고자료로서 끊임없이 사용되며, 이러한 참고과정에서 자기 비교는 적절성의 척도를 제공한다. 그래서 과거의 성취는 주로 그 결과를 통해 기준을 정함으로써 자기평가에 영향을 준다. 이렇게 하여 일정한 수행수준에 도달하게 되면, 더 이상 도전적 의미는 없어지고, 점진적인 향상을 통해 새로운 자기만족을 추구하게 된다. 사람은 성공을 하면 자신의 수행수준을 높이고, 실패가 반복되면 보다 현실적인 수준으로 자신의 수준을 낮추는 경향이 있다."202)

그러나 만약 많은 노력을 기울여 요구된 기준을 달성하였다면 자동적으로 자신들의 수행수준을 올리지는 않는다. "높은 자기 효능감을 가진 사람은 더 많은 도전으로 성취할 수 있는 목표를 정하지만, 몇몇은 다시 분발해서 같은 수준의 어려운 노력을 할 수 있을지에 대해 스스로를 의심한다. 그들은 자신들이 전에 추구해 왔던 기준에 눈을 맞추려고 한다. 그리고 기준을 달성하기 위해 스스로를 몰아쳐 왔다면, 스스로를 능력이 부족하다고 판단하고 야망을 낮춘다."203)

이와 같이 자기 비교는 사회적 비교 없이 개인적 도전에 대한 이익과 자기 발전을 위한 성공적 경험을 제공한다. 그러나

---

201) A. Bandura, "Self-Regulation of Motivation and Action through Goal System," p.54.
202) A. Bandura, *Social Learning Theory*, p.132.
203) A. Bandura, *Social Foundation of Thought and Action*, p.348.

이러한 자기비교에도 문제가 없는 것은 아니다.

어떤 사람이 초기에 주목할 만한 숙달을 가져온 굉장한 성취를 이루었다면, 그는 개인적인 성취를 계속 달성한다 해도 이것은 자기불만으로 작용할 수 있다. "위대한 성취를 이룬 사람이 현재의 성취로 사회적 갈채를 받았다고 하더라도 초기의 위대한 업적보다 부족한 것으로 판단한다면, 보상으로 받은 상에 대해 의기소침해 할 것이라는 것은 당연하다. 예를 들어, 폴링(L. Pauling)에게 노벨상을 받은 후, 무엇을 할 것인지를 물어보았을 때, 그는 "분야를 바꾸겠다"라고 대답했다. 이처럼 자기불만은 사회적 비교에 의해서만 발생하는 것이 아니라 자기비교에 의해서도 발생한다."204)

우리는 이러한 현상을 일상생활을 하면서도 종종 접해왔다. 공부를 아주 잘하는 여학생이 1-2등정도 성적이 내려갔다고 비관하여 자살을 하는 경우와 인기가수들이 자신의 인기가 내려갈 것을 두려워하여 자살하는 사건들을 대중매체를 통해 전해들을 수 있었다. 따라서 부모나 교사는 자기비교가 이와 같이 역기능으로 작용하지 않도록 주의를 기울일 필요가 있다.

다음은 사회적 비교이다. 우리는 경쟁적이고 이기적인 사회에 살고 있고, 이러한 경쟁적이고 이기적인 사회에서 한 사람의 성공은 반드시 다른 사람의 실패인 제로-섬(zero-sum)게임을 할 수 밖에 없게 된다. 즉, "사회체제가 한 사람의 성공이 다른 사람의 실패가 되는 경쟁적 구조인 경우, 활동을 하는 한 사회적 비교를 강요당하지 않을 수 없다."205)

실제로 보더라도 우리는 활동을 평가할 절대적 기준을 가지

---

204) A. Bandura, "Self-Regulation of Motivation and Action through Goal System," p.54.
205) A. Bandura, Self-Efficacy: The Exercise of Control, p.209.

고 있지 않다. 우리는 결국 다른 사람의 수행과 비교를 통해 자신의 수행을 평가할 수 밖에 없다.

"시간 안에 주어진 거리를 달리고, 성취 업무에서 부여된 점수를 획득하는 것이 자기평가에 대한 충분한 정보를 제공하는 것은 아니다. 심지어 내적기준을 측정할 때조차도 마찬가지이다. 예를 들어, 시험에서 115점을 성취한 학생과 그의 열망이 어떤 그룹의 10%에 있는 것은 다른 사람들이 어떻게 수행했는가를 알지 못한다면, 의미 있는 자기평가를 위한 아무런 근거도 없는 것이다."206) 따라서 사회적 비교는 객관적 기준이 없을 때 수행에 대한 자기평가를 위한 것으로 사람들은 사회적 비교를 통해 자부심을 느끼거나 고민을 하게 되며, 이러한 과정에 의해 자신의 행위를 조절하게 된다. 이와 같이 사회적 비교는 어차피 자신의 준거집단과의 비교를 통해서 이루어지기 때문에, 준거집단에 따라 상대적일 수 밖에 없다.

긍정적 자기평가는 다른 사람의 보다 낮은 성취와의 비교를 통해 강화되고, 더 재능 있는 성취와의 비교를 통해 줄어든다. 따라서 어떻게 보면 성취 그 자체보다 준거집단이 어떤 집단인가 하는 것이 더 중요하다. 우리의 속담에 "용의 꼬리보다 뱀의 머리가 낫다"는 말이 있는데, 이것은 사회적 비교의 전형적 표현이라 할 수 있다.

요컨대, 사람들은 준거집단과의 상대적 비교를 통해 자신을 긍정적, 혹은 부정적으로 평가하며 살아간다. 그러나 사회적 비교가 능력의 개선을 위한 동기유발로 작용하게 되면 바람직하지만, 비교가 극단으로 흐르면, 오히려 비교는 문제가 될 수 밖에 없다.

---

206) A. Bandura, *Social Foundation of Thought and Action*, p.347.

잘 알려져 있는 지적처럼 "만약 당신이 스스로를 다른 사람과 비교한다면 당신은 자만하거나 괴로워하게 될 것이다. 왜냐하면 항상 자신보다 더 나은 사람과 더 못한 사람이 있기 때문이다." 여하튼 우리는 사회적 비교를 피할 수는 없다. 특히, 경쟁과 개인적 성취에 높은 특혜(premium)가 있는 사회에서는 더욱 그러하다.

그러므로 우리가 할 수 있는 것은 그것이 자기비교이든, 사회적 비교이든, 가능하면 비교가 부정적으로 작용하거나 역기능으로 작용하지 않도록 해주어야 한다. 만약 비교가 심각한 자기비하와 자기학대로 작용하거나 비현실적인 수행기준을 선택한 사람과의 불리한 비교를 통해 자신의 성취가 실패감만 가져다주어 빗나간 행동을 하게 된다면, 그래서 사람들이 술이나 마약에 의존하거나 성취할 수 없는 것을 환상에서 성취하는 과장적 관념화로 회피하게 된다면, 그것은 많은 문제를 야기할 수 밖에 없다. 따라서 우리는 비교가 긍정적으로 작용할 수 있도록 능력에 따라 탄력있게 비교 대상을 선택하도록 도와주어야 한다. 예컨대, 자만심으로 가득 차 있는 사람에게는 그보다 더 나은 사람과 비교하도록 하고, 자기 비하적인 사람에게는 그보다 못한 사람과 비교하도록 안내해 줄 필요가 있다.

나. 기준 정하기(standard-setting)

1) 기준 정하기의 의미

무엇인가를 비교하거나, 분류하거나, 평가하기 위해서는 반드시 그것을 측정할 기준이 있어야 한다. 따라서 행위를 평가하고, 그 평가에 따라 자기조절을 하기 위해서는 행위의 기준이 필요할 수 밖에 없다. 우리는 학습된 기준에 따라 자신을 평가한다.

주어진 장면에서 자기의 수행이 자기의 기준을 충족시키거나 초과하면 긍정적인 평가를 하고, 수행이 기준에 못 미치면 부정적인 자기평가를 한다. 이처럼 행위의 기준설정은 자신의 행위를 평가하고 결정하는데 무엇보다도 중요한 근간이 된다.

한편, "사회적 학습이론에 따르면, 어린이는 여러 가지 사회적 원천 예컨대, 훈육 받은 경험, 다른 사람의 여러 행동과 그 결과를 보는 것, 그리고 언어적 지시 등으로부터 얻은 정보를 종합함으로써 사회에서 자신에게 적합하거나 적합하지 않다고 생각하는 행동에 대한 개념인 행위기준을 형성한다. 즉, 정보를 통합하여, 비난받을 만하거나, 칭찬 받을 만한 행동의 기준을 형성함과 동시에 이 기준에 따라 자신의 행동을 조절하는 것이 유익하다는 것도 알게 된다."207)

그런데 이렇게 설정된 기준은 변하지 않는 것이 아니다. 우리는 사회학습을 통해 설정된 기준을 계속해서 다듬고, 수정하여 새로운 기준을 설정하고, 그 기준을 삶에 적용한다. "어린이는 반복적으로 관찰을 해서 부모뿐만 아니라 형제자매, 동료 그리고 다른 성인들의 기준을 학습한다. 게다가 대표적인 가족외적 (extra-familial) 자원인 매스미디어에 의해서 제공되는 광범위한 상징적 모델링을 통해서도 행위기준을 학습한다.

이처럼 어린이의 가치와 기준은 단지 변하지 않는 가족적 유산이라기보다는 다양한 자원의 혼합물의 반영이라고 할 수 있다."208) 따라서 행위기준은 어린이에게 어떤 자원, 즉 어떤 정보를 제시해 주느냐에 따라 달라질 수 있고, 이러한 면에서 교육자의 역할이 중요하다.

그런데 이렇게 설정된 행위의 기준이 어떤 특정 활동에 국한

---

207) David G. Perry, Kay Bussey, op. cit., p.221.
208) A. Bandura, *Social Foundation of Thought and Action,* p.346.

된다면 그것은 한정된 가치를 지닐 수 밖에 없다. 그러므로 사회화의 주요 목표는 다양한 활동, 즉 미래에 발생할 새로운 활동을 포함한 다양한 행동의 자기조절을 안내할 수 있는 기준이 일반화 될 수 있도록 조장하는 것이다.

2) 기준의 역할

행위의 기준은 행위의 조절과 동기화를 위한 필수 요소이다. 사람들은 기준을 정하고, 자신의 행위가 그 기준에 도달하면 보상을 주고, 도달하지 못하면 벌을 줌으로써 행위를 조절한다. 이처럼 전망적 기준설정과 피드백 통제를 통해 사람들은 스스로를 동기화 시키고 노력을 기울이게 된다.

가) 행위조절

사람들은 자기만족과 자기 가치감을 주는 일은 추구하고, 자기의 개인적 기준을 위반하는 행동은 자기 비난을 일으키므로 자제한다. 사람들은 이와 같이 개인적 기준에 의거해 자기의 행동을 유도하고, 동기화하며, 조절하며 살아간다. 이것을 반두라는 자기조절 과정이라고 하였다. 그에 의하면, 사회화가 잘된 어린이는 목표를 정하고, 자신이 기준 이상으로 행동했을 때는 스스로 보상하지만, 그것에 미치지 못할 때는 스스로 벌함으로써 스스로의 행위를 조절해 간다는 것이다.

예컨대, "공격적 충동을 억제하려는 어린이는 다른 어린이에게 공격행동을 했을 때 몹시 당황해 했지만, 매우 공격적인 어린이는 공격행동을 한 후 양심의 가책을 별로 느끼지 않았다. 또한, 성취상황에서 일정한 수준에 이르지 않는 한 자기를 보상하지 않는 어린이는 자기 강화기준을 실천하지 않는 어린이보다 성취하고자 더 노력하였다."209)

이와 같이 자기기준은 행위의 자기조절에 아주 중요한 척도이다.

"만약, 어떤 어린이에게 적절한 자기기준이 결핍되어 있다면, 그 어린이는 자기조절능력이 없다고 할 수 있다. 그는 자기조절능력이 없기 때문에 행동을 할 때 거의 자기 지시(self-directedness)를 하지 못하고, 자신들의 행위를 외적조언(prompts)과 안내에 많이 의존하게 된다."210)

그런데 어린이들은 이러한 자기기준을 도덕적 행동뿐만 아니라 다른 행동을 할 때도 필요로 한다. 한마디로, 행동의 모든 측면에서 적절한 기준을 형성한다. 어린이들은 "도덕적 행동에 대한 기준("친구를 결코 때리지 않을 테야")을 형성할 뿐만 아니라, 성취행동에 대한 기준("이 과목에서는 적어도 B를 받아야지"), 성 역할에 대한 기준("여자아이들만 인형놀이를 하니까, 나는 하지 않을 테야")등을 발달시킨다."211) 따라서 자신의 아이가 정상적으로 사회생활하기를 원하는 부모라면, 자녀가 개인적 기준을 형성할 수 있도록 도와주어야 한다.

요즈음의 부모들은 어떠한가? 많은 부모들이 어린이의 요구를 무조건 들어주는 것이 어린이를 위한 것으로 생각하고 있으며, 어린이의 기를 살려준다고 어떠한 행동을 하든 방관하거나 무조건 칭찬을 하기도 한다. 이것은 어린이에게서 사회를 살아가면서 반드시 필요한 행위의 기준을 형성할 기회를 박탈하는 것이고, 마치 어린이에게 교통규칙을 가르쳐주지는 않고, 어린이로 하여금 운전하도록 하는 것과 같이 위험한 일이다. 그러므로 어린이가 행위의 자기조절을 통해 안전한 사회생활을 하도록

---

209) David G. Perry, Kay Bussey, op. cit., p.227.
210) A. Bandura, *Social Foundation of Thought and Action,* p.363.
211) David G. Perry, Kay Bussey, op. cit., pp.221-222.

하기 위해서는 먼저 행위의 기준을 설정하도록 도와주지 않으면 안된다.

나) 자기 동기화

사람들은 처음에는 도전기준을 설정함으로써 불균형상태를 만들고 스스로를 동기화시킨다. 그리고 기준에 도달하기 위해서는 얼마나 많은 노력을 기울여야 하는가에 대한 예기적 평가를 통해 자신의 행위를 통제한다. 또 수행 후에는 피드백을 통해 불일치가 발생한 경우, 설정된 기준에 도달하기 위해 얼마나 더 많은 노력을 해야 하는가를 생각하고, 기준을 달성한 후에는 더 높은 새로운 기준을 적용하여 새로운 불균형을 만듦으로써 자기를 동기화 시킨다. 이와 같이 "자기 동기화는 균형에 대한 불일치 축소와 불균형에 의한 불일치 발생이라는 이중 순환과정을 포함한다."212)

사회인지적 견해에 의하면, 사람은 적극적으로 자신을 동기화하는데, 그것은 인지적 비교를 통해서이다. 그런데 인지적 비교를 통한 자기 동기화를 위해서는 알고 있는 기준과 알기를 바라는 기준, 즉 전망적 기준에 대한 구별이 필요하다.

전망적 기준은 많은 활동 중 어느 것을 추구할 것인지에 대한 선택에 영향을 미치며, 그것은 완수하기 위해 어떤 활동을 해야 하는가와 불일치의 동기화를 통해 결정된다. 따라서 "전망적 기준이 동기와 행위규제에 미치는 효과는 부분적으로 얼마나 먼 미래까지 계획을 세우는가에 달려있다. 가까운 기준은 자기효과(self-influence)를 동원하고, 지금 여기서 사람들이 무엇을 해야 하는가를 지시하는데 도움이 된다. 그러나 먼 기준은 시간

---

212) A. Bandura, "Social Cognitive Theory", p.34.

안에 도달하기에는 너무 멀어 현재의 행위를 안내하거나, 효과적 인센티브를 제공할 수 없다. 대개 근처에 영향을 주는 것들이 너무 많아 멀리 있다고 생각되는 사건은 현재의 행동에 대해 많은 통제를 할 수 없다."213) 이처럼 먼 기준보다는 가까운 기준이 인센티브를 제공하는데 더 효과적이다. 그러나 가까운 기준도 너무 도달하기 쉬운 기준인 경우 많은 관심과 노력을 기울이기에 부적절하기 때문에 기준으로서의 의미가 없다. 또 능력을 너무 많이 벗어난 기준은 무능감을 느끼게 하고 실의에 빠지게 함으로써 비동기화 될 수 있다. 따라서 적절하게 어려운 기준의 설정이 중요하다. 적절하게 어려운 기준은 많은 노력을 기울이게 하며, 하위목표의 달성을 통해 만족을 느낄 수 있다.

문제는 이러한 기준도 상대적이라는 것이다. 그래서 사람에 따라 탄력 있게 기준을 설정하는 것이 필요하다. 예를 들어, 효능감이 높거나 능력이 있는 사람의 경우는 먼 기준을 설정하는 것이 좋지만, 능력이 부족하고 효능감도 낮은 사람은 가까운 기준을 설정하여 성취감을 느끼도록 하는 것이 더 중요하다.

이와 같이 "사람은 활동의 기준과 평가적인 관여가 없다면, 동기유발이 안되고, 싫증을 내고, 순간적인 외적자극에 따라 만족하게 된다. 그러나 엄격한 자기평가기준의 내면화는 개인적 불행의 지속적 원천이 될 수도 있다."214) 그러므로 기준을 설정할 때는 자신의 상황을 충분히 고려하여 기준을 정해야만 한다.

3) 도덕적 기준(standard)의 발달

사회화의 과정에서 사람은 다양한 것들로부터 도덕적 기준을 발달시킨다. 이것은 도덕적 행위에 대한 직접적인 교수, 삶에 있

---

213) Ibid, pp.33-34.
214) A. Bandura, *Social Learning Theory*, p.140.

어서 중요한 위치에 있는 사람들이 자신의 행위에 대해 하게 되는 승인과 비난 반응, 다른 사람들이 본보기로 보여준 도덕적 기준 등을 포함한다.

그런데 "사람들은 자신들에게 가해져서 일어나는 영향이 무엇이든지 간에 그것으로부터 수동적으로 행위기준을 흡수하는 것이 아니다. 오히려 다른 사람들에 의해서 규정되고, 모델이 되고, 교수된 수많은 평가로부터, 심지어는 다른 활동과 다른 상황에서 동일한 사람에 의해서 규정되고, 모델이 되고, 교수된 평가로부터 일반적 기준을 추출하여, 특정기준을 스스로 적극적으로 구성한다. 뿐만 아니라, 사람들은 갈등하는 정보를 처리해서 자신의 행위를 판단하는 일반적 기준을 만들어 내기도 한다."215) 그러나 이 과정은 복잡하다. 왜냐하면 사회화에 영향력을 발휘하는 사람들이 고의든 아니든, 종종 그들이 설교한 것과 실천한 것 사이에 불일치를 보여주기 때문이다. 게다가 사람들은 자신들이 모범으로 삼는 기준이 다르고, 설령 같다하더라도 다른 사회적 상황과 다른 행동영역에서는 다른 기준을 모범으로 삼을 수도 있기 때문이다.

또한, "평가적 자기 반응은 기준에 의해 행동을 규제하는 기제(機制)를 제공한다. 기준에 도달했거나 그렇지 못한 행위에 대한 자부심과 자기비판은 행위규제에 영향을 미친다. 그래서 사람들은 자신에게 만족과 자기 가치감을 주는 일은 추구하고, 자신의 도덕기준을 어기는 행동은 자기 비난을 발생시키기 때문에 삼가게 된다. 사람들은 이러한 자기조절과정을 통해 내적 기준과 일치되는 행동을 하게 된다."216)

행위기준의 발달에는 몇 가지 보편적 특징이 있다. 이러한 보

---

215) A. Bandura, *Social Foundation of Thought and Action*, p.345.
216) A. Bandura, "Social Cognitive Theory", pp.35-36.

편성은 모든 문화에서 나이가 증가함에 따라 생겨나는 생물 심리적 변화의 근본적 일치에서 찾을 수 있다. 사람들은 어린이의 나이에 따라 가르치고, 본보기로 삼고, 제재를 가해야 할 것을 달리한다.

먼저, 언어구사능력이 부족한 어린이의 행위를 안내할 때는 반드시 외적이고, 육체적 제재에 크게 의존하게 된다. 이것을 반두라는 다음과 같이 주장하고 있다. "행위의 안내는 반드시 표면에 드러나야 하고, 아주 구체적이어야 한다. 그리고 말을 이해하지 못하는 어린이에게 위험한 행동을 하지 못하게 하기 위해서 부모는 육체적 안내에 의존해야만 한다. 해로운 공격 같은 있을법한 행위문제를 줄이기 위해서는 육체적으로 상황을 조직하고, 경쟁 활동이나 훈련을 통해 공격행동을 억제하도록 해야 한다. 가끔은 단순한 언어적 금지와 육체적 중재를 함께 사용해야할 때도 있다."217)

그러나 어린이가 성숙됨에 따라 이것은 변화하여 육체적 제재에서 사회적·언어적 제재로 대체된다. 부모와 어른들은 정도를 넘는 행위는 비난하고, 가치 있는 행동은 추천하는 사회적 제재를 통해 기준을 정해준다. 그러면 어린이는 행위에 대한 찬성과 비난을 구별하게 되고 사회적 기대결과에 따라 행위를 규제하게 된다.218) 이렇게 해서 "도덕적 기준이 점차로 내면화되면 어린이들은 도덕적 기준에 의거해 자신들 스스로 만들어 낸 결과를 인정하거나 비난함으로써 행위를 안내하기도 하고 억제하기도 한다. 제재가 이처럼 사회적인 것으로부터 개인적인 것으로 바뀔 뿐만 아니라, 나이가 들어감에 따라 도덕적으로 고려해야 할 영역도 확장된다. 그런데 나이와 함께 위반의 성격과

---

217) A. Bandura, *Social Foundation of Thought and Action*, p.491.
218) Ibid, p.491.

중대성도 바뀌기 때문에 부모와 어린이의 삶에서 중요한 위치에 있는 어른들은 도덕적 설득에 새로운 측면을 덧붙여야 한다."219) 예컨대, "부모와 어른들은 미취학 아동의 나쁜 행실을 처리할 때는 법적 논쟁에 호소하지 않는다. 그러나 청소년기의 아이들에게는 법적 결과를 초래할 수 있는 미래의 행위에 영향을 미치도록 하기 위해 법과 법적 처벌을 설명한다."220)

한편, 확장된 사회적 현실은 보다 일반화되고 복잡한 도덕적 기준을 필요로 한다. 어린이는 위반행위의 도덕성을 판단하는데 있어서 자신들의 부모가 정보를 통합하는데 사용한 규칙을 본보기로 삼는다. 부모는 아이의 나이가 다르면 잘못된 행동에 대해서 다르게 반응한다. 부모는 아이들이 나이를 먹어감에 따라 점점 더 복잡한 도덕적 추론을 한다. 잘못된 행위를 다루는데 부모의 도덕적 추론이 복잡해질수록 아이의 도덕적 추론도 더 정교해진다.

이와 같이 "사회적 영향력의 변화는 어떤 요인이 도덕적으로 적절하고, 어떤 요인이 상대적으로 비중이 높은가에 대한 발달 변화에 영향을 준다. 특히, 성장하는 어린이에게 텔레비전을 통한 모델링은 어떤 행위를 수용될 수 있는 행위나 비난받을 행위로 묘사함으로써 제재나 정당화를 통해 도덕적 판단의 발달에 영향을 미친다. 뿐만 아니라 어린이들은 어른들만 다른 기준을 적용하는 경우나 어른과 동료모델들이 같은 기준을 지지하는 경우보다 어른과 동료모델들이 다른 행위기준을 적용, 기준들 간에 갈등을 일으키는 상황에 노출되는 경우가 더 많을 수 있다."221) 한마디로 말해, 어린이의 도덕적 기준의 발달은 아주

---

219) A. Bandura, "Social Cognitive Theory", pp.36-38.
220) A. Bandura, *Social Foundation of Thought and Action,* p.491.
221) A. Bandura, "Social Cognitive Theory", p.38.

복잡하고, 다양한 사회적 영향 하에 있다고 할 수 있다.

이상에서 반두라가 주장하는 도덕적 기준의 발달에 대해 살펴보았다. 반두라는 도덕적 기준이 다양한 사회적 요인에 의해 영향을 받되, 그러한 다양한 요인들 중 일반적 기준을 적극적으로 추출함으로써 발달한다고 하였다. 뿐만 아니라 도덕적 기준의 발달이 연령에 따라 변하기 때문에 성장해감에 따라 가르치고, 본보기로 삼고, 제재를 가해야할 것을 달리해야 한다고 하였다. 즉, 나이가 어린 경우에는 주로 외적·육체적 제재를 사용하고, 나이가 많아지면 외적·육체적 제재를 언어적·사회적 제재로 대체해야 한다는 것이다.

이러한 반두라의 주장은 분명 일면의 타당성을 지닌다. 하지만 절대적이라고 볼 수는 없다. 일반적으로 보면, 연령이 증가하면 정신적 성숙도 함께 이루어진다. 그러나 현실적으로 보면 이것은 반드시 일치하지 않는다. 따라서 제재의 변화는 연령의 변화가 아니라, 정신적 성숙 수준에 따라 달리해야 한다. 예컨대, 나이는 많으나 정신적 성숙 수준이 낮은 사람에게는 외적·육체적 제재가 더 효과적이고, 나이는 어리나 정신적 성숙 수준이 높은 사람의 경우는 사회적·언어적 제재를 사용하는 것이 훨씬 효과적일 것이다. 즉, 나이가 아니라 정신적 성숙을 기준으로 교육의 방법을 달리하는 것이 더 바람직하다고 할 수 있다.

4) 도덕적 기준의 습득방법

행위기준은 직접 경험 및 여러 가지 사회학습 경험이 통합되어 습득된다. 부모의 직접적 지시나 훈육경험, 대리적 경험도 개인적 기준의 형성에 영향을 미친다. 하지만 많은 어린이가 동일한 원리를 학습하지 않는다는 점도 알아야한다. 비행집단의 구성원들은 폭력적·파괴적 행동에 대해 자기 비난이 아닌 자기 칭찬을 받을 만한 행동이라는 규준을 내면화 할 수도 있다. 그러므로 주변의 인물 및 사회적 지지체계도 어린이의 기준형성에 영향을 미치는 중요한 변수가 될 수 있다. 따라서 도덕적 기준의 형성은 부모의 직접적 지시나 훈육, 모델링 그리고 사회적 지지체계의 상호작용에 의해 이루어지는 복잡한 과정이다. 복잡한 과정인 만큼 기준의 형성이 무계획적으로 이루어질 가능성은 더 크다고 할 수 있다. 따라서 도덕적 기준의 습득을 구체적으로 살펴보는 것은 복잡한 기준의 습득에 교육자의 역할 부여라는 면에서 의미 있는 일이라 생각된다.

가) 변별적 반응과 교수

어린이는 외적유인(incentive)을 통해 성숙하고, 외적유인을 통해 사회화된 행동에 필수적인 자기조절 반응을 시작하며 실행할 수 있다. "사실상 어린이의 행동 중 내면화된 것처럼 보이는 대부분의 행동은 잘못된 행동을 하다가 들키면 혼날지도 모른다는 두려움과 같은 외적이유 때문에 동기화된 것이라고 할 수도 있다."222) 따라서 타인의 변별적 반응과 교수는 어린이의 도덕적 기준 습득을 위한 중요한 방법이라고 할 수 있다.

어린이는 여러 가지 방법으로 도덕적 행위 기준을 습득할 수 있다. 그 한 가지 방법은 부모의 권유와 훈계, 즉 직접적인 교수를 통해서이다. "리버트(Liebert)와 알렌(Allen)에 따르면, 어른이 어떤 과제를 특정 수준까지 하면 보상하겠다고 했을 때, 어린이는 그 과제를 하기 위해 엄격한 자기 강화기준을 세우는 경향이 있다."223)

그런데 "직접적인 교수는 그것이 공유된 가치에 근거하고 있

---

222) David G. Perry, Kay Bussey, op. cit., p.233.
223) Ibid, p.223.

을 때, 또는 다른 사람으로부터 피드백(feedback)되어져서 지지
될 때 가장 효과적이다. 만약 옹호된 기준에 일관성이 없다면,
어린이들은 스스로 적용해서 평가한 것에 대해 확신을 갖지 못
할 수 있다."224) 이처럼 도덕적 기준은 직접적인 가르침을 통해
서 형성될 수도 있지만 자신의 행위에 대한 다른 사람의 변별
적 반응을 통해서도 습득될 수 있다.

　"부모와 그 밖의 다른 사람들은 어린이가 평가된 기준에 도달
하거나 초과하면 기뻐하고, 그들의 수행이 기준에 못 미치면 실
망한다. 그러한 차별적 반응의 결과 때문에 어린이들은 결국 자
신의 행위에 자기 승인과 자기 부정적 방법으로 반응하게 되며,
자기 승인과 자기 부정은 자기의 행위가 다른 사람들에 의해서
설정된 평가적 기준과 어떻게 비교되는가에 의해 결정된다."225)

　한 예를 들어보자. "나무토막으로 어린 동생의 머리를 때려
어머니로부터 꾸중을 들은 아이는 자기의 공격적인 행동과 어머
니의 사랑의 감소를 연관시킨다. 결국, 그 아이는 폭력은 나쁘다
는 어머니의 기준과 애정의 감소라고 하는 처벌을 모두 내재화
하게 된다. 따라서 그 어린이가 후에 공격적으로 행동하거나, 그
런 행동을 받았을 때, 어린이는 자기 자신에 대한 사랑을 포기
하게 된다. 즉, 어린이는 자기 죄의식을 느낀다. 그리고 이러한
변별적·선택적 처리의 결과는 결국 어린이들의 그러한 행동에
대해 자기 승인과 자기 부정의 방향으로 반응하게 된다."226)

　이러한 과정은 결코 어린이에게만 한정되는 것은 아니다. 성
인들 또한 부분적으로 다른 사람들의 평가적 반응에 의존한다.
다른 사람들의 견해에 따라 자신의 행위를 판단하는 기준을 해

---

224) A. Bandura, *Social Foundation of Thought and Action*, p.340.
225) Ibid, p.340.
226) L. A. Hjelle and D. J. Ziegler, op. cit., p.292.

석하고, 그 기준에 따라 자신을 평가한다.

나) 모델의 영향

아마도 모델링은 도덕적 기준을 학습할 수 있는 또 하나의 유력한 방법이 될 것이다. "어린이들은 다른 사람에 의해 본보기가 된 평가기준을 채택하고, 이 기준에 의거해 자신의 수행을 평가하며, 이에 따라 자기 강화를 하게 된다. 높은 수준을 적용한 모델에 노출된 어린이는 보다 우수한 수행을 했을 때만 스스로를 보상한 반면, 낮은 성취에도 만족해하는 모델에 노출된 어린이는 자신이 최소한의 수행을 했어도 스스로를 강화하였다."227)

그러나 도덕적 행위기준을 배우는 과정은 위에서 언급한 것처럼 그렇게 단순하지만은 않다. 그 이유는 사회적 환경이 양립적이거나 대립적인 잡다한 모델의 영향 하에 있고, 사람들마다 본보기가 되는 기준이 불일치하며, 심지어 같은 사람도 다른 경우에는 본보기가 되는 기준에서 불일치를 보이기 때문이다. 그러나 다양한 모델링 그 자체는 도덕적 기준의 습득에서 그리 큰 문제가 되지 않는다. 왜냐하면 사람들은 만약 어떤 모델의 행위가 부적합하거나, 못마땅하거나, 보상이 없다면, 그 모델은 기준설정을 위한 자료로 생각하지 않기 때문이다.228)

여하튼, 사람들은 일상생활을 통해 많은 모델에 노출됨과 동시에 모델들 간에 갈등을 일으키는 상황에 직면하기도 한다. 예를 들어, 모델들의 기준이 일치할 경우, 즉 높은 기준만을 적용하는 성인모델들만 목격하거나 성인모델과 동료모델이 모두 높은 기준을 적용한 경우는 어린이들도 갈등 없이 스스로에게 높

---

227) A. Bandura, *Social Learning Theory*, p.134.
228) A. Bandura, *Social Foundation of Thought and Action*, p.343.

은 기준을 부과한다. 반면, 높은 기준을 본보기로 보여준 성인모
델과 낮은 기준을 본보기로 보여준 동료모델들에 노출되었을
때는 잠시 동안의 갈등을 경험하겠지만, 어린이들은 동료의 낮
은 기준을 자신들의 행위기준으로 채택한다. 왜냐하면 사람들은
일반적으로 자신보다 매우 능력이 뛰어나서 따라가는데 많은
노력이 필요한 모델보다는 자신과 능력수준이 비슷한 준거모델
을 좋아하기 때문이다. 만약, 비교적 높게 설정된 성인의 기준을
따르게 되면, 어린이들의 낮은 성취가 표준이하로 평가되어 스
스로 실망하게 될 가능성이 높다.

따라서 어린이로 하여금 높은 기준을 채택하게 하려면, 다음
의 세 가지 조건 모두를 관찰하도록 환경을 조성해 주어야 한
다. "① 높은 수행기준을 유지하고 있는 성인모델이 사회적으로
인정받는 것을 관찰하도록 하고, ② 자신들과 모순되는 동료들
의 수행기준에 노출되지 않도록 하며, ③ 그들이 성인모델에게
관대한 대우를 받지 못하도록 하는 조건이다. 실제로 이러한 사
회적 조건 하에서, 어린이들은 좀처럼 성인의 수준에 도달하거
나, 이를 능가하는 일이 없었을지라도, 성인의 기준에 미치지 못
하는 수행에 대해서는 거의 자기 보상할 만한 가치가 있다고
생각하지 않았다."229) 이와 같이 어린이들이 행위 기준을 습득
하는데 있어서 모델의 영향력은 크다고 할 수 있다.

다) 사회적 지지체계

위에서 행위기준의 형성에 모델이 어떠한 영향을 미치는가를
살펴보았다. 거기에서 우리는 모델이 높은 기준을 채택하면 어
린이도 높은 기준을, 동료모델이 낮은 기준을 선택하는 것에 노

---

229) A. Bandura, *Social Learning Theory*, p.136.

출되면 낮은 기준을, 또 높은 기준과 낮은 기준이 갈등하는 경우는 자신의 능력과 유사한 동료의 낮은 기준을 선택하게 된다는 것을 알았다. 그러나 이러한 모델의 영향은 사회적 지지체계에 따라 달라질 수 있다. 만약 높은 기준이 사회적 지지체계에 의해 조장된다면, 사람들은 높은 기준이 난처한 결과를 초래할 수 있음에도 불구하고, 이러한 높은 기준을 채택하게 된다. 이것은 "어떤 수행의 적절성이 그것의 객관적 질에 의해서만 판단되기보다, 오히려 사회적으로 판단된다"[230]는 것을 의미한다.

"자기 개선의 윤리가 지배하는 공동체에서 사람들은 높은 자기 요구를 지지하며, 자신들의 성취를 자랑스러워하고 기뻐한다. 반면, 자기만족의 패턴이 통용되는 공동체에서는 자신들이 어떻게 처신하는가에 대한 많은 고려도 없이 스스로에게 관대하게 보상한다."[231] 이처럼 사회적 지지체계도 변별적 반응, 모델의 영향과 함께 행위의 기준 습득에 영향력을 행사하는 중요한 요인이라고 할 수 있다.

이상에서 도덕적 기준의 습득방법으로 변별적 반응과 교수, 모델링 그리고 사회적 지지체계를 살펴보았다. 이중 사회적 지지체계는 사회 구조의 문제이기 때문에 교육방법으로 논의하기에는 부적절한 면이 있다. 왜냐하면 사회적 지지체계는 사회제도나 사회전체 구성원의 가치와 의식의 문제이지, 단기간에 소수 몇몇에 의해 변화될 수 있는 방법이 아니기 때문이다. 따라서 제시된 방법 중 교육현장에서 적용 가능한 방법은 변별적 반응과 교수 그리고 모델링 등이 된다.

물론, 이러한 방법도 불일치하게 제시된다면, 그 효과를 기대하기 어렵다. 우리는 위에서 교수와 모델링을 독립적으로 다루

---

230) A. Bandura, *Self-Efficacy: The Exercise of Control*, p.65.
231) A. Bandura, *Social Foundation of Thought and Action*, p.345.

었는데, 교수와 모델링은 분명 독립적으로 작용할 수 있다. 그러나 실제로 보면 교수와 모델링은 대체로 함께 작용한다. 교수와 모델링이 함께 작용하면서 서로 일치하는 경우에는 기준의 전달에 훨씬 더 효과적이지만, 교수와 모델링이 불일치하게 제시된다면, 그것은 오히려 역효과를 발생시키거나 아무런 효과를 기대하기 어렵다.

"사람들은 그들이 설교한 것을 항상 실천하는 것은 아니다. 가정에서 어떤 부모들은 자신들은 엄격한 생활을 하지만, 그들의 자녀들에게는 관대하게 대한다. 반면, 어떤 부모들은 자신들에게는 관대하나, 그들의 자녀들에게는 오랜 시간의 일과 희생이 필요한 엄격한 성취 기준을 준수할 것을 기대한다."[232] 이렇게 본보기와 교수가 불일치를 보이면, 이것은 어린이로 하여금 수행기준을 포기하도록 하며, 편의에 따라 스스로를 보상하도록 만든다. 게다가 이 두 가지 불일치 상황 가운데서도 불일치가 위선적인 형태를 취할 때는 더 강한 부적 효과가 일어난다. 즉, 자신에게는 관대하면서 남에게는 엄격한 생활을 요구하는 상황에서는 모델의 매력도가 저하되고, 모델이 전하고자 하는 기준을 거부하는 경향성이 증가한다. 심지어 규칙을 어기는 것에 대한 자기 면제적 정당화를 제공하기도 한다. 따라서 도덕적 기준의 습득에 있어서 긍정적 결과를 이끌어 내기 위해서는 교수와 모델링 사이에 불일치가 발생하지 않도록 하는 것이 무엇보다 중요하다고 할 수 있다.

---

232) Ibid, p.344.

다. 자기평가

1) 자기평가의 발달

사람은 완전히 독립적이고, 자율적으로 사는 존재도, 완전히 상호 의존적으로 사는 존재도 아니다. 사람은 많은 일을 독립적으로 하기도 하지만 함께 일을 하기도 한다. 따라서 사람의 행위에 대한 평가도 다면적일 수 밖에 없다. 사람이 아무리 자율적이고, 독립적 특성을 갖고 있다고 해도, 자신의 행위에 대한 평가를 순수하게 자신의 판단에만 의존하지 못한다. 그리고 상호 의존적이고 함께 일을 한다고 해서 행위에 대한 평가를 타인에게만 의존하지도 않는다. 한마디로, 사람의 행위에 대한 평가는 다른 사람에 의한 평가와 자신의 자기관찰을 통한 자기평가의 혼합물이라고 할 수 있다.

사람들은 처음에는 행위의 평가를 주로 다른 사람에 의한 평가, 즉 외적평가에 의존한다. 그러다가 점차로 고도의 정신작용인 자기평가에 의해 행위조절을 하게 된다. 예컨대, 사람들은 다른 사람들로부터 칭찬은 받고 싶어 하고, 꾸중은 피하려 한다. 그래서 자기개념이 형성되기 이전에는 주로 다른 사람의 평가에 따라 행동을 하게 되는데, "이러한 과정을 통해 사람들은 객관적인 제3자의 눈으로, 즉 애덤 스미스가 말한 '마음속의 인간'으로 자신의 행동을 평가하는 습관을 갖게 된다. 물론 이러한 습관의 형성에도 어느 정도 개인차가 있는 것은 사실이다. 하지만 우리들 대부분은 칭찬이나 꾸중에 대한 예상을 내적으로, 그리고 자동적으로 경험함으로써 칭찬과 꾸중이 실제로 발생할 것으로 예측되는 행동에 본능적으로 반응하게 된다."[233]

---

233) James Q. Wilson, op. cit., p.108.

이렇게 해서 고차원적인 심리학적 기능수준이 되면, 사람들은 수행의 기준을 스스로 설정하고, 그에 따라 자신에게 요구하며, 자신의 수행이 기준을 넘거나 일치했을 때에는 스스로 자신에게 보상을 주고, 기준에 도달하지 못했을 때에는 스스로를 벌한다. 그 결과 강화의 자기 관리시스템이 발달하게 되는 것이다.234)

만약 사람들이 외적평가에만 지배된다면, 자신의 성취나 행위에 대해 자부심이나 부끄러움 그리고 죄의식235) 없이 외적영향에 순종하게 될 것이다. 따라서 자기평가의 발달은 사람들에게 자기 지시능력, 만족감 그리고 자기 자신에 대한 가치감을 부여하는 근원이라고 할 수 있다.

2) 자기평가의 역할

평가는 평가 그 자체에 의미가 있는 것이 아니다. 평가는 다음의 수행에 어떤 형태로든 영향을 미칠 때, 평가로서의 가치가 있는 것이다. 사람들은 평가를 통해 자신의 행위를 보상하기도 하고 처벌하기도 한다. 보상받은 행위는 행복, 자부심, 자기만족 등을 낳는다. 사람들은 더 많은 만족감을 얻기 위해 보상받은 행위를 증가시키거나 지속시키려 한다. 반면, 처벌받은 행위, 평가절하 한 행위는 자기비판, 자기 불쾌를 초래하기 때문에 축소시키는 경향이 있다. 이처럼 반두라는 자기평가를 통한 행위조절에 직접적인 영향을 미치는 요인을 양심이나 추론능력보다는

---

234) A. Bandura, *Psychological Modeling: Conflicting Theories*, p.47.
235) Bandura와 Walters는 그의 책 *Social Learning and Personality Development*, p.163에서 죄의식과 부끄러움을 다음과 같이 구별하고 있다. 부끄러움은 외적제재에 의한 것으로 다른 사람들에 의해서 이루어지는 실제적인 반대나 예기된 비난에 대한 반응이고, 죄의식은 내적제재에 의한 것으로 내면화된 도덕적 기준을 어김으로써 생겨난 부정적 자기평가라는 것이다.

자부심, 행복, 자기비판, 자기 불쾌 등에 더 많은 비중을 두어 설명하고 있다.

그렇다면 자기평가는 행위조절에 어떠한 영향을 미치는가? 이는 긍정적 기능과 부정적 기능으로 나누어 볼 수 있다. 먼저 자기평가의 긍정적 기능부터 살펴보자. 사회인지이론은 자아개념을 자신을 평가절하 하는 부정적 자아개념과 자신을 좋게 평가하는 긍정적 자아개념으로 구별한다. 여기에서 자기평가의 긍정적 기능은 자아개념 중 긍정적 자아개념의 형성이라고 할 수 있다.

사람들은 어떤 행위를 한 다음, 누구든지 자신의 행위에 대한 평가를 하기 마련이다. 그래서 자신의 성취가 가치롭다고 생각하는 기준에 도달되었다고 판단될 경우, 자기 보상과 함께 자부심과 자기 존중감을 느끼게 된다. 그리고 자부심과 자기 존중감은 요구된 수행을 하는데 필요한 노력을 기울이도록 스스로를 동기화 할뿐만 아니라 역경에도 불구하고 행위를 지속시키거나 증가시키도록 한다.

물론, 반사회적인 행위의 경우는 그 반대이다. 자신이 공격행위의 축소에 대하여 자기평가를 통해 보상을 하게 되면, 공격행위는 축소되거나 제거된다. 이와 같이 자기평가의 긍정적 기능은 사회적이며 가치로운 행위는 지속 내지 촉진시키는 반면, 반사회적인 행위는 억제 내지 제거함으로써 행위조절에 영향을 미친다.

다음은 자기평가의 부정적 기능이다. 일반적으로 보면 자기평가는 상대적이다. 사람들은 자기평가를 함에 있어서, 여러 가지 요인에 따라 다른 자기평가를 한다. 같은 성취를 하였음에도 불구하고 사회적 상황과 개인적 성향에 따라 전혀 다른 자기평가를 한다.

"사람들은 자신의 직업적 특성에서는 높게, 그리고 사회관계에서는 긍정적으로 평가하지만, 운동경기를 할 때는 부정적으로 평가할 수도 있다."236) 또, "사회적으로 경멸받을 만한 속성을 갖고 있는 사람과 다른 사람으로부터 늘 부정적 평가를 받는 사람은 자신의 재능에 관계없이 스스로에 대해 낮은 평가를 한다."237) 뿐만 아니라 "스스로를 억압하는 경향이 있는 사람은 자기 경멸적 지시에 의해 자신들의 수행성취를 잘못 이해하거나, 수행성취에 대한 자신들의 생각을 왜곡하는 경향이 있다."238)

이와 같이 자기평가는 절대적 기준에 의해 보편적으로 이루어지는 것이 아니라 상황적 기준에 따라 상대적으로 이루어진다. 그래서 만약 자기평가가 부정적으로 작용하게 되면, 사람들은 자기 비난적 방식으로 일을 해석하고, 선택하며, 기대하게 되고, 불충분한 수행에 대해 아주 심하게 스스로를 벌할 뿐만 아니라 자기경멸과 자기의심으로 계속 고통을 겪으며 살아가게 된다.

이상에서 살펴본 것처럼 자기평가가 어떻게 작용하느냐 하는 것은 매우 중요하다. 그런데 위에서도 언급했지만 자기평가가 긍정적으로 작용할 것인지, 부정적으로 작용할 것인지는 사회적 상황과 성취를 평가하는 기준을 어떻게 설정하느냐에 달려있는 것이지, 고정되어 있거나 인간의 고유한 속성이 아니다. 따라서 부모나 교사가 어린이들에게 어떠한 사회적 상황을 만들어 주고, 어린이들로 하여금 성취를 어떻게 해석하도록 도와주느냐 하는 것은 자기평가의 중요한 변수라고 할 수 있다. 만약 부모나 교사가 모델링이나 보상을 통해 긍정적인 사회적 상황을 조성해주고, 자신의 가치를 긍정하는 사회적 경험을 하도록 해준

---

236) A. Bandura, *Social Foundation of Thought and Action*, p.356.
237) A. Bandura, *Self-Efficacy: The Exercise of Control*, p.13.
238) A. Bandura, *Social Foundation of Thought and Action*, p.358.

다면, 또 자신의 성취에 대해 자부심을 느끼고 만족할 수 있는 적절한 기준을 설정하도록 도와준다면 자기평가는 긍정적으로 행위조절에 영향을 미칠 수 있을 것이다.

3) 자기평가와 긍정적 자아체계의 형성

사람들은 아무도 그들에게 그렇게 하도록 요구하지 않았는데도 스스로에게 높은 수행수준을 요구한다. 그 이유를 반두라는 자기평가의 압박감이라고 하였다. 사람들은 처음에 부모나 교사 등 중요한 사람들이 본보기와 권고(precept)를 통해 어린이에게 성취기준을 적용하도록 영향을 미친다. 어린이들은 이러한 성취기준에 따라 자신의 성취를 평가하고, 성취 기준에 도달되었다고 판단되면, 자존감(self-regard)을 느끼게 된다. 그리고 기준에 도달하지 못한 경우, 자기평가절하적 반응을 하게 된다. 따라서 어린이들은 자존감을 느끼기 위해 부모나 교사에 의해 전달된 높은 수행수준을 요구하게 된다.

쿠퍼스미스(Coopersmith)에 의하면, "높은 자부심을 나타내는 어린이는 부모가 수용적이며, 분명한 기준을 정해주고, 어린이들이 마주치는 상황에서 잘 처신할 수 있는 재능을 획득하도록 상당한 지지와 관용을 제공한다."239) 이처럼 자기평가는 다른 중요한 사람들의 평가적 반응과 교육방법에 상당한 영향을 받는다. 이 말은 다시 말하면, 부모나 교사가 어떻게 반응하고, 어떠한 교육방법을 적용하느냐에 따라 어린이의 자기평가는 어느 정도 통제될 수 있다는 것을 의미한다.

한편, "잘 발달된 자아체계는 삶의 역경과 사회적 관심의 상실로부터 생겨나는 억압에 쉽게 상처받지 않게 해준다. 높은 자

---

239) Ibid, p.356.

기 보상을 하는 사람들의 마음은 그들의 성취가 얼마나 자주 사회적으로 칭찬을 받는가하는 변화에 영향을 받지 않는다. 반면, 낮은 자기 보상을 하는 사람은 자신의 능숙한 수행이 기대한 것보다 다른 사람들로부터 칭찬을 별로 받지 못했을 때 억압되어진다. 그리고 긍정적 자아체계가 없는 사람은 어려운 역경에 처했을 때 더 억압적이 된다."[240]

따라서 부모나 교사는 가능한 한 어린이에게 긍정적 자아체계를 형성시켜주기 위해 노력할 필요가 있다. 그리고 부모나 교사가 수용적인 태도와 함께 본보기와 권고를 통해 분명한 기준을 정해주고, 어린이의 성취에 대해서는 상당한 지지와 관용을 베풀어준다면 그것은 어느 정도 가능할 것이다.

지금까지 자기평가의 발달, 자기평가의 역할, 자기평가와 긍정적 자아체계의 형성에 대해서 살펴보았다. 여기에서 자기평가는 긍정적 측면에서 행위조절과 행위안내, 행위수정으로 작용할 수도 있지만, 역기능적인 면에서 심각한 자기비하와 자기학대로 작용할 수 있다는 것도 알 수 있었다. 따라서 가능한 한 자기평가가 역기능으로 작용하지 않도록 도와줄 필요가 있다. 그 방법을 반두라가 제시하는 몇 가지 방안을 통해 찾아본다.[241] 첫째, 통상 기억 속에 있는 긍정적 경험은 금방 희미해지거나 사라지기 때문에 보다 정확한 자기평가를 위해서 자신들이 매일 겪는 긍정적 경험을 기록하도록 한다. 둘째, 자기 실망과 개인적 부족감을 발생시키는 수행기준을 변경시키기 위해 자신의 일상생활을 통해 성취 가능한 분명한 하위 목표를 적용하도록 한다. 하위목표의 성취는 능력감과 만족감을 느끼게 해 줄 수 있다. 셋째, 평가 절하적 자기 반응을 하지 않도록 하기 위해 사람들에

---

240) Ibid, pp.361~362.
241) Ibid, p.362.

게 자신의 성취에 대해 스스로 보상하고 칭찬하는 방법을 배우도록 한다. 이런 식의 처리는 우울한 기분을 줄이고, 사람들 간의 감응성을 증가시키며, 삶에 보다 긍정적 견해를 갖도록 해준다.

라. 자기 강화

사회학습이론에서는 인간의 행위가 직접강화와 대리강화에 의해서만 규제된다고 생각하지 않는다. 반두라는 직접강화와 대리강화 외에 자기 강화를 제시하고 있다. 사람들은 일상생활에서 타인의 행위를 주시할 뿐만 아니라 그 같은 행위가 보상을 받거나 무시되거나 벌을 받거나 하는 것을 끊임없이 관찰하고, 그 결과에 따라 자신이 어떠한 행동을 할 것인가를 결정한다. 또한 사람들은 행위의 기준을 스스로 설정하고, 그에 따라 자신에게 요구하며, 그 결과 자신의 행위가 이 기준을 넘거나 일치했을 때에는 스스로 자신에게 보상을 주지만 기준에 도달하지 못했을 때는 스스로에게 벌을 준다.[242] 이처럼 사람들은 행위를 할 때 자기 강화에 의해서도 많은 영향을 받는다.

사람들은 모델의 가치 높은 행동을 보고, 그와 꼭 맞는 상응행동이 생겼을 때에는 스스로 자기 긍정적으로 반응하는 경우가 있다. 이 경우 사람들은 외적강화 없이도 자신의 행동을 스스로 강화하게 된다. 즉 사람들은 자기행위에 자기 긍정적으로 반응할 수 있는 정도에 따라 자기 행동을 스스로 강화할 수 있게 되고, 이렇게 되면 외적강화의 필요성은 점점 약해지게 된다.[243]

반두라는 이처럼 사람들이 자신의 감정, 사고, 행동을 통제할 수 있는 자기 반응적 능력을 갖고 있기 때문에 전적으로 외적

---

242) A. Bandura, *Psychological Modeling: Conflicting Theories*, pp.46-47.
243) Ibid, p.53.

요인에 의해 행동을 하는 것도 아니고 자기 강화, 즉 자기 보상과 자기 처벌에 의해서 자신의 행위를 촉진하기도, 억제하기도 한다고 하였다.244)

그리고 자기 보상에 의해 자신의 행동을 규제하는 사람은 같은 활동의 수행에 대해 강화를 받지 못했거나, 수반조건 없이 보상을 받았거나, 또는 자신의 행동을 관찰하고 목표를 설정했으나 자신의 성공적 노력에 자기 보상을 하지 않는 사람들보다 더 높은 수행수준을 달성했다. 뿐만 아니라 외적강화와 자기 강화가 모두 행동을 변화시킬 수 있으나, 자기 강화의 실천은 지속적으로 사용될 수 있는 자기조절기술을 발달시키는 이점을 더 갖고 있기 때문에 자기 강화된 행동이 외적으로 강화된 행동보다 더 효과적으로 지속되는 경향이 있다.245)

문제는 어떻게 하면 자기 보상과 자기 지시능력을 발달시킬 수 있느냐 하는 것인데, 자기 보상과 자기 지시능력도 발달의 초기단계에서는 외적유인을 필요로 한다는 것이다. 다시 말하면, 선행학습(先行學習)을 달성하는 최선의 방법은 아이의 행동이 스스로 지속되는 결과를 나타낼 수 있는 단계에 도달 할 수 있을 때까지 아이의 노력을 지원하는 것이다. 예컨대, 아이는 처음에 독서하는 법을 배우기 위해 어느 정도의 격려를 필요로 한다. 그러나 숙달이 이루어진 후에는 독서를 통해 얻게 되는 기쁨과 가치 있는 정보 때문에 독서를 하게 된다.246) 따라서 기술획득의 초기단계에서는 긍정적인 유인의 도움이 없다면, 잠재력은 개발되지 못하게 되나, 환경을 효과적으로 다루는데 필요한 언어적, 인지적 및 수공적 기술이 일단 학습되면, 이들 기술을 사용하는

---

244) L. A. Hjelle and D. J. Ziegler, op. cit., p.288.
245) A. Bandura, *Social Learning Theory*, p.144.
246) Ibid, p.104.

데 더 이상 외적유인을 필요로 하지 않게 된다. 이와 같이 자기
보상은 처음에는 외적유인의 영향을 받지만 학습이 이루어진 후
에는 행위지속에 특히 효과가 있다.

한편, 자기 강화에는 자기 보상과 자기 처벌이 있다. 자기 처
벌은 이탈에 대한 자기 스스로의 반응으로 사과, 보상, 고백의
형식을 취하며, 대부분의 사람들은 이것을 죄의식의 표시나 양
심의 가책으로 생각하였다. 그러나 반두라는 자기 처벌을 죄의
식이나 양심의 가책으로 보지 않고, 개인의 기능적 유용성으로
파악하였다. 반두라에 의하면, 이탈행위를 한 경우, 위반은 행위
자의 행위가 이미 획득한 기준과 가치를 충족시키지 못했을 때
처럼 혐오적 자기 자극을 만들어 내며, 사람들은 이러한 혐오자
극을 줄이거나 긍정적 강화를 회복하기 위해 자기 처벌적 반응
을 한다는 것이다. 그리고 자기 처벌적 반응으로서 사과, 보상,
고백 등의 반응은 반응이 발생하는 환경, 반응을 하게 될 대상,
사회적 훈련에 따라 변할 수 있다고 보았다. 요컨대, 자기 처벌
적 반응은 기능적 유용성으로 벌의 종료나 감소를 목적으로 하
거나, 긍정적 강화의 회복을 목적으로 한다고 할 수 있다. 이렇
게 보면 어린이가 자기비판을 하는 것도 "부모의 애정과 승인을
회복할 수 있는 수단이 되기 때문에 위반에 대해 스스로를 비
판하는 것"[247)으로 해석할 수 있다. "아론프리드도 자기비판적
반응과 벌의 종료와의 결합이 자기비판적 습관을 형성하는 결
정적 요소라고 주장하였다."[248)

이와 같이 반두라는 자기 처벌적 반응을 기능적 유용성으로
보고 있으며, 이는 도덕교육적 측면에서 볼 때 매우 의미 있는

---

247) A. Bandura, Richard H. Walters, *Social Learning and Personality Development*, pp.186-187.
248) Ibid, p.198.

주장이다. 우리는 일반적으로 도덕교육을 논할 때, 인간은 선천적으로 선한 존재이기 때문에 당연히 선을 추구할 것을 전제로 하고 있다. 그래서 일탈행동을 했을 때는 인간이기 때문에 당연히 그 행동에 대해 후회를 하는 것으로 본다. 또 프로이트는 아이가 잘못된 행동을 했을 때는 양심에 의해 죄의식을 느끼게 된다고 보았다.

"인간은 일이 순조롭게 진행되고 있는 한, 그의 양심은 너그럽다. 자아로 하여금 모든 일을 하도록 한다. 그러나 불행이 닥쳐왔을 때, 그는 영혼을 찾고, 그의 죄 있음을 인정하며, 그의 양심의 요구를 높이고, 스스로에 대해서 금욕을 부과한다. 그리고 스스로를 참회로써 벌한다."249)

이처럼 대부분의 이론은 자기 처벌적 반응을 이상적 입장에서 논하거나 자기 가학으로 본다. 즉, 이탈에 대한 자기 처벌 그 자체가 목적이다. 그런데 반두라는 자기 처벌도 유용적 목적 때문에 하는 수단으로 본다. 자기 자신을 비판하고 헐뜯음으로써 타인으로부터 찬사를 받거나 격려를 이끌어 내기 위한 수단으로 본다. 따라서 반두라의 입장에서 보면, 도덕교육은 자기 가학적인 양심의 형성이 아니다. 도덕교육은 자기 처벌을 하면 벌을 경감하거나 사회적 격려를 해줌으로써 자기 처벌이 유용성이 있다는 것을 알려주는 것이다. 한마디로, 도덕교육을 의무감이나 당위성에 호소하는 것이 아니라, 유용성에 토대를 두는 것이다. 손해를 보면서도 의무이니까 도덕적 행위를 해야만 한다고 하는 것이 아니라, 도덕적 행위를 하면, 이익이 발생한다고 주장하는 것이다.

---

249) S. Freud, "Civilization and Its Discontents," in *The Future of an Illusion, Civilization and Its Discontents and Other Works,* (London: The Hogarth Press, 1973), p.126.

2. 효능감과 행동

효능감은 무엇을 할 수 있다는 자신의 능력에 대한 신념으로, 이것은 행위수행을 결정하는 중요한 요인이다.

가. 효능감의 의미

반두라는 자기 효능감을 "목표를 달성하는데 필요한 행동과정을 조직하고 실행할 수 있는 자기의 능력에 대한 신념"[250]이라고 정의하면서, 이러한 자기 효능감은 무수한 목표를 수행하기 위해 인지적이고, 정서적이며, 행동적인 기술이 조직되어야만 하고, 효과적으로 배합되어야만 하는 생성적 능력이라고 하였다.

개념 정의만 보아서는 자기 효능감이 무엇인지 구체적인 파악이 어렵다. 따라서 다음의 질문에 대한 답을 통해 자기 효능감을 좀 더 자세히 이해해 보고자 한다. 첫 번째 질문은 '자기 효능감은 선천성인가 후천성인가, 두 번째 질문은 자기 효능감과 결과기대는 어떻게 다른가, 세 번째 질문은 자기 효능감은 삶과 어떠한 관련성이 있는가'이다.

먼저, 자기 효능감은 선천성인가, 후천성인가부터 살펴보자. 어떤 사람들은 능력을 우리가 가지고 있는 어느 정도 고정된 속성으로 개념화하여 사용하고 있다. 능력을 타고난 재능으로 보는 사람들은 수행수준을 부여된 능력에 대한 증거로 보기 때문에, 이들에게 있어 오류와 부족한 수행은 지적인 한계를 의미한다. 따라서 이러한 견해는 자기 효능감을 저하시키고, 기술 개발을 지연시키며, 활동에서의 흥미를 감소시킨다. 뿐만 아니라 "개인적 통제의 추구가 선천적 욕구의 표현이라고 주장하는 사

---

250) A. Bandura, *Self-Efficacy: The Exercise of Control*, p.3.

람들은 인간이 효능감을 완전히 갖추고 태어난다고 보기 때문에, 효능감이 어떻게 발달되는가에 대해서는 별로 관심이 없다. 대신에 욕구가 어떻게 사회적으로 좌절되고, 약화되는가에 주로 관심을 갖고 있다."251)

반면, 어떤 사람들은(반두라) 능력을 지식을 획득하고, 유능성을 완성함에 따라 증가될 수 있는 획득된 기술로 본다. 이러한 사람들은 기능적인 학습목표를 채택하게 되고, 자기의 지식과 유능성을 확장시키는 기회를 제공하는 도전을 추구한다. 이처럼 능력에 대한 사람들의 신념은 행위의 선택에 상당한 영향을 끼친다.

다음은 자기 효능감과 결과기대는 어떻게 다른가 하는 것이다. 사람들은 자기가 성공적으로 다룰 수 있고, 가치 있는 보상을 얻을 수 있을 것이라고 판단하는 활동은 적극적으로 추구한다. 여기에서 '성공적으로 다룰 수 있다'는 것은 자기 효능감을 의미하고, '가치 있는 보상을 얻을 수 있을 것이라고 판단하는 것'은 결과기대를 의미한다. 요컨대, "자기 효능감은 수행을 조직하고 행하는 자신의 능력에 대한 판단인 반면, 결과 기대는 그러한 수행이 산출하게 될 결과에 대한 판단이다."252) 따라서 "기대 이론가들은 노력을 수행의 유일한 원인으로 간주한다. 왜냐하면 기대이론은 일반적으로 사람들이 장애나 위협에 의해 방해를 받지 않는 일상적인 활동에서 얼마나 열심히 수행을 하는가에만 관심을 기울여왔기 때문이다. 그러나 얼마나 성취했는가와 밀접한 관계가 있는 자기 효능감은 사람들이 참을 능력이 있다고 지각하는 것으로, 그것은 요구된 성취 수준을 이루기 위해 스스로 충분히 노력할 수 있다고 생각하는 자신들의 믿음을

---

251) Ibid, p.2.
252) Ibid, p.21.

수행의 원인으로 보고 있다."253)

일반적으로 사람들이 어떤 결과를 기대하는 것은 그들이 어떤 주어진 상황에서 수행을 잘할 수 있을까 하는 믿음에 달려 있다. "학생들은 자신의 학식이 충분한가에 대해 생각하지도 않고, 학문적 명예나 보상받기를 기대하지는 않는다. 대부분의 사람들은 사회적, 지적, 육체적 추구에서 스스로를 높은 효능이 있다고 생각할 때 좋은 결과를 기대하지, 수행에 있어서 스스로를 무능하다고 생각할 경우 그들은 좋은 결과를 기대하지 않는다. 따라서 수행의 특성에 따라 결과가 결정되는 활동에서 기대된 결과에서 나타나는 대부분의 변화는 자기효능 판단에 의해 설명된다."254)

이와 같이 기대결과와 자기 효능감은 행위의 선택과 수행에 상보적으로 작용한다. 사람들은 효능감을 갖고 있을 때, 또 노력한 대가가 가치 있는 결과를 가져온다는 기대를 가지고 있을 때, 행동을 취한다.

마지막은 자기 효능감은 삶과 어떠한 관련이 있는가이다. "동물들은 자기성찰능력을 부여받지 못했고, 살면서 할 수 있는 것과 할 수 없는 것을 자기 신념에 따라 선택할 수 없기 때문에 동기와 행위를 조절하는데 자기참조적 사고의 역할이 무시될 수 밖에 없다. 그러나 인간에게는 자기참조적 신념 체계가 근본적이다. 그래서 자기 효능감에 대한 신념은 사람들이 어떻게 생각하고, 스스로를 동기화하며, 느끼고, 처신하는가와 같은 거의 모든 일에 영향을 미친다."255) 한마디로, 자기참조적 신념체계인

253) Ibid, p.127.
254) A. Bandura, "Self-Regulation of Motivation and Action through Goal System," p.40.
255) A. Bandura, *Self-Efficacy: The Exercise of Control*, p.19.

효능감은 사람들의 행동을 결정하는 주된 원인이며, 사람들은
이러한 개인 효능감에 대한 신념에 의해 자기의 삶을 유도해
간다고 할 수 있다.

한편, "사람들은 스스로 만드는 심리적 환경 속에서 지속적으
로 삶을 살아가야만 한다. 따라서 스스로의 의식에 대한 통제는
개인의 행복에 상당히 중요하다. 사람들은 그들이 생각하는 것
을 조정할 수 있는 만큼 느끼고 행동할 수 있다."256) 예컨대, 어
린이들이 시끄러운 소리를 내거나 움직이는 장난감과 마주치게
되었는데, 그 장난감을 어떻게 할 수 없을 때, 즉 장난감에 대해
통제력을 행사할 수 없을 때, 그들은 놀라거나 피하려 한다. 그
러나 장난감을 가지고 놀 수 있게 되면, 즉 통제력을 행사할 수
있게 되면, 오히려 재미있어 하며 즐겁게 가지고 논다. 이러한
예를 통해 알 수 있듯이, "불안을 감소시키는 것은 사건 자체를
없애는 것이 아니라, 초보적인 통제력의 행사이다. 따라서 행동
통제의 불안 감소 효과 중 많은 것은 단순히 혐오적인 사건이
발생했을 때, 그것을 약화시키는 것보다는 그 사건에 대해 통제
력을 행사할 수 있다는 예기적 믿음으로부터 생겨난다"257)고 할
수 있다.

게다가, 다양한 위협에 대해 개인적 통제를 발휘하는 많은 경
험은 그들의 대처능력을 더욱 강화시키고 일반화시킨다. 그래서
뱀 공포증을 극적으로 통제하게 된 사람은 그의 사회적 수줍음
을 감소시켰고, 자기표현을 많이 하였으며, 또한 개인적 능력에
대한 모험적인 자기검증을 증가시켰다.

"뱀에 대한 공포를 극복하는 경험을 통해 얻게 된 성취감은
나에게 대중연설에 대한 공포감을 극복할 수 있다는 확신을 주

---

256) Ibid, p.145.
257) Ibid, p.142.

었습니다." "나는 전보다 약간은 덜 수줍어하게 되었습니다." "치료의 성공 중 나에게 준 가장 큰 이익은 내가 뱀을 때릴 수 있다면, 다른 어떤 것도 때릴 수 있다고 생각하게 된 것입니다. 또 그것은 나에게 어떤 일도 성공적으로 해결할 수 있다는 확신을 주었습니다."258) 이처럼 심리적 환경에 대한 통제 효능감은 사람들의 자기변화에 중요한 작인이 된다고 할 수 있다.

물론 사람들은 심리적 환경 속에서만 살아가는 것이 아니다. 사람들은 사회적 환경 속에 존재하고 있다. 그리고 "우리의 규범적 사회 현실은 장애, 좌절, 실패, 방해, 패배, 불공정 등으로 가득 차 있다. 이처럼 일반적 사회현실은 매우 어렵다. 따라서 사람들이 개인적 행복과 성취를 위해서는 강한 자기 효능감이 필요하다."259) 만약 사람들이 노력을 일찍 중단한다면, 아무 것도 성취할 수 없고, 성취하지 못한다면 행복을 얻을 수도 없다. 그러므로 사람들은 성공에 필요한 불굴의 노력을 지속하기 위해 강한 자기 효능감을 갖고 있어야만 한다.

그런데 여기에서 요구되는 효능감은 활동 자체에 대한 효능감이라기보다는 자기조절 효능감이다. 예를 들어, "치주질환이 있는 사람의 자기관리능력을 예측하는데 있어서, 적절한 효능감 측정은 그들이 치아 사이에 낀 것을 제거하는 사소한 행동을 수행할 수 있다고 믿고 있는가에 대한 것이 아니라, 그들이 그들의 노력을 방해하는 특별한 상황에 직면해서도 매일 그렇게 할 수 있는 자기조절능력을 갖고 있다고 믿고 있는가 하는 것이다."260)

이와 같이 효능감, 즉 자기조절 효능감은 많은 어려움으로 가

---

258) Ibid, p.53.
259) Richard I. Evance, op. cit., p.55.
260) A. Bandura, *Self-Efficacy: The Exercise of Control*, p.64.

득 차 있는 심리적·사회적 환경 속에서 살아야 하는 우리에게 필수 요소이다. 사람들은 효능감에 따라 행동하고 효능감이 있음으로 해서 삶을 적극적이고, 긍정적으로 살아갈 수 있다. 요컨대, 사람들은 효능감을 갖고 있는 만큼, 바로 그 범위 내에서만 삶을 영위한다고 할 수 있다.

나. 효능감의 발달

효능감은 아무 근거 없이 그냥 만들어지는 것이 아니다. "효능감은 자신의 지식과 기술에 대한 판단에 기초하고 있고, 다양한 정보의 인지적 과정에 근거하고 있다."261) 따라서 다른 인지적 결정요인과 마찬가지로 효능감도 정보가 없는 상태에서는 조절 영향력을 발휘하지 못한다.

"저소득층 가정 출신의 학생들은 좀 더 부유한 가정의 학생들보다 대학에 들어가거나, 원하는 직업을 구하는데 필요한 정보안내를 훨씬 적게 받는다. 이로 인해 대학에 들어가기 위한 학업준비를 제대로 할 수 없을 뿐만 아니라 능력의 향상에 필요한 어떤 노력조차도 기울이지 못한다."262)

그들은 정보 부족으로 효능감 판단에 있어 효능감이 조절 영향력을 발휘하지 못하기 때문에 좋은 대학과 원하는 직업을 갖지 못하게 된다. 이처럼 정보는 효능감 판단에 있어 중요한 근원이 된다.

한편, 반두라는 효능감 판단에 영향을 미치는 정보를 네 가지로 분류하고 있다. 그는 정보의 주요 근원으로 "① 능력의 지표로 작용하는 성공경험, ② 다른 사람과의 성취를 비교하거나 유능감의 전달을 통해 효능감을 변화시키는 대리 경험(모델링),

---

261) Ibid, p.60.
262) Ibid, p.65.

③ 어떤 능력을 갖고 있다는 언어적 설득과 사회적 영향, ④ 사람들이 자신의 능력, 힘, 기능장애에 대한 취약성을 부분적으로 판단하는 심리적, 정서적 상태 등"263)을 제시한다.

이제, 이러한 네 가지 주요 정보가 효능감 발달에 어떠한 영향을 미치는지에 대해 살펴보자.

첫 번째는 성공경험이다. 만약 어떤 사람이 원하는 목표를 달성하여 바라는 것을 얻었다면, 즉 성공하였다면 그는 강한 자기효능감을 형성할 것이다. 그러나 만약 실패하였다면, 그의 개인효능감은 매우 약화 될 것이다. 특히, 효능감이 강하게 형성되기 전에 실패한 경우에는 더욱 그렇다. 따라서 탄력 있는 효능감을 지니기 위해서는 지속적인 노력을 통해 장애를 극복한 경험이 있어야만 한다. 그리고 "성공경험은 단지 대리적 경험이나, 인지적 시뮬레이션, 또는 언어적 교수 등에만 의존하는 방식보다 더 강하고 보다 일반화된 효능감을 낳는다."264) 왜냐하면 성공경험은 사람들이 성공하기 위해 무엇을 하든지, 그것들이 성공할 수 있는가에 대한 가장 확실한 증거를 제시해주기 때문이다. 따라서 성공경험은 효능감 정보 중 가장 영향력 있는 근원이라고 할 수 있다.

두 번째는 대리경험이다. 모델링과 사회적 비교·평가는 자기효능감을 촉진시키는 또 다른 도구라고 할 수 있다. "사람들은 개인의 효능감을 형성하기 위해 성공경험뿐만 아니라 모델링, 사회적 비교, 사회적 평가로부터 정보를 이끌어내기도 한다."265) 사람들은 모델링을 통해, 사회적 비교·평가를 통해 자신의 효능감을 평가하게 된다. 모델링 효과는 사람들이 자신의 능력을 평

---

263) Ibid, p.79.
264) Ibid, p.80.
265) Ibid, p.84.

가할 경험을 거의 갖고 있지 않는 경우 더 크다. 그 이유는 능
력을 평가할 경험이 없는 사람은 자신의 능력에 대한 직접적인
지식이 부족해 자신의 능력에 대한 평가를 주로 모델이 보여준
지표에 의존하기 때문이다. 게다가 만약 모델이 자기와 비슷한
사람이라면 자신 또한 그것을 할 수 있는 능력을 갖고 있다고
스스로를 설득할 가능성이 더 높다.266) 따라서 어린이의 경우,
그들과 비슷한 능력을 갖고 있는 또래 집단의 영향이 중요하다.
만약 어떤 어린이가 혼란스럽고 능력이 부족한 또래 집단과 관
계를 맺고 있다면, 그 어린이는 개인 효능감의 성장에 오히려
불리한 영향을 받을 가능성도 있다. 그러므로 효능감을 높이기
위해서는 능력이 비슷한 모델을 제시하되, 관찰자보다 능력이
부족하지 않은 모델을 제시하는 것이 중요하다.

　한편, 적절성에 대한 객관적인 지표가 있는 활동에서 개인적
능력을 판단하는 것은 쉽다. 그러나 대부분의 활동은 적절성에
대한 절대적인 척도를 갖고 있지 않다. 따라서 사람들은 자신의
능력을 다른 사람의 성취와 관련해서 평가해야만 한다.

　"바인버그(Weinberg), 굴드(Gould), 잭슨(Jackson) 등은 귀납
적 절차를 사용해서 경쟁적 상황에서 지구력은 지각된 자기효
능에 의해서 조정된다는 것을 보여주었다. 그들은 어떤 단체에
게 그들이 완력 경쟁에서 승리하였다는 것을 말해줌으로써 그
들의 자기효능 신념을 끌어 올렸다. 그들은 또 다른 단체에게
그들이 경쟁자에게 졌다고 말함으로써 그들의 자기효능 신념을
낮추었다. 그들은 완력에 대한 거짓 신념이 높으면 높을수록 지
구력을 측정하는 새로운 일에서 경쟁을 하는 동안 더 육체적
인내를 발휘하였다."267)

---

266) Ibid, p.87.
267) A. Bandura, "Self-Regulation of Motivation and Action through

이와 같이 사람들은 부분적으로 모델링을 통해, 사회적 비교·평가를 통해 자기의 능력을 판단하고, 그 판단에 따라 자기의 효능감을 높이기도 하고 내리기도 한다.

세 번째는 언어적 설득이다. 언어적 설득은 사람들로 하여금 그들이 추구하고 있는 것을 성취할 능력을 갖고 있다는 신념을 강하게 하는 수단으로서 작용한다. 만일 중요한 의미가 있는 사람들이 자신의 능력에 대해 의심할 때보다 믿음을 표현할 때, 특히 어려움과 싸우고 있을 때, 효능감을 더 잘 유지한다. 어려움이 발생했을 때, 주어진 과제에서 성공할 능력을 갖고 있다고 언어적으로 설득을 받은 사람은 자기의심과 개인적 결핍에 빠져있는 사람보다 더 많은 노력을 지속적으로 기울인다.

그러나 개인적 능력에 대해 비현실적으로 신념을 상승시키는 것은 설득하는 사람을 믿지 못하게 하고, 자신의 능력에 대한 수용자의 신념을 약화시키는 실패를 초래할 수 있다.268) 따라서 언어적 설득은 노력만 하면 성공할 가능성이 있고, 자신의 행동을 통해 효과를 산출할 수 있다고 믿을 만한 이유를 가진 사람에게 해야만 그 효과를 얻을 수 있다.

네 번째는 생리적·정서적 상태이다. 자신의 능력을 판단하는 데 있어서 사람들은 생리적이고 정서적인 상태에 의해 전달되는 신체적 정보에 어느 정도 의존한다. "효능감에 대한 생리적 신호는 자율신경계의 각성에 한정되지 않는다. 사람들은 일반적으로 힘과 지구력을 요하는 활동에서 피곤함, 숨참, 통증, 고통 등을 신체적 비효능감의 지표로 본다. 그리고 기분상태 역시 개인 효능감 판단에 영향을 미친다."269) 유발된 긍정적 기분은 효

Goal System," pp.43-44.
268) A. Bandura, *Self-Efficacy: The Exercise of Control*, p.101.
269) Ibid, p.106.

능감을 증진시키는 반면, 유발된 절망적인 기분은 효능감을 감소시킨다. 따라서 중요한 것은 정서적, 신체적 반응 그 자체가 아니고, 그러한 반응들이 어떻게 지각되고, 해석되는가 하는 것이다. 사람들은 같은 반응도 그러한 반응을 어떻게 해석하는가에 따라 전혀 다르게 받아들일 수 있다.

"능숙한 마라톤 선수는 그들이 느끼게 되는 신체적 감각을 탈진과 손상의 위험을 피하기 위해 속도를 조절하라는 정보로서 받아들인다. 반면, 미숙한 마라톤 선수는 격심한 활동에서 오는 느낌을 인지적 분산전략으로 자신의 주의를 계속 분산시켜야 하는 혐오적 상태로 경험한다."270)

이것은 정서적 각성에 있어서도 마찬가지이다. "정서적 각성을 개인적인 부적절성에서 오는 것으로 추론하는 경향이 있는 사람은 정서적 각성을 아주 유능한 사람들조차도 가끔은 경험하는 평범한 일시적 반응이라고 보는 사람보다 자기의 효능감을 더 낮추는 경향이 있다. 성공한 연극배우의 경우, 종종 공연을 앞두고 매우 불안을 느끼지만 일단 무대에 서면, 그러한 불안이 사라지는데, 그것은 이러한 예비적인 정서적 각성을 개인적인 결핍보다는 기본적으로 나타나는 상황적인 반응 탓으로 돌리기 때문이다."271) 따라서 효능감 판단에 영향을 미치는 생리적·정서적 상태에서 중요한 것은 반응 자체가 아니라 해석자의 태도라고 할 수 있다.

그런데 해석자의 태도는 사회인지적 관점(반두라)에서 보면 자신의 경험과 사회적 명명 등에 의해 영향을 받을 수 있다. 그러므로 근본적으로 중요한 의미를 지니는 것은 어떠한 경험을 하느냐와 사건을 사회적으로 어떻게 의미부여 하느냐이다.

---

270) Ibid, p.110.
271) Ibid, p.109.

다. 효능감의 영향과 도덕적 행동

1) 효능감의 영향

"성취가, 혁신가, 사교적인 사람, 두려움이 없는 사람, 실망을 잘하지 않는 사람, 그리고 사회 개혁가들은 자신들의 삶에 영향을 미치는 사건의 통제에 영향력을 발휘하는 개인 효능감에 대해 낙관적인 견해를 갖고 있다."272)

"화이트(J. White)에 의하면, 자기 분야에서 명성을 얻은 사람들의 두드러진 특징은 자신들이 하고 있는 일의 가치에 대한 확고한 믿음과 그 일에 대해 흔들리지 않는 효능감을 가지고 있었다."273)

우리는 이것을 통해 효능감이 사회적 성공과 밀접한 관련이 있다는 것을 알 수 있다. 대체로 효능감이 높은 사람은 수행성취의 원인적 설명에 있어 성공을 하면, 자기의 능력 때문이라고 생각하고, 실패를 하면 노력의 부족이나 외적장애 탓으로 돌리는 경향이 있다. 그러나 효능감이 낮은 사람은 실패를 개인적 능력의 결핍으로 받아들이고, 성공은 상황적인 도움 때문이라고 귀인(歸因) 한다.

예컨대, 높은 효능감을 갖고 있는 사람은 실패를 노력의 부족이나 외적인 문제로 실패의 원인을 귀인하기 때문에 실패를 하면 노력을 더 많이 해야 된다고 생각하거나, 외적인 문제만 없어지면 얼마든지 성공할 수 있다고 생각한다. 반면, 효능감이 낮은 사람은 실패를 자신의 능력부족이라고 보기 때문에 더 이상의 노력을 기울일 필요를 느끼지 못하고 낙담하게 된다. 따라서 효능감이 높은 사람은 계속된 노력으로 성공할 수 있고, 효능감

---

272) Ibid, p.74.
273) Ibid, pp.72~73.

이 낮은 사람은 실패로 일을 포기하게 된다.

한편, "사람들은 부분적으로 환경의 산물이다. 사람들은 자신의 환경을 선택함으로써 그들이 되고자 하는 사람이 될 수 있다. 그런데 선택은 개인의 능력에 대한 신념에 의해 영향을 받는다. 따라서 개인적 효능감은 사람들이 만들어 내는 환경뿐만 아니라 그들이 선택하는 환경과 활동에도 영향을 줌으로써 삶의 과정에 중요한 역할을 한다."[274] 사회적으로 효능감이 높은 사람은 효능감이 낮은 사람보다 더 지원적인 환경을 만들어 내고 지원적인 환경은 다시 개인적 효능감을 높임으로써 일의 성공률을 높인다.

그런데 효능감이 높은 사람이 사회적으로 성공할 수 있는 것은 위에서 언급한 것처럼 수행성취에 대한 원인귀인과 환경의 선택을 자신에게 유리하게 해석하고 조성하는 특성 때문만은 아니다. 그들은 주어진 일을 수행하는 면에 있어서도 효능감이 낮은 사람과는 다른 태도를 보여준다.

효능감이 높은 사람들은 어떤 도전을 할 것인가, 얼마나 많은 노력을 할 것인가, 그리고 어려움에 직면했을 때 얼마나 오랫동안 지속할 것인가를 결정하는데 있어서 효능감이 낮은 사람과 많은 차이가 있다. 효능감이 높은 사람은 목표의 설정수준, 목표에 관여하는 강도, 그리고 노력의 양과 노력의 지속에 있어서 다른 태도를 취한다.

먼저, 효능감이 목표설정 수준과 목표에 관여하는 정도에 대해 살펴보자. "목표는 엄격히 말하면, 상관적 특성이지, 절대적 수준의 문제가 아니다. 사람들이 스스로 정한 목표가 현실적인지, 아닌지 하는 것은 그들이 목표에 도달할 만한 능력을 갖고

---

274) Ibid, p.160.

있는지, 아닌지에 달려있다. 따라서 목표를 성취할 수 없다는 것 자체가 반드시 사람들을 의기소침하게 하는 것은 아니다. 사람들이 목표를 달성 할 수 있을 것이라고 믿고 있는 한, 거기에서 발생한 목표와 성취 사이의 차이, 즉 부정적 불일치는 실망의 원인이라기보다는 오히려 도전의 동기가 될 수 있다.”[275] 그러므로 부정적 불일치가 도전적 동기로서 작용할 것인지, 아니면 실망으로 작용할 것인지는 불일치를 바라보는 효능감, 즉 목표를 달성할 수 있다는 신념에 달려있다.

“어려운 목표를 달성하는데, 효능감이 있다고 믿는 사람에게 부정적 불일치는 오히려 동기를 높이고 의기소침한 기분을 낮추기 때문에 노력을 계속하도록 한다. 그러나 어려운 목표를 계속해서 필요로 하고 있으나 어려운 목표를 달성하는데 스스로를 무능하다고 판단하는 사람의 경우, 부정적 불일치는 동기를 약화시키고 의기소침한 분위기를 발생시킨다.”[276]

따라서 개인적인 목표설정은 능력에 대한 자기평가의 영향을 받는다고 할 수 있다. 요컨대, 지각된 자기 효능감이 강할수록 사람들은 자신을 위해 설정하는 목표는 더욱 높고, 그 목표에 대한 관여도가 확고하기 때문에 그들에게 있어서 목표로부터 발생하는 불일치는 아무런 문제가 되지 않는다.

다음으로 효능감이 노력의 양과 지속에는 어떠한 영향을 미치는지를 알아보자. “인지된 자기효능은 개인적 통제에 중요한 역할을 하는 또 하나의 인지적 요인이다. 사람들이 도전을 선택하고, 많은 노력을 기울이고, 어려움에 직면해서도 오랫동안 인내하며, 그리고 장애와 실패에 직면해서 스트레스와 실망으로

---

275) A. Bandura, *Social Foundation of Thought and Action*, p.360.
276) A. Bandura, “Self-Regulation of Motivation and Action through Goal System,” p.55.

상처를 받는 것은 부분적으로 효능에 대한 자기신념에 근거를 두고 있다."277) 그 이유는 효능에 대한 자기 신념, 즉 자기 효능감이 동기에 영향을 주기 때문이다.

효능감의 이러한 동기적 효과로 인해 높은 효능감을 갖고 있는 사람은 많은 노력을 하게 되고, 장애나 어려움에 직면해서도 노력을 지속시킨다. 그러나 낮은 효능감은 결과에 대한 기대를 유혹하는 동기적 잠재력을 무산시킨다. 그래서 자신의 능력에 대해 의심을 품는 사람은 실패를 하면 낙담하게 되고 그 일을 쉽게 포기한다.

또 강한 자기 효능감을 갖고 있는 사람은 수행에 적절한 규칙을 발견하기 위해 자신을 의심하는 사람보다 더 효율적인 분석전략을 사용한다. 따라서 지각된 자기 효능감은 동기뿐만 아니라 전략에 의해 발생하는 효과를 통해 수행을 강화한다. 게다가 "강한 효능감을 갖고 있는 사람은 상황의 요구에 주의와 노력을 기울이기 때문에 장애에 직면하게 되면 더 많은 노력을 기울이게 된다. 반대로 환경적 요구에 직면해서 스스로를 효능이 없다고 생각하는 사람은 자신들의 개인적 결핍에 잠겨서 잠재적 어려움을 실제보다 더 힘겨운 것으로 인식한다."278) 이처럼 효능감은 동기, 분석전략, 주의집중에 관여함으로써 노력의 양과 지속성에 영향을 준다.

2) 효능감과 도덕적 행동

효능감이 도덕적 행동에 어떠한 영향을 주는가? 효능감은 도덕적 행동과 어떠한 관련성이 있는가? 이를 알아보기 위해서는 두 가지 측면을 고려해 볼 수 있다.

---

277) Ibid, p.42.
278) Ibid, p.44.

그 하나는 도덕적 행동 자체에 대한 효능감이 도덕적 행동을 유발하는가 하는 것이다. 이것은 효능감이 도덕적 행동과 관련성이 있는가에 관한 문제이다. 다시 말하면, 도덕적 행동에 대해 효능감을 갖고 있는 사람이 효능감을 갖고 있지 않은 사람보다 도덕적 행동을 더 많이 하는가 하는 것이다.

다른 하나는 효능감의 일반화의 문제이다. 이것은 어떤 한 분야에서 효능감을 갖고 있는 사람은 다른 분야에서도 효능감을 나타내는가 하는 것이다. 만약, 효능감의 일반화 문제가 가능하다면, 그것은 중요한 문제이다. 왜냐하면 우리는 대부분 도덕적 행동을 길러주기 위해 도덕적 행동에만 관심을 기울여 왔기 때문이다. 예컨대, 어떤 어린이가 일탈행동을 보이면 많은 사람들이 그 일탈행동에만 관심을 기울여 어떻게 하면 그 행동을 하지 못하게 할 수 있을까를 고민하였다.

그러나 효능감의 일반화가 가능하다는 것을 전제한다면, 일탈행동을 없애기 위해서는 다음의 방법도 가능하다. 일탈행동 자체만을 다루기보다는 오히려 일탈행동과는 별로 상관성이 없는 학업에서의 흥미나 다른 취미활동으로 관심을 돌려 그런 활동에서 효능감을 갖게 해주는 것이다. 그렇게 되면 도덕적 행동에도 효능감을 갖게 되고, 일탈행동도 자연스럽게 줄어들거나 사라지게 될 것이다.

그렇다면 위의 두 측면은 과연 타당성이 있는가? 먼저, 도덕적 행동에 대한 효능감이 도덕적 행동을 유발하는가부터 논의해 보자. 우리는 앞의 '효능감의 영향'에서 효능감이 높은 사람은 일의 수행성취에 있어 효능감이 낮은 사람보다 일의 성공률이 훨씬 더 높다는 것을 알 수 있었다. 우리는 이것을 통해 도덕적 행동에 대해서도 효능감이 높은 사람은 효능감이 낮은 사람보다 도덕적 행동을 할 가능성이 더 높을 것이라는 것을 유추해 볼 수 있다.

반두라에 의하면 "공격적인 수단에 대해 효능감이 높은 아이들은 보복적인 행동으로 표현되는 적대적 목표를 좋아하고, 분노하지 않아도 쉽게 공격적 수단을 사용하는 반면, 사회적 (prosocial) 수단에 대해 높은 효능감을 지각하고 있는 사람들은 상호간의 문제를 부드럽게 해결하려는 우호적 목표를 추구한다. 게다가 공격적인 수단으로 다른 사람을 통제하는데 대해 자신의 효능감을 믿지 못하는 사람은 설령, 다른 사람에게 적대적 의도가 있다는 것을 알았더라도 보복 행동을 하지 않는다."279) 따라서 효능감은 위에서 유추한 대로 도덕적 행동의 유발가능성을 높인다고 할 수 있다.

문제는 효능감은 도덕적 행동뿐만 아니라 공격행동도 그 발생가능성을 높인다는 것에 유의해야 한다. 그러므로 어린이에게 공격행동과 이탈행동은 억제하면서 동시에 도덕적 행동을 길러주기 위해서는 어린이에게 도덕적 행동을 할 동기와 능력이 있다는 것, 즉 그들에게 타인을 도울 수 있는 능력과 이타적 동기가 있다는 것을 말해주되, 공격행동과 이탈행동을 통해서는 그들이 얻고자 하는 것을 성취할 수 없음을 경험하도록 해줌으로써 공격행동에 대해서는 효능감을 갖지 못하게 해야만 한다.

다음은 효능감의 일반화 가능성에 대해 논의해 보자. 우리는 도덕적 행동을 다룰 때 행동 자체만 가지고 논하는 경우가 대부분이다. 그러나 학교나 사회에서 보면, 반드시 그러한 것은 아니지만, 학교에서 공부를 잘하고, 사회에서 주어진 과제를 잘하는 사람은 이탈행위도 적게 한다는 것을 알 수 있다. 이것에 동의한다면, 도덕적 행동은 분명 학업능력이나 과제의 수행능력과

---

279) A. Bandura, *Self-Efficacy: The Exercise of Control*, p.174.

관련이 있다는 것을 인정하지 않을 수 없다.

한편, 학교에서 일탈행동을 하는 학생들 대부분은 부적응 학생들이다. 그리고 학교에서의 부적응은 학업수행능력에서의 부적응이다. 한마디로 말해, 일탈행동을 하는 학생들 중 대부분은 공부를 잘하지 못하는 학생들이라고 할 수 있다. 이 말은 학업수행능력이 부족한 학생들은 일탈행동을 할 가능성이 더 높다는 것을 의미한다. 물론 지금의 이 주장은 매우 단정적이고 위험성을 내포하고 있다. 왜냐하면 학업수행능력이 부족한 학생들 중에는 매우 착하고, 규칙을 잘 준수하며, 도덕적 행동을 하는 학생들이 많이 있기 때문이다. 아니 분명히 학업수행능력이 부족한 학생들 중에는 학업수행능력이 우수한 학생들보다 더 규칙을 잘 지키고 더 많은 선행을 하는 학생들도 많이 있다. 그러나 역으로 일탈행동을 하는 학생들만 놓고 보면, 그러한 학생들 중에는 학업수행능력이 부족한 학생들의 비율이 더 높다는 것은 부정할 수 없을 것이다.

그러면 왜 학업수행능력이 부족한 학생이 일탈행동을 더 많이 하는지, 그 이유를 알아보자. 어떤 학생들은 학업에서 자신들이 기대하는 무엇인가를 얻을 수 없기 때문에 일탈행동을 통해 그것을 얻고자 할 수 있다. 또 어떤 학생들은 우연히 일탈행동을 접하게 되었는데, 일탈행동이 그들에게 어떤 즐거움을 주기 때문일 수도 있다. 또 어떤 학생들은 학교나 가정에서 인정받지 못하는 것에 대한 반항으로 일탈행동을 할 수도 있다. 이 밖에도 열거하지 않은 많은 이유가 있을 수 있다. 그러나 여러 가지 이유를 수렴해보면, 그러한 많은 이유들은 모두 학업수행능력의 부족과 자기조절능력의 부족에서 오는 것이라고 할 수 있다.

반두라는 "학업적 기술을 숙달하고, 자기의 학습을 조절하는 능력에 확신을 가진 사람들은 지적인 자기회의로 학업활동에 많은 노력을 기울이는 것을 매우 부담스러워 하는 사람들보다 좀 더 도덕적이고 친구들에게 더 많은 인기를 누리고 덜 거부 당한다."280)고 하였다. 이것은 바꾸어 말하면 낮은 인지적 효능 감은 또래와의 우호적 관계를 방해할 뿐만 아니라 사회적 소외 를 야기하는 공격적·이탈적 행동을 촉진시킨다는 것이다.

이와 같이 효능감에 대한 신념은 지적 성장뿐만 아니라 도덕 적 발달과정에도 영향력을 미친다고 할 수 있다. 요컨대 효능감 은 일반화 가능성이 있다고 할 수 있다. 문제는 이러한 일반화 가능성이 문제 행동에도 마찬가지로 영향을 미친다는 점이다. 예를 들어, 음주, 약물사용, 비행, 조숙한 성행위, 학업적 추구로 부터의 이탈 등과 같은 일련의 여러 활동 중 어떤 한 가지 문 제 행동에 자주 관여하게 되면, 그러한 행동은 다른 행동과도 관련이 되고 위험 정도가 높은 생활양식을 형성하게 된다. 따라 서 한 가지 문제 행동이 심각하지 않다고 판단되어 간과한다면, 그것은 다른 문제 행동으로 일반화될 수 있음을 알아야 한다.

라. 효능감의 형성과 교육

1) 효능감의 형성방법

반두라는 효능감을 형성하는 방법을 네 가지로 구별하여 제 시하고 있다. 첫 번째는 하위목표의 제시를 통한 성공경험이다. 두 번째는 모델링에 의한 방법이다. 세 번째는 성공할 능력이 있다고 말해주는 사회적 설득이다. 네 번째는 개인적 능력과 허 약을 나타내는 심리적 지시물에 대한 판단에 근거하고 있는 방 법이다.

---

280) Ibid, p.176.

이러한 구별은 '효능감의 발달'에서 반두라가 효능감 판단에 영향을 미치는 정보의 원천으로 이미 제시한 바 있다. 그래서 여기서는 그러한 구별에 의거해 볼 때, 효능감 형성을 위한 구체적 교육방법에는 어떠한 것들이 있는가를 위주로 살펴보겠다. 이와 관련하여 우리는 다음 같은 점들에 주목할 수 있다.

첫째 방법은 하위목표의 제시를 통해 성공경험을 하도록 하는 것이다. 효능감 형성에 영향을 미치는 요인은 많이 있다. 하지만 가장 중요한 요인은 직접적인 성공경험이다. 따라서 부모나 교사는 가능한 한 어린이가 해볼 만한, 또는 겁내는 여러 활동을 직접 해보고, 성공을 체험하도록 해 주어야 한다. 이때, 주의할 점은 어린이들이 너무 일찍 불필요한 실패를 경험하지 않도록 하는 것이다. 만약 어린이들이 발달의 초기단계에 실패를 경험하게 되면, 그들은 자신들의 효능을 불신하게 되어 오히려 역효과가 발생할 수 있다.

그러므로 성공경험에 있어서 중요한 것은 어떻게 하면 실패를 하지 않고 성공경험을 하도록 해 줄 수 있는가 하는 것인데, 어린이로 하여금 실패를 줄이고 성공경험을 많이 하도록 하는 방법은 과제를 부여할 때 하위목표를 함께 제시해 주는 것이다.

선크(D. Schunk)와 반두라는 하위목표의 제시가 수학적 기술에 심각한 결손이 있는 어린이의 동기와 자기효능에 어떠한 영향을 미치는지에 대해 연구하였다. 그들은 실험을 위해 산수능력에 아무런 확신도 없는 어린이를 선택하였다. 그리고 자기 지시적(self-directed) 프로그램을 개발하여 수학적 작용에 필요한 것들을 설명하였다. 어린이들 중 한 그룹은 매일 다른 학습을 하는데, 달성해야 할 매일의 하위목표를 가지고 자기 지시적 공부를 수행하였다. 다른 그룹은 미래의 어느 시기까지 모든 수학 기술을 학습하는 장기적 목표를 설정하였다. 또 다른 그룹의 어린이들은 아무런 목표도 없이 그 과정을 수행하였다. 그 결과 달성될 하위목표를 갖고 있는 어린이들은 보다 빨리 향상되었고, 수학적 효능에 대해 더 많이 확신하였으며, 단지 먼 목표만으로 스스로를 동기화하려 했던 학생들보다 수학에 대해 더 많은 관심을 보였다. 그들은 이것을 다음과 같이 해석하였다. 달성할 수 있는 하위목표는 동기를 끌어올려 지속시켰고, 하위목표의 달성은 수학적 효능감을 증가시켰다. 반면, 먼 목표는 성공할 수 있다는 생각을 갖도록 하는데 어려움을 겪게 했다. 뿐만 아니라 약간의 향상은 성공이라는 먼 기준과의 비교를 통해 빛을 잃었다.281)

이와 같이 매일 달성할 수 있는 하위목표는 성공경험을 통한 효능감 형성과 자기 동기화에 중요한 역할을 한다. 특히, 지속적인 노력을 잘하지 못하는 어린이의 경우, 그들에게 하위목표의 제시는 성공경험을 위해 반드시 필요하다고 할 수 있다.

둘째 방법은 모델링을 통해 효능감을 형성시키는 것이다. 모델은 행동과 사고의 표현 방식을 통해 지식을 전달하고, 관찰자에게 환경적 요구를 다루는 효과적인 기술과 전략을 가르친다. 이렇게 모델을 통해 학습한 효과적인 수단은 개인 효능감에 대한 신념을 상승시킨다.

반두라는 모델링을 통한 효능감 형성 프로그램을 다음과 같이 세 단계로 제시하고 있다. 첫 단계는 비디오테이프를 통한 모델링 제시이다. 이 단계에서는 먼저 비디오테이프를 통해 원형적 문제 상황을 보여준다. 그런 다음, 자기확신의 형성과 기술의 전달을 위해 제시된 문제를 효과적으로 처리하는 방법을 모델을 통해 보여준다. 그러면 문제 상황을 효과적으로 해결하는

---

281) Richard I. Evance, op. cit., pp.58-59.

데 필요한 기술과 전략에 대한 지식이 사람들에게 전달된다. 결국 참가자들은 새로운 기술을 이해하게 되고, 그들은 새로운 기술을 숙달할 기회를 갖게 된다.

두 번째 단계는 비디오테이프를 통해 전달된 기술을 숙달하는 것이다. 이 단계에서 참가자들은 자신들의 지식을 효과적인 기술로 전환함으로써 숙달을 획득한다. 이것은 대개 곤란한 상황에 대한 역할놀이(role-playing)를 통해 성취된다. 참가자들은 곤란한 상황을 연기해 보고, 그들이 성공하거나 문제를 갖고 있는 것에 관한 정보적 피드백을 받는다.

세 번째 단계는 숙달된 기술을 실제로 수행해 보는 것이다. 이 단계에서 참가자들은 자신들의 일에서 만나게 되는 문제를 숙달한 기술을 이용해 처리해 본다. 훈련을 받은 사람들에게는 매주 수행업무가 주어진다. 그들은 업무를 직접 해보고 성공한 것은 무엇이며, 실패한 것은 무엇인가를 떠올리며 토의를 한다. 그렇게 했는데도 만약 그들이 여전히 문제를 갖고 있다면, 하위 기술을 모델링하고, 그것들을 완성해 보도록 한다.[282]

이와 같이 모델링을 통한 효능감 형성 프로그램은 필요한 능력을 전달하고, 그 기술을 숙달할 환경을 제공하며, 그 기술을 매일의 상황에 적용해볼 것을 요구함으로써 효능감을 형성시키는 방법이다.

셋째 방법은 사회적 설득을 통한 효능감 형성이다. 사회적 설득은 말 그대로 어떤 사람에게 무엇인가를 할 수 있는 능력이 있다고 말해주는 방법이다. 그런데 이러한 사회적 설득은 필수적인 기술이 부족한 사람이나 자신의 능력이 부족하다고 믿고 있는 사람에게는 효과적이지 못하다. 따라서 사회적 설득은 모

---

282) Ibid, p.63.

델링이나 성공경험 등 다른 방법과 함께 사용할 때 효과적이다. 왜냐하면 "효능감을 확인할 수 있는 경험을 제공하지 않고, 삶의 과정을 형성하는 능력에 대해 단순히 말로만 하는 것은 공허한 설교가 될 수 있기 때문이다."[283] 그럼에도 불구하고 사회적 설득은 실제 교육현장에서 가장 쉽고 광범위하게 활용될 수 있는 방법이다. 만약 설득력 있는 교육자가 어떻게 하면 잠재적 능력을 실현시킬 수 있는가에 대한 지식을 제공하고, 장점과 약점에 대한 훌륭한 진단을 해준다면, 만족스럽지는 못할지라도 효과를 발휘할 수 있을 것이다.

"로렌스(Lawrence)는 거짓 성공에 의해 만들어진 믿음이 인지적 자기설득과정에 의해 획득될 수 있다는 증거를 제시하고 있다. 사람들은 그들이 성취했다는 말을 전해 듣게 되면, 자신들의 과거 성공경험으로부터 그 말을 지지할 만한 증거를 찾게 되고, 그럼으로써 자신이 그 활동에서 능력이 있다고 스스로를 설득하게 된다."[284]

따라서 부모나 교사가 어린이들에게 도덕적 행동이든, 과제수행이든, 그 분야에서 능력이 있다고 말해주는 것은 효능감 형성을 위해 의미 있는 일이 될 것이다.

네 번째 방법은 심리적 지시물에 대한 판단을 통해 효능감을 형성하는 것이다. 이 방법은 심리적 지시물에 의해 자신의 능력과 허약을 판단하는 것이다. 즉, 자신의 생리적 반응인 가슴 두근거림, 숨참, 땀 등의 해석에 따라 자신의 능력을 판단하는 것이다. 여기에서 중요한 것은 해석의 방법인데, 해석은 결국 사회적 명명인 사회적 비교·평가에 의해 영향을 받을 수 밖에 없다. 그러므로 여기에서 생각해 볼 수 있는 효능감 형성 방법은

---

283) A. Bandura, *Self-Efficacy: The Exercise of Control*, p.106.
284) Ibid, p.82.

신뢰할 수 있는 사람이 심리적 지시물을 비교·평가하여 해석자의 태도를 변경해 주는 방법이 있을 수 있다. 예를 들어, 대중 앞에 설 때, 경험하게 되는 가슴 두근거림을 자신의 능력에 대한 허약으로 받아들이는 사람에게 의사가 가슴 두근거림은 누구나 다 느끼는 심리적 반응이라고 말해준다면 그는 그것에 대한 해석을 다르게 할 것이다. 이와 같이 신뢰할 수 있는 사람의 사회적 평가는 해석자의 태도를 바꿔 효능감을 형성할 수 있는 한 가지 방법이 될 수 있다.

이상에서 효능감의 형성방법 네 가지를 살펴보았다. 그 중 가장 효과적인 것은 성공경험이다. 그러나 성공경험은 실제 경험을 통해서만 가능한 방법이기 때문에 한정적일 수 밖에 없다. 따라서 간접적인 방법이지만 효과와 시행의 용이성과 광범위성을 고려한다면 모델링이 가장 합리적인 방법이라고 할 수 있다.

2) 교육자의 교수 효능감과 학교의 집단효능감

이제 교육자인 부모나 교사의 효능감과 학교의 집단 효능감이 어린이들의 효능감에 어떠한 영향을 미치는가를 살펴 볼 필요가 있다. 결론부터 이야기하면 교육자와 학교의 효능감이 높으면 어린이들의 효능감도 높고, 교육자와 학교의 효능감이 낮으면 어린이들의 효능감도 낮다고 할 수 있다.

우리는 부모가 자녀들의 교육을 위해 교육환경이 좋은 곳으로 이사를 가거나 좋은 학교를 보내기 위해 많은 노력을 기울이는 것을 자주 보아왔다. 간혹 이렇게 말하는 사람도 있기는 하다. "교육환경은 중요한 것이 아니다. 모든 것은 자신이 할 나름이다"라고, 물론 이 말도 틀린 말은 아니다. 그러나 인간은 환경의 영향으로부터 벗어나 살아갈 수는 없다. 따라서 사람의 고유 특성 못지않게 교육환경도 중요하다.

위에서 언급한 '좋은' 교육환경, '좋은' 학교에서 '좋은'이라는 말이 의미하는 것은 무엇인가? 아마도 그것은 반두라의 견해를 빌려 이야기하면 '효능감이 높은'이라는 말로 바꿔 쓸 수 있을 것이다.

결국 우리는 효능감이 높은 교육환경에서 아이들을 교육시키고자 하는 것이다. 그 이유는 어린이가 효능감이 높은 학교에 다니면, 그 영향으로 어린이의 효능감도 올라갈 것으로 막연하지만 그렇게 믿고 있기 때문이다. 그러면 이러한 막연한 생각이 타당성이 있는가를 확인하기 위해, 교육자와 학교의 효능감이 어린이의 효능감 형성과 어떤 관련이 있는가를 논의해보자.

먼저, 깁슨(Gibson)과 뎀보(Dembo)는 교사들이 지각하고 있는 교수효능을 두 가지 차원에서 측정하였다. 첫 번째는 교사가 부진한 학생들의 학습을 동기화하고 촉진시킬 수 있다고 믿고 있는지에 대한 교사의 신념을 평가하였다. 두 번째는 교사가 자신들의 교육적 노력이 어린이의 교육발달에 어느 정도 영향을 미칠 수 있다고 믿고 있는가 하는, 그 범위를 측정하였다.

그들은 이러한 측정을 토대로 실제로 교사가 자신들의 학급에서 어떻게 행동하는가를 관찰해 보았다. 그 결과 높은 효능감을 갖고 있는 교사는 학업과 관계가 있는 교과 문제에 더 많은 시간을 소비하는 반면, 낮은 효능감을 갖고 있는 교사는 학업과 관련이 없는 오락 활동에 더 많은 시간을 활용하였다. 또 높은 효능감을 갖고 있는 교사는 학생들이 공부를 하지 않을 때는 매로 때려서라도 하도록 하고, 그런 다음 그들의 성공을 칭찬하였다. 그러나 낮은 효능감을 갖고 있는 교사는 어린이가 답을 찾아내지 못하면 쉽게 포기하고 그들을 비판하였다.[285]

---

285) Richard I. Evance, op. cit., p.64.

이처럼 효능감이 높은 교사는 어린이의 효능감을 높이기 위해 많은 노력을 기울이는데, 효능감이 낮은 교사는 효능감 형성에 별로 기여하지 못하거나, 심지어 방해를 하였다.

이것은 부모의 경우도 마찬가지이다. "자신들이 어린이의 발달에 중요한 역할을 하고 있다고 믿고 있는 부모는, 즉 높은 효능감을 갖고 있는 부모는 어린이들의 잠재적 능력을 개발하는 방식에 대해 믿음을 갖고 행동한다. 그들은 자신들의 어린이들이 효능감과 야망을 갖도록 해주며, 나아가서는 사회관계, 정서적 행복, 그리고 학업 발달에도 영향을 미친다."286) 그들은 "가정에서는 촉진적이고 보호적인 전략으로, 집밖에서는 보다 광범위한 공동체 속에서 종교적이고, 사회적인 조직과 친밀한 연계를 맺도록 해줌으로써, 어린이들의 능력을 북돋우는 데 적극적이다."287)

다음은 학교의 집단 효능감이 미치는 영향에 대해 논의해 보자. "학교는 어린이의 삶의 가장 중요한 시기에 그들의 인지적 능력개발과 사회적 비준을 위한 일차적 환경으로 작용한다. 학교는 어린이가 인지적 능력을 계발하고, 사회에 효과적으로 참여하는데 필요한 지식과 문제해결 기술을 습득하는 장소이다. 여기에서 그들의 지식과 사고기술은 계속해서 시험받고, 평가되고, 사회적으로 비교된다."288)

그리고 "교육의 근본 목표는 학생들로 하여금 스스로를 교육할 수 있는 자기조절능력을 갖도록 하는 것이다. 자기 지시능력(self-directedness)은 공식적인 학교교육에서의 성공뿐만 아니라 평생학습을 촉진시키는 것에도 영향을 미친다."289) 따라서

---

286) A. Bandura, *Self-Efficacy: The Exercise of Control,* p.191.
287) Ibid, p.194.
288) Ibid, p.174.

학교는 어린이의 삶에 있어서 무엇보다 중요한 자기조절 효능
감을 형성하는 곳이라고 할 수 있다.

한편, 학교는 개개의 교사들로 이루어진 것이 아니라, 하나의
분석단위이다. 그래서 여기에서는 학교의 집단 효능감이 그 학
교에 다니는 학생들의 효능감 형성에 어떠한 영향을 미치는가
에 대해 살펴보고자 하는 것이다.

위에서 언급한 것처럼 학생들의 효능감은 교사의 효능감과
관련이 깊다. 따라서 학교의 집단효능이 학생들의 효능감 형성
에 미치는 영향을 알아보기 위해서는 학교의 집단 효능감과 교
사의 효능감과의 관련성을 알아보면 된다.

반두라에 의하면 "높은 효능감을 갖고 있는 학교에서 오래 가
르칠수록 교사의 개인적 효능감도 더 높고, 낮은 효능감을 갖고
있는 학교에서 오래 가르칠수록 교사의 교수 효능감은 더 낮
다."[290] 즉 "성공적인 학교의 직원들은 그들이 학생들에게 유리
하게 기여하든지 또는 불리하게 기여하든지 간에 학습을 촉진
하는 강한 효능감을 갖고 있었고, 어려운 현실에 직면해서는 탄
력성이 높은 효능감을 갖고 있었다"[291]는 것이다. 따라서 학교
의 집단 효능감은 교사의 교수 효능감과 밀접한 관계가 있다.
그리고 학교의 집단 효능감이 교사의 효능감과 관련이 있다면,
학교의 집단 효능감은 분명 학생들의 효능감 형성에도 영향을
미친다고 할 수 있다.

이상에서 우리는 교사의 교수 효능감과 학교의 집단 효능감
이 어린이의 학업능력과 자기조절 효능감에 미치는 영향을 살
펴보았고, 이것들은 서로 밀접한 관련을 갖고 있었다. 그리고 효

---

289) Ibid, p.174.
290) Richard I. Evance, op. cit., p.67.
291) Ibid, p.66.

능감은 다른 영역으로 일반화된다는 것도 알 수 있었다. 즉, 효
능감은 도덕적 행동에 대한 효능감과도 관련이 있었다. 한마디
로 교사의 교수 효능감과 학교의 집단효능감이 높으면, 어린이
의 학업능력과 자기조절 효능감을 높일 수 있고, 학업능력과 자
기조절 효능감이 높은 사람은 도덕적 행동에 대한 효능감도 높
기 때문에 비도덕적인 일탈행동도 덜 한다고 할 수 있다.

VI. 도덕교육과 자기조절

반두라는 행위의 통제를 외적요인에 의한 통제와 내적요인에 의한 자기조절로 구별하고, 내적요인에 의한 행위조절이 보다 궁극적이라고 보았다. 따라서 반두라에 있어 도덕교육의 궁극적 목적은 결국 자기조절 능력의 형성이 된다.

1. 자기조절의 의미와 필요성

가. 자기조절의 의미

우리는 통상 행위의 규제라고 하면 외적규제에 의한 행위억제를 생각하게 된다. 물론 우리의 행동은 외적보상 및 처벌의 지배를 받고, 부모의 안내와 제재는 도덕성 발달에 많은 영향을 미친다. 그러나 부모나 다른 중요한 어른도 어린이의 행위를 안내하는데 지속적으로 영향을 미칠 수는 없다.

"사람들은 그들이 설사 어떤 안내를 받았더라도 자신이 가치 있다고 생각하는 것을 모델링하고, 해석하고, 강화한다."[292] 그리고 "당면한 환경을 배열하고, 인지적 기반을 창조하고, 그들 자신의 행동결과를 산출해냄으로써 자신들의 행동에 어느 정도 영향력을 행사할 수 있다."[293]

인간은 이처럼 환경과 내적요인 간의 상호작용적 영향 하에 있다. 따라서 인간의 행위를 외적보상과 벌의 산물로만 설명하

---

292) A. Bandura, *Social Learning Theory,* p.211.
293) L. A. Hjelle and D. J. Ziegler, op. cit., pp.275-276.

고자 하는 이론은 인간의 본성을 온전하게 설명한다고 보기 어렵다. 바로 이러한 면에서 반두라는 전통적 학습이론과는 달리 인간 행동의 많은 부분이 자기조절 된다고 대답한다. "어린이는 처음에는 다른 사람의 언어적 지시에 의해 행위를 통제하고, 나중에는 공공연한 외면적 자기 지시에 의해, 마침내는 내면적 자기 지시에 의해 자신의 행동을 통제한다."294) 예컨대, 사람들은 성장의 초기에는 자신의 행위를 결정할 때, 주로 신체적 제재와 외적통제에 의존한다. 그래서 어린이들은 처음에는 부모나 다른 어른들의 영향 하에 있을 수 밖에 없고, 부모의 안내와 제재에 의해 도덕적으로 행동한다고 할 수 있다. 그러나 성장하게 되면, 신체적 제재는 사회적 제재로, 외적통제는 내적통제로 대체된다. 따라서 도덕교육의 성공은 행위결정에 있어 신체적 제재나 외적제재의 영향력은 줄어들고 사회적 제재와 내적통제, 자기 지시의 영향력은 늘어나는 것을 의미한다.

한편, "로젠스키(Rozensky)와 벨락(Bellack)이 실험실 검사에서 확인한 바에 의하면, 스스로 자신의 행위를 효과적으로 자기조절 하는 사람은 그렇지 못한 사람보다 적극적인 자기 영향에 의해 자신의 노력을 더 잘 유지하며, 수행을 비교하여 자기 보상은 더 적게 하고, 자기 처벌은 더 많이 하는 경향이 있었다."295)

그런데 자기조절은 규칙들을 상세히 규정하는 식으로가 아니라 개괄적으로 안내하는 식으로 작용한다. 그래서 자기조절 될 활동이 복잡할수록, 그리고 자기조절 될 규칙들이 개괄적으로 말해질수록, 더욱 더 많은 판단 요인들이 그 과정에 참여한다. 따라서 자기조절과정은 지침 내에서의 판단을 요구하며, 완전히

---

294) A. Bandura, *Social Learning Theory*, p.190.
295) A. Bandura, *Social Foundation of Thought and Action*, p.354.

규정적일 수 없다. 왜냐하면 상황에는 너무나 많은 다양한 요소들이 있고, "자기조절은 한 가지 기술에 의존하기보다는 오히려 자신들의 행위를 추적하고, 스스로 중심목표를 정하며, 계획표를 작성함으로써 숙련된다. 또한, 자기조절은 자신들의 노력에 유인을 준다."[296]

많은 연구에 의하면, 어린이와 어른은 현실적 유인을 조정함으로써 자신들의 행위를 자기조절 한다. 예컨대, 자신들의 성취를 보상한 사람은 자기 유인없이 지시에 의해 같은 활동을 수행한 사람들보다, 그리고 계획적으로 보상이 주어지거나 성취에 대한 보상 없이 자신의 행동을 관찰하고 목표를 설정한 사람보다 많은 것을 성취하였다. 결국 자신의 행위를 자기조절 하는데 성공한 사람과 실패한 사람을 구별하는 요인 중의 하나는 자기 유인의 효과적 사용이었다. 따라서 자기 유인은 적어도 외적으로 주어진 유인보다 효과적이거나 더 나은 유인자가 된다.[297]

"샤터(Schachter)는 왜 자기치료가 임상치료보다 대체로 효력이 더 높은가에 대한 몇 가지 설명을 제시한다. 가장 효력이 없는 사람은 도움을 받기 위해 의사에게 의존하는 사람이다. 그런 사람은 치료가 매우 강력하지 않으면, 개인적이고 사회적인 많은 장애를 극복할 가능성이 적다. 또 다루기 힘든 행동은 단 한 번의 시도로 자기조절이 거의 일어나지 않는다. 성공을 위해서는 여러 번의 실패를 수반하는 계속된 노력이 있어야 한다. 삶의 과정을 통해, 우리는 성공이 반복된 노력 후에 나타난다는 것을 알고 있다."[298]

하지만, "이러한 두 가지 유인 체계의 상대적 힘은 개인적이

---

296) Ibid, p.354.
297) Ibid, p.351.
298) Ibid, p.353.

거나 외적통제에 대한 애호에 의해 부분적으로 결정된다. 자기지시적(self-directed)인 사람은 외적보상에 잘 반응하지 않는다. 오히려, 그들은 행위에 대한 안내와 유인을 외적 인센티브에 의존하는 사람들보다 자기 유인을 더 효과적으로 사용하며 이러한 수단으로 자신들의 행위를 더 잘 제어한다. 그렇다고 외적으로 지시 받은 사람은 자기 유인으로부터 도움을 받을 수 없다고 말하는 것은 아니다. 자기조절과정은 일방적이기보다는 호혜적이다."299)

다만, 여기에서 말하고자 하는 것은 사람들은 성장함에 따라 그리고 사회화됨에 따라 행동을 결정할 때, 비율 면에서 내적지시나 통제에 더 많이 의존하게 된다는 것이다. 사회학습이론에서는 이것을 자기조절이라고 불렀으며, 사회학습이론가들은 보는 사람이 없는데도 유혹에 저항하는 과정을 내면화라기보다는 바로 자기조절로 보았다. 그 이유는 내면화된 것처럼 보이는 많은 행동도 어느 정도는 외적목표에 의해 지배를 받고 있기 때문이다.

나. 자기조절의 필요성

1) 만족의 연기와 문화

인간은 의지를 가진 존재이다. 그래서 현재 충족 가능한 만족을 미래를 위해 억제하거나 연기함으로써 스스로에게 장애를 부과하기도 한다.

그런데 우리는 "만족을 연기하는 것이 외적조건이나 강제에 의해 개인에게 부과되었을 때, 이것을 좌절이라고 말하고, 스스

---

299) Ibid, p.351.

로에 의해 부과되었을 때는 자기조절(self-control)이라고 부른
다."300) 또 "즉시적 만족을 자의적으로 물리치는 능력, 즉 스스로
보상에 대한 연기를 참아내는 것을 '의지력(will power)' 또는
'자아강도(ego strength)'라고 한다."301)

우리는 어떠한가? 우리는 항상 이러한 자기조절능력, 의지력,
자아강도를 시험받고 있다. 우리는 장래의 불확실한 보상보다는
눈앞의 실질적인 즐거움에 유혹 받을 뿐만 아니라 눈앞의 쾌락
과 먼 후일의 훨씬 가치로운 것 중의 하나를 선택해야만 하는
상황에 놓이게 된다.

이것은 "에덴동산에서 뱀이 이브에게 사과를 권했을 때, 이브
가 당면했던 문제이기도 하고, 자신이 탄 배가 아주 매혹적인
사이렌의 노랫소리가 들리고 있는 곳을 지나가고 있을 때, 율리
시스가 당면했던 문제이기도 하다. 만약 이브가 달콤한 사과를
먹었다면, 아담과 이브는 추방되었을 것이며, 만약 율리시스가
사이렌의 노랫소리가 들리는 곳으로 가까이 다가갔다면, 배는
해안에 부딪쳐 부서졌을 것이다. 장기적인 안목에서 본다면, 이
브에게 있어서 더 큰 기쁨은 에덴동산에 머무는 것이고, 율리시
스에게 있어서 그것은 살아남는 것이다."302) 이처럼 만족의 연
기는 궁극적으로 보면 더 큰 이익을 위한 일시적인 자기조절이
라고 할 수 있다.

그렇다면 만족의 연기는 위의 설명처럼 개인적인 차원의 문
제인가? 만족의 연기는 사회생활, 즉 문화와도 밀접한 관계를
갖고 있다. 만약 사람들이 만족의 연기를 하지 않는다면 사회는
유지될 수 없을 것이다.

---

300) Walter Mischel, op. cit., p.379.
301) Ibid, p.379.
302) James Q. Wilson, op. cit., p.80.

사회역사학자 엘리아스(N. Elias)는 중세 유럽 말기 유럽인들의 생활을 그 예로 들고 있다. "중세말기의 유럽인들은 자신의 욕구나 감정을 직접적이고 즉각적으로, 또 강하게 표현하는데 익숙해 있었다. 그러한 환경 하에서는 사람들이 고기를 잡기 위해 다른 사람 앞으로 손을 내밀거나, 고기를 자르려고 칼을 휘두르는 등의 순수한 행동이 모욕이나 협박으로 간주되어 폭력적인 싸움으로 확대되었다."303) 이와 같이 만족의 연기가 습관화되어 있지 않은 사회는 홉스(T. Hobbes)가 말한 자연상태처럼 투쟁상태로 발전할 가능성이 높다.

사회관계에서 문화는 그 사회의 유지를 위해 사람들에게 만족의 연기를 요구하고 그와 함께 충동을 조절할 수 있는 규범 등을 필요로 하게 된다. 가장 단순한 농경사회나 가족 공동체에서도 만족의 연기를 요구하고 격식을 필요로 한다. "우리가 예의를 표시하고 관습에 따라 옷을 입는 것도 다른 사람, 특히 낯선 사람에게 자기조절능력이 있음을 보여주는 것이다."304) 이처럼 문화는 만족의 연기의 산물이라고 할 수 있다. 결국 만족의 연기는 개인에게는 보다 큰 만족을 위한 것이고, 사회적 측면에서는 사회의 유지 존속을 위한 것이다.

하지만 이러한 만족의 연기도 상황에 따라 다르게 발생한다는 것을 우리는 알아야 한다. 즉, 바라고 있고 필요하기는 하나 현재는 도달할 수 없는 목표 대상을 달성하기 위해 다른 즉시적 만족을 연기하는 경우와, 바라고 있고 필요하기는 하나 지금 그 대상을 얻을 수 없어 그 대상 자체에 대한 즉시적 만족을 연기해야 하는 경우에 따라 만족을 연기하는 전략이 다르다.

먼저, 어떤 목표를 달성하기 위해 다른 즉시적 만족을 연기해

303) Ibid, p.83.
304) Ibid, p.84.

야 하는 경우부터 살펴보자. 이것은 연기로 인해 발생하게 될 결과에 주의를 집중시키는 것으로 기다리고 있는 대상으로 시선을 돌리도록 하고, 마음속에 그려보게 하며, 상기하게 함으로써 사람들의 연기를 도와주는 것이다.

"연기된 만족을 더 두드러지게 하거나, 더 눈에 잘 보이게 하는 것은 연기된 결과를 보다 구체화하는 것으로, 이것은 기다리게 되면 그러한 연기 결과를 이용할 수 있을 것이라는 주관적 확신을 증가시킴으로써 기다리고자 하는 사람의 의도를 높이는 것이다.

그러므로 우리는 사람들이 연기된 대상을 신뢰하고 더 가깝게 느끼도록 함으로써, 즉 연기된 대상에 대한 상징적 표현이나 구체적 단서를 스스로에게 제시하도록 함으로써 연기된 대상을 보다 확실한 것으로 전환할 때 자의적 연기 행위를 더 쉽게 할 수 있다."[305]

반면, 바라고 있고 얻고자 하는 대상 그 자체를 연기하고자 할 경우는 그 반대이다. 이 경우는 얻고자 하는 대상에 주의를 집중시키게 되면, 오히려 고통을 증가시킬 수 있다. 따라서 이 경우는 오히려 고통스러운 기다리는 상황을 더 기쁘면서도 기다림이 없는 상황으로 전환해야만 한다. 그러기 위해 사람들은 자신들이 기다리고 있는 대상에 주의를 집중시키기보다는 주의 기울이기를 회피해야만 한다.

어떤 어린이들은 회피하기 위해 자신들의 눈을 손으로 가렸고 머리를 팔위에 얹어 놓았다. 그들은 자신과 대화를 하였고, 노래를 불렀고, 손과 발로하는 게임을 생각해 냈으며, 심지어 다른 모든 기분전환이 바닥났을 때에는 한 어린이가 성공적으로 했던

---

305) Walter Mischel, op. cit., p.385.

것처럼 기다리는 동안 잠을 자려고 하였다. 이처럼 이 경우는 연기된 보상자극에서 스스로 주의를 돌리는 것이 일시적인 보상의 연기를 메우는 핵심수단이 된다. 즉, 기다리고 있는 것에 대해 생각하지 않는 것을 배우는 것이 결과에 대하여 생각하는 것보다 훨씬 더 효과적으로 만족의 연기를 할 수 있다. 우리는 배가 고플 때 음식이 보이지 않고 냄새가 나지 않는다면 식사를 기다리기가 더 쉽다306)는 것을 경험을 통해 알고 있다.

이와 같이 만족을 연기하는 방법도 무엇을 연기해야 하는가에 따라, 즉 상황에 따라 전혀 다르다. 따라서 교육자는 만족의 연기를 효과적으로 이끌어내기 위해서는 상황을 고려하여 주의집중을 요구할 것인지, 아니면 주의전환을 요구할 것인지를 결정해야만 한다.

2) 자기조절능력의 결핍과 과다 행동성

앞에서 우리는 자기조절능력이 사회생활의 필수요소라는 것을 살펴보았다. 이 말은 역으로 표현하면, 자기조절능력이 결핍되어 있는 사람은 사회생활을 정상적으로 할 수 없거나, 사회생활에서 문제행동을 할 가능성이 더 높다는 것을 의미하는 것이다.

아동발달 전문가들은 자기조절능력이 부족한 경우를 과다 행동성이나 주의력 결핍장애라고 부른다. 과다 행동성이나 주의력 결핍장애를 갖고 있는 사람은 다음과 같은 세 가지 행동특성을 나타낸다. 첫째는 방심으로, 대체로 자기조절능력이 결핍되어 있는 사람은 마음이 풀어져 있기 때문에 집중력이 떨어지고, 다른 사람의 말을 주의 깊게 듣지 않을 뿐만 아니라 산만하고 과업

---

306) Ibid, pp.387-388.

을 끝까지 완수하지 못하는 특성을 지니고 있다. 둘째는 충동성이다. 자기조절능력이 부족한 사람은 충동적이기 때문에 생각보다는 행동이 앞서고, 참을성이 부족해 자기순서를 기다리지 못하며, 이유 없이 한 과업에서 다른 과업으로 옮기는 성향이 있다. 셋째는 과다행동이다. 자기조절능력이 없는 사람은 과다행동 성향이 있어 가만히 앉아 있지 못하고, 안절부절못하며 불안해 할 뿐만 아니라 주변을 배회하기도 한다.

따라서 과다 행동적인 어린이는 집중하는 기간이 짧고, 충동적이기 때문에 비행을 저지를 가능성이 높다. 아니 비행을 저지르지 않는다 할지라도 직업을 오래 유지하지 못하고, 지속적인 감정 관계도 갖지 못하는 불안정한 어른이 되는 경우가 많다. 또, 그들은 지나치게 자극되어 있어 밖에서 즐거움을 찾으려 하고, 아무런 소득도 없이 재빨리 한 과업에서 다른 과업으로 옮겨간다. 따라서 이들은 비행을 저질러 범죄자가 되지 않을지는 모르지만 정상적인 사회생활을 영위하기는 어렵다고 할 수 있다.

이러한 과다행동성의 원인은 무엇인가? 만약 우리가 그 원인을 밝힐 수 있다면, 우리는 그 처방책도 찾을 수 있을 것이다. 루터(M. Rutter)와 가메지(N. Garmezy)는 기질과 가정, 즉 환경이 동시에 작용해서 과다행동 특성을 발생시킨다고 본다. 과다행동적 특성을 갖고 있는 아이들은 자신들의 그러한 기질을 악화시키는 인간관계 환경을 만들고, 다시 인간관계 환경은 그들의 과다 행동적 특성을 촉진시키는 형태의 점증적 순환을 하게 된다. 게다가 그러한 순환은 부모가 어린이의 충동적 성향을 함께 공유하고 있는 경우, 더 잘 일어난다.[307]

이것은 교육적 접근 가능성 측면에서 보면 기질보다 환경이

---

307) James Q. Wilson, op. cit., p.90.

226

더 중요한 변수가 된다. 왜냐하면 설령 과다행동성의 발생 원인을 분석한 결과 기질의 비중이 더 크더라도 기질은 유전적, 생물학적 특성이기 때문에 교육적 접근이 어렵다. 따라서 원인에 대한 비중과 무관하게 우리는 환경에 더 많은 비중을 두어 접근할 수 밖에 없다.

실제로, 어떤 어린이가 충동적이거나 과다 행동적 기질을 갖고 있더라도 그들이 어떤 환경에 처해 있느냐에 따라 그 기질이 나타나지 않을 수도 있다. 그래서 "충동성과 과다행동성은 가정에서 자란 아이들보다는 고아원 등 보호시설(institutions)에서 자란 아이들 중에 더 흔하게 나타나는 경향이 있다.

만약 어떤 아이가 가정에서 양육되었음에도 불구하고 충동성과 과다 행동성을 나타내었다면, 그 아이의 어머니는 비판적이고 아이를 인정해주지 않거나, 아이의 의견에 잘 동의를 하지 않으며, 처벌적이고, 애정이 결핍되어 있는 경우가 많다."308) 반면, "충동적이지만 이해력이나 동정심, 부모의 애정 등 다른 것이 정상인 어린이들은 주의력 결핍이 없는 다른 사람들과 마찬가지로 법적 문제를 일으키지 않았다."309) 따라서 과다 행동적 기질을 타고났더라도 가정환경이나 부모의 영향에 따라 그것이 나타날 수도 나타나지 않을 수도 있다. 그러므로 교육적 접근가능성 측면에서는 기질보다 환경이 더 중요한 변수이다.

이것은 웨너(E. Werner)와 스미스(R. Smith), 잭(Jack)과 블록(J. Block)의 연구에서 증명된다. "웨너와 스미스는 하와이의 카우와이 섬에서 성장한 수백 명의 아이들을 추적하였다. 그 결과 학습 장애와 과다 행동성을 가장 성공적으로 극복한 아이들은 그들의 부모가 애정이 풍부하고, 언행이 일관성이 있으며, 확

---

308) Ibid, p.89.
309) Ibid, p.87.

고한 신념을 가진 사람들인 경우였다.

잭과 블록은 그들이 분석한 자료에 의하면, 자기조절능력이 부족한 아이들은 갈등이 있는 가정에서 자랐으며, 부모들이 그들의 아이들에게 규칙을 가르치거나 책임감을 갖도록 하는데 게으른 사람들이었다."310)

요컨대, 아이들이 충동적이거나 과다 행동적이지 않도록 하기 위해서는 ① 부모가 비판적이고 처벌적이기보다는 먼저 사랑과 애정을 갖고 있어야 하고, ② 규범을 가르치는데 일관성이 있어야 하며, ③ 책임감을 갖도록 지속적으로 노력해야만 한다.

3) 자기조절능력의 도덕적 특성

현대사회에서 흔히 발생하는 비도덕적 행위인 흡연, 마약중독, 강간, 도둑질과 같은 많은 문제 행동들은 근본적으로 충동성에서 발생하는 것이다. 그런데도 학자들은 동정심에 더 관심을 두었고, 자기조절에 대해서는 거의 관심을 기울이지 않고 있다. 이로 인해 사람들은 자기조절을 동정심이나 평등성에 비해 도덕적 문제로 인식하고 있지 못하고 있다. 게다가 어린이의 도덕성 발달에 관한 많은 책들도 감정이입이나 이타주의에 대해서는 아주 많은 언급을 하면서 자기조절이나 충동성에 대해서는 별다른 이야기를 하고 있지 않다.311)

우리 속담에 "참을 인(忍)자 셋이면 살인도 면한다"라는 말이 있다. 이 말은 아무리 분한 일이 있어도 꾹 참으면 위기를 모면할 수 있다는 말이다. 참는다는 것이 무엇인가! 그것은 다른 말로 하면 자기조절이라고 할 수 있다.

"우리는 자기조절능력이 부족한 어른들을 보면 아이 같다고

---

310) Ibid, p.90.
311) Ibid, p.85.

비난한다. 성장은 어찌 보면 어린애 같은 충동적 행동을 자기조
절 하는 방법을 배우는 것이라고 할 수 있다."312)

왜 우리 인간은 자기조절능력을 길러야만 하는가? 그것은 아
마도 사회생활을 하기 때문일 것이다. 자기조절능력이 없는 사
람은 일반적으로 자기 파괴적이거나 자기 중심적이어서 그런
사람들이 많으면 사회가 유지되기 어렵다. 따라서 자기조절능력
은 사회생활의 필수적 요소이고, 자기조절능력이 이처럼 인간
사회성의 본질과 연관되어 있는한 자기조절은 분명 도덕적 차
원의 문제이다.

우리는 일반적으로 자기조절능력이 있고 동정심이 있는 사람
을 좋게 생각하는 경향이 있다. 그 이유는 "절도(temperate)가
있는 사람은 절도가 없는 사람보다 우리의 애정에 보답을 더
잘하고, 유혹에 잘 넘어가지 않으며, 약속도 더 잘 지킨다. 그리
고 인정이 있는(sympathetic) 사람은 매정한(hardhearted) 사람
보다 우리가 곤경에 처했을 때, 더 많이 도와주려 하고, 우리의
기분을 더 많이 고려한다. 따라서 우리는 절도 있고, 인정이 많
은 사람과 사귀는 것이 보다 더 편안하기 때문에 그들을 칭찬
한다."313)

우리는 자기조절을 위에서 언급한 것처럼 충동성 하고만 관
련지어서 생각하는 경향이 있다. 그러나 자기조절은 충동성에만
관련되는 것이 아니다. 자기조절은 사려적 행위와도 밀접한 관
련이 있다. 우리는 사려적 행위지만 그것이 칭찬받을만 하지 못
하거나 도덕적이지 못할 때, 그것을 스스로 통제할 수 있는 능
력도 지니고 있다. 예를 들어, "대부분의 범죄자들은 매우 충동
적이다. 그들은 일의 결과에 대해 거의 생각하지 않고 차를 훔

---

312) Ibid, p.82.
313) Ibid, p.82.

치거나 지갑을 소매치기 한다. 그들은 위험을 최소화하거나 이익을 최대화하기 위해서도 거의 노력을 기울이지 않는다. 그러나 어떤 범죄자들은 이러한 쉬운 대상보다는 잡힐 가능성은 낮으면서도 훨씬 더 많은 돈을 획득할 수 있는 신중하게 계획된 도둑질이나 횡령을 더 좋아한다.”314) 이런 면에서 보면, 전문적인 도둑들은 많은 자기조절능력을 발휘한다고 볼 수도 있다.

그러나 우리는 그들이 사용한 기술에 대해서 감탄을 하기는 하지만, 그 기술을 진정한 의미의 자기조절로는 보지 않는다. 왜냐하면 참된 의미의 자기조절은 이익이 될 뿐만 아니라 칭찬도 받을 만해야 해야 하기 때문이다. 요컨대, 도덕적 측면에서 자기조절이 갖는 중요성은 충동억제, 유혹의 억제뿐만 아니라 상당한 자기조절능력을 요구하며 사려 깊은 행위이지만 그 행위가 비도덕적인 행위인 경우 스스로를 통제하여 비도덕적 행위를 하지 않는데 있다.

또 자칫 잘못 생각하면, 자기조절이 인간으로서 어쩔 수 없이 짊어져야만 하는 멍에나 욕망의 억제라고만 생각할 수 있다. 그러나 궁극적으로 보면, 자기조절은 결국 당사자에게 더 큰 이익을 가져다주는 행위, 즉 보다 큰 가치의 추구를 위한 일시적인 만족의 연기이기도 하다.

우리는 흔히 도덕성의 가장 대표적인 특징으로 양심을 들고 있다. 그리고 양심을 프로이트의 주장처럼 욕망의 억제와 처벌에 대한 두려움으로 생각한다. 그러나 이것도 올바른 생각은 아니다. 양심도 자기조절과 마찬가지로 욕망의 억압에서만 생겨나는 것이 아니다. 애정 욕구와 자기지시에서도 생겨난다.

“애정에 대한 욕구가 가장 강할 때 가장 강한 양심이 발달한

---

314) Ibid, pp.80-81.

다. 또한 가장 강한 양심을 갖고 있는 사람은 가장 강하게 공격성을 억압한 사람이 아니고, 가장 강한 협력관계를 발달시킨 사람이다."315) 게다가 "양심은 단지 우리에게 강요된 것이 아니라, 사람답게 되는 것이 무엇인가, 스스로 삶을 살 수 있다는 것이 무슨 말인가를 생각함으로써 스스로에게 강요한 것이다."316)

이처럼 자기조절능력이 있는 사람과 최고의 양심을 소유한 사람은 많은 고통을 감내해야만 하는, 즉 개인적인 손해를 감수하면서, 스스로를 희생만 시키는 그런 사람이 아니다. 자기조절은 외적강제의 산물이기도 하지만 보다 큰 만족을 위한 즉시적 만족의 연기이기도 하며, 스스로에게 동기를 부여함으로써 스스로를 통제하는 자발적 행위이기도 하다. 한마디로, 자기조절은 개인적으로 억제와 희생만 있는 것이 아니고, 자신에게 보다 큰 이익을 가져다주기도 하며, 사회적으로 가치롭기도 한 것이다. 이것은 자기조절능력과 사회계층과의 관련성을 통해 증명된다.

사회에는 대체로 두 가지 계층이 있다. 하나는 소위 말하는 상류계층이고, 다른 하나는 하류계층이다. 상류계층에 해당하는 사람들의 행동 특성은 대체로 ① 연기된 보상이나 목표를 위해 기다리거나 일을 하며, ② 미래 지향적이고, 먼 목표를 달성하기 위해 신중하게 계획을 세우고, ③ 더 많은 신뢰와 도덕적 책임을 지려고 하며, ④ 통제되지 않은 충동을 덜 보여주는 경향이 있다. 요컨대, 이들은 높은 자아강도, 보다 높은 지성, 보다 성숙된 인지발달, 보다 높은 주의집중력을 보이며, 만족을 끊임없이 연기하는 정서적으로 자기 조절된 사람으로 특징지어 진다.

반면, 하류계층에 해당하는 사람들의 행동 특성은 ① 즉시적 만족을 좋아하고, ② 보다 크고 연기된 만족을 위해 기다리거나

---

315) Ibid, p.105.
316) Ibid, p.115.

일을 하는 것을 거부하며, ③ 미래보다는 가까운 현재와 더 많이 관계되어 있고, ④ 더 큰 충동성과 관계되어 있다. 이들은 오랜 기간을 요하는 목표와 조화를 이루지 못하는 충동적인 사람, 자기조절능력이 부족한 사람으로 특징지어 진다.317) 이처럼 자기조절능력은 사회계층과 상관성을 갖고 있다. 이는 자기조절능력이 개인적 측면에서도 보다 큰 이익이고, 사회적으로도 가치로운 것이라는 것을 입증해 주는 증거가 된다.

지금까지 자기조절능력의 도덕적 특성에 대해 살펴보았다. 자기조절능력이 높은 사람은 대부분 이탈에 대해 높은 저항을 보여주었고, 성취에 대한 열망, 사회적 책임감, 자아통제에 대한 지표에서도 긍정적 태도를 나타내었다. 따라서 자기조절능력은 궁극적으로 개인과 사회에 보다 큰 혜택을 가져다주는 미덕으로 누구에게나, 어떤 사회에서나 추구되어야만 하는 가치로운 것이라고 할 수 있다.

2. 도덕교육의 목적과 자기조절의 의의

도덕교육을 할 때, 도덕교육의 목적이 되는 도덕적 인간상을 어떻게 규정하는가 하는 것은 매우 중요하다. 통상 도덕교육의 목적으로 묘사하고 있는 인간상은 너무 추상적이고 이상적인 경우가 많다. 물론 혹자는 도덕교육의 목적인 도덕적 인간상이 이상적이지 않거나, 너무 구체적이면, 목적으로 설정하기에 부족하다고 생각하는 사람도 있을 것이다. 그러나 문제는 목적이 너무 추상적이거나, 너무 이상적이면 실제로 이루어지는 도덕교육

---

317) Walter Mischel, op. cit., pp.399-400.

과 별로 관계가 없는 '목적을 위한 목적'이 될 수 있다는 것이다. 만약 현실적으로 이루어지고 있는 도덕교육을 통해 추구하고자 하는 인간상에 도달할 수 없다면, 그것은 교육적 의미가 거의 없다고 볼 수 있다. 또한, 인간상이 너무 이상적이고, 추상적이면, 그 자체로는 의미가 있지만, 거기에서는 실현 가능한 도덕교육방법을 추론 해내기가 어렵다.

인간은 현실을 떠나서 살아갈 수 없는 존재이다. 그런데도 목적으로서의 인간상을 현실과는 너무도 거리가 먼, 그래서 도저히 도달 불가능한 것으로 설정한다면, 그것은 인간을 지나치게 이상화해서 생각하는 것이다.

인간의 능력은 한계가 있으며, 인간은 선한 것만 좋아하지도 않는다. 사회적 현실 또한 도덕적으로 바람직한 상황만 주어지는 것이 아니며, 비도덕적인 요인이 주변에 상존하고 있다. 따라서 도덕교육의 목적은 이러한 현실적 상황을 충분히 고려하고 현실에 바탕을 두어야 한다.

요컨대, 도덕교육의 목적은 모든 현실적 상황을 고려해야 할 뿐만 아니라 인간을 너무 이상화하지도 말고, 있는 그대로 인정할 것은 인정한 상태에서 목적을 정하되, 노력을 통해 실현 가능해야 하며, 어느 정도는 구체적이어서 교육을 하는 교육자와 교육을 받는 학생이 어떻게 하면 목적에 도달할 수 있는가를 머리 속에서 그릴 수 있어야 한다.

아리스토텔레스는 인간의 궁극적 목적을 행복이라 하였는데, 이것은 어찌 생각하면 상당히 이상적이고, 추상적인 것 같지만, 실은 상당히 구체적이고 현실적인 목적이다. 우리는 어떤 시기마다, 실제로 행복을 느끼고 있으며, 이 행복은 많은 노력을 통해서만 느낄 수 있는 것도 아니다. 아리스토텔레스는 이러한 행복을 느낄 수 있는 방법도 구체적으로 제시하고 있다. 아리스토텔레스는 행복을 느끼는 방법을 인간의 가장 대표적 특징이라고 할 수 있는 이성의 최대한의 발휘에서 찾고 있다. 인간이 느끼는 행복이므로, 인간의 특징에서 찾는 것은 당연할 것이다. 그리고 이성을 최대한 발휘했을 때, 취할 수 있는 행동으로 구체적인 중용의 행동, 즉 절약, 용기 등을 제시하고, 이것에 따라 행동하면 행복을 느낄 수 있다고 하였다. 이처럼 목적은 구체적이고, 실제 생활을 통해 달성할 수 있는 것이어야 목적으로서의 가치가 있는 것이다.

이제 우리는 무엇을 도덕교육의 목적으로 삼아야 할 것인가를 생각해 보아야 한다. 현실적인 면에서 생각해 볼 때, 비도덕의 문제가 발생하는 것은, 다른 사람과의 관계에서이다. 다른 사람을 배려하지 못하고, 자신의 입장만 생각하여 행동 한다든지, 자신의 이익과 충동 때문에 다른 사람에게 해가 되는 행동을 하는 경우 등이다. 조금은 극단적인 표현이 되겠지만, 만약 아무도 다른 사람에게 해가 되는 행동을 하지 않는다면, 비도덕의 문제는 발생하지 않을 것이다. 따라서 남을 배려하고, 남에게 해가 되는 행동을 하지 않는 사람을 길러 내는 것을 도덕교육의 목적으로 삼는다면, 소극적 표현이지만 가장 현실적인 목적이 될 수 있다.

그런데 남을 배려하고, 남에게 해가 되는 행동을 하지 않는 사람은 자신을 자기조절 할 수 있는 사람이다. 자신을 자기조절 할 수 없는 사람은 충동에 따라 행동하거나 자신의 입장만을 고수하기 쉽다. 왜냐하면 극기할 수 있는 사람, 자신을 통제할 수 있는 사람, 자기조절 할 수 있는 사람만이 자신의 입장에서 한 발짝 물러서서 생각할 수 있는 기회를 가질 수 있기 때문이다.

게다가 자기조절은 말할 때, 행동할 때, 생각할 때처럼 우리의 생활 속에서 실천이 가능하고, 누구나 쉽게 이해하고, 추구할 수 있는 구체적인 행위 지침이 될 수 있으므로 도덕교육에서도 적용이 용이하다. 또한 만약 모든 사람이 자기조절 할 수 있어 남을 배려하고, 남에게 해를 끼치지 않을 수 있다면, 사회적인 측면에서 더 이상 비도덕의 문제는 발생하지 않을 것이다.

결국, 자기조절은 너무 이상적이지 않다는 면에서, 그리고 비도덕의 문제를 줄일 수 있다는 면에서 도덕교육의 목적으로서 타당성이 있다고 생각된다.

3. 자기조절의 형성과 교육방법

지금까지 인간의 행동결정에 자기조절이 갖는 의미와 인간의 삶에 자기조절이 필요한 이유, 그리고 자기조절을 도덕교육의 목적으로 설정하는 타당성 여부 등에 대해 살펴보았다.

이제 여기에서는 이러한 자기조절이 어떻게 형성되는지, 또 자기조절을 형성시키기 위해서는 어떤 교육방법이 필요한지를 살펴보자.

가. 자기조절의 형성과정

자기조절의 형성과 관련된 많은 이론은 부정적 피드백을 통한 통제체계에 토대를 두고 있다. "통제체계의 기본구조는 행위 감시, 비교측정, 실수를 바로잡는 절차 등을 포함한다. 그 체계는 불일치를 줄이는 기제(機制)를 통해 행위에 동기를 부여하거나 규제하는 기능을 한다. 즉, 수행과 수행에 관련된 기준 사이의 불일치는 부조화를 줄이도록 자동적으로 행위를 촉발시킬 뿐만 아니라 행위기준에 도달하도록 스스로의 행위를 자기조절하도록 한다. 그래서 부정적 피드백을 통해 불일치를 줄이는 것이 행위의 자기조절에 중심적 역할을 한다."318) 그러나 반두라는 부정적 피드백을 통한 통제체계는 수행이 기준에 부합하게 되면 사람들은 아무 것도 하지 않게 되기 때문에 인간의 동기과정을 제대로 설명하지 못한다고 보았다.

사람들은 피드백을 받지 않고도 목표를 적용함으로써 스스로를 동기화 한다. 따라서 부정적 피드백 통제체계는 행위의 지속에는 도움을 줄 수 있으나, 현상의 반만 설명할 뿐 더 흥미 있는 나머지 반에 대해서는 아무 것도 말해주지 못한다. 사람들은 능동적이고, 열망을 갖고 있으며, 이러한 그들의 능력은 단순히 결과에만 반응하기보다는 미리 적응 통제를 할 수 있게 만든다. 즉, 인간의 자기 동기화는 불일치 생산과 불일치 감소 둘 다에 의존한다.

이러한 견해에 따라 반두라는 인간의 자기조절 과정을 다음과 같이 세 가지 하위과정으로 나누어 설명하고 있다.

첫 번째는 행동에 대한 자기관찰(self-observational)이다. "행동에 대한 자기관찰은 단순히 기계적인 추적과 기록과정이 아니다. 자기관찰은 종종 자기 반응적 영향을 이용한다. 따라서 자기관찰은 자기조절의 일관된 과정으로부터 분리될 수 없다."319) 그리고 "자기관찰은 자기조절과정에서 적어도 두 가지 중요한 기능을 한다. 하나는 실제적인 수행기준을 수립하는데 필요한 정보를 제공하는 것이다."320) 사람들은 자기관찰을 통해 개념과 행동 간의 불일치를 발견하고, 수정하기 위한 정보를 제

---

318) A. Bandura,, "Self-Regulation of Motivation and Action through Goal System," pp.46-47.
319) A. Bandura, *Social Foundation of Thought and Action*, pp.339-340.
320) Ibid, p.337.

236

공받는다. "만일 사람들이 자기가 하는 행동을 관찰하지 못한다면 훌륭한 개념을 이행하기 위해서 노력한다 해도 능숙한 행동을 산출하지 못할 것이다."[321] 이처럼 자기관찰은 자기 진단적 장치로서 기능을 한다. 다른 하나는 자기평가를 위한 기회제공이다. "사람들은 관찰하고 있는 행위를 변화시키고자 할 때 스스로 목표를 정하고, 그들이 나아가고 있는 진행에 자기평가적으로 반응한다."[322] 만약 사람들이 자기관찰을 하지 않는다면, 그는 자신의 행위에 무반응적이 되고, 낮은 동기를 갖게 됨으로써 행위의 개선에 소극적이 될 수 밖에 없다. 따라서 자기관찰은 자기평가에 영향을 미침으로써 행위개선에 효과적으로 작용한다.

두 번째는 판단(judgemental)과정이다. 사람들은 행위를 하고, 그 행위의 성과에 대해 판단을 한다. 사람들은 판단을 할 때, 개인적 기준에 의거해서 하되, 행위의 성과가 훌륭하다고 판단되면 그러한 행위는 보상을 받을만하다고 생각한다. 반면 부족하다고 판단을 하면, 처벌받을 것을 생각하게 된다. 나아가서 사람들은 보상받을 만하다고 생각되는 행위에 대해서는 더 많은 노력을 기울이고, 처벌받을 것으로 생각되는 행위는 억제하게 된다. 뿐만 아니라 사람들은 자신의 행위 성과를 자신의 능력과 노력 탓으로 판단하는가, 외적요인의 탓으로 판단하는가에 따라 각기 다른 자기 반응을 보인다. 자신의 능력과 노력 탓으로 생각하면, 성취에 대해 자부심을 갖고, 외적요인의 탓으로 돌릴 때에는 자기만족을 얻지 못한다. 따라서 사람들은 판단과정을 통해 자신의 행위를 자기조절 하게 된다. 그런데 여기서 말하는 판단과정은 실제로 보면 평가과정과 별반 다르지 않은 것으로

---

321) A. Bandura, *Self-Efficacy: The Exercise of Control*, p.26.
322) A. Bandura, *Social Foundation of Thought and Action*, p.339.

생각된다. 그렇다면 왜 굳이 평가과정이라 하지 않고 판단과정
이라 하였는가? 그것은 평가자체 보다는 판단하는 과정에 더
많은 초점을 두었기 때문이다. 예컨대, 어떤 행위가 바람직한가,
아닌가와 같은 평가보다는 어떤 행위를 어떤 기준에 의거해 판
단하고, 그 판단에 따라 행위를 자기즈절 할 것인가 아닌가를
결정하는 과정에 더 많은 비중을 두고 있기 때문이다.

  세 번째는 자기 반응(self-response)과정이다. 인간은 자신의
감정, 사고 및 행위에 대해 어느 정도 자기조절을 가능케 하는
자기 반응능력을 갖고 있다. 그래서 인간은 자기만족, 자부심,
자기불만족, 자기비판 등으로 표현되는 자기평가적 결과, 즉 자
기 반응과정을 통해서 행위를 자기조절 할 수 있다. 그러므로
인간의 행위를 외적인 보상과 벌의 소산만으로 설명하려는 이
론은 인간을 너무 단편적으로 보는 것이다.

  "사람들은 대체로 자부심(self-pride)을 느꼈을 때, 스스로에게
만족하며 사고의 훈련을 기쁘게 생각한다. 반면, 스스로를 자기
비판적(self-critically)으로 평가할 때는 자신을 학대하고 고민하
게 된다. 따라서 부정적 자기평가는 싫어함(혐오)을 의미하고,
긍정적 자기평가는 보상경험을 의미하게 된다."323) 만약 사람들
에게 자기 반응으로서의 자기만족과 자기비판이 없다면, 평가자
체는 효과를 발휘하지 못한다. 평가가 행위에 영향을 미치는 것
은 평가가 자기 반응인 자부심과 자기비판을 수반하기 때문에
가능한 것이다. 사람들은 평가에 의해 자부심과 자기만족을 가
져오는 행위는 가치롭다고 생각하며, 그러한 행위는 성취하기
위해 노력을 기울인다. 자기 반응은 바로 이러한 과정을 통해
행위에 대한 개인적 안내체계를 제공한다.

---

323) A. Bandura, *Social Foundation of Thought and Action*, p.354.

238

이상에서 우리는 행위의 자기조절과정이 어떠한 과정을 통해 이루어지는가를 살펴보았다. 요약하면, 인간의 행위는 부정적 피드백이나 외적보상과 벌에 의해서만 자기조절이 이루어지는 것이 아니고, 인간은 자기 생성적 능력이 있어 스스로를 동기화하고 자기관찰, 판단, 자기 반응을 통해 행위를 자기조절 한다. 따라서 자기조절의 형성은 도덕적 행동과 관련해서 보면 의미 있는 일이 될 수 있다.

나. 자기조절의 형성을 위한 교육방법

"행위는 목적 없이 생겨나지도 실행되지도 않는다. 사람들은 가치 있는 결과를 얻기 위해, 그리고 바람직하지 않은 결과를 회피하거나 방지하기 위해 자신의 행위를 통제한다."[324] 그런데 사람들이 하게 되는 자기조절은 직접적인 개인적 통제와 사회적으로 중재된 대리적 통제라는 두 가지 주된 방식에 의해서 이루어진다.

"직접적인 개인적 통제는 사람들이 바람직한 결과를 얻을 수 있는 수행을 산출하기 위해 자기의 지시에 따라서 기술과 자원을 동원하는 것이고, 대리적 통제는 사람들이 자신에게 바람직한 결과를 가져다 주는 다른 사람들로부터 영향을 받는 것이다. 그러나 대리적 통제는 직접적인 개인적 통제처럼 행위자의 활동을 포함하지만 주로 설득과 사회적 강제에 의존하는 점에서 직접적인 개인적 통제와는 다르다."[325]

발달적 측면에서 보면, 개인적 통제인 자기조절의 형성이 궁극적이지만, 발달의 초기에는 대리적 통제에 대한 의존도가 더 높을 수 밖에 없다. 따라서 자기조절의 학습은 발달의 초기에

---

324) A. Bandura, *Self-Efficacy: The Exercise of Control*, p.27.
325) Ibid, p.28.

교육자가 피교육자에게 하는 것으로 결국 대리적 통제를 통해
이루어진다고 할 수 있다.

한편, 대다수의 사람들에게 있어 자기조절의 실행은 다른 사
람에게 손상을 주는 공격을 억제하는 것을 의미하는 것이다.
"대부분의 사람들은 자기조절의 획득과정을 부모의 기준을 받아
들이는 것, 주입된 것, 내면화된 것, 초자아가 형성된 것, 또는
자아소외에 해당하는 충동을 억제하기 위해 부모를 복사하여
개발된 어떤 내적인 도덕적 힘 중 하나로 기술하고 있다."[326]

그러나 사회학습이론은 자기조절의 획득을 이렇게 외적영향
으로만 보지 않는다. 사회학습이론은 "행위가 사회적, 자기평가
적, 상징적 결과에 의해 점점 더 자기조절되면 구체적 보상은
점차로 줄어들게 된다고 본다. 그리고 자기결정 훈련의 궁극적
목적은 참가자들이 최소한의 외적강제와 최소한의 인위적 유인
에 의해 자신의 행위를 자기조절 하도록 하는 것이다."[327] 이처
럼 사회학습이론은 자기조절의 획득을 구체적 보상과 외적영향
의 축소와 함께 상징적 보상과 자기 영향의 확대로 설명하고
있다.

그러면 자기조절은 어떻게 계발되는가? 사회학습이론에서 제
시하고 있는 몇 가지 방법을 검토해 보자.

사회학습이론에서는 ① 변화담당자인 교육자가 어린이에게
가치 있는 행위가 무엇인지를 알려주고, 그와 함께 자기평가 기
준을 예시해 줄 것을 강조한다. 그러나 만약 어린이들이 저항적
이라면, 행위의 기준을 외적권위로 부과하기보다 그들 스스로가
의사결정을 통해 기준을 설정하도록 도와주고, 자신의 성취에

---

326) A. Bandura, Richard H. Walters, *Social Learning and Personality
Development*, p.162.
327) A. Bandura, *Aggression*, p.317.

대한 보상과 위반에 대한 처벌에도 자발적으로 참여하게 한다면 가치와 선호를 보다 효과적으로 변화시킬 수 있을 것이라고 주장한다. ② 어린이에게 보다 향상된 행위를 점차적으로 수행하게 되면, 자유와 특권을 누리게 되고 보상을 받을 수 있다는 것을 알려주며, 그러한 등급화된 유인 체계와 연계된 행위에 대한 안내를 확실하게 해줄 것을 강조한다.328) 이것은 어린이로 하여금 어떠한 행위를 하면 보상과 함께 특권을 누릴 수 있는가를 알게 해 줌으로써 이탈행위의 억제 및 사회적 행위의 촉진에도 중요한 역할을 한다. 일반적으로 이탈행위는 처벌과 대안제시를 함께 제시할 때 그 억제효과가 크다. ③ 긍정적 강화의 철회와 유해자극의 제시이다. 이것은 어린이가 부모의 요구에 순응할 때까지 긍정적 강화를 계속해서 철회하는 것으로, 사랑의 상실에 대한 위협을 하거나, 육체적 벌과 특권의 박탈을 함께 사용하는 것이다. 만약 어린이가 부모의 요구에 순응하는 조건으로 벌이 종료되었다면, 이러한 방법은 자기조절능력을 길러주는 데 특히 효과적이다.329) ④ 이탈행위를 했을 때, 어린이들 스스로 물질적 보상을 박탈하도록 가르치는 것이다. 아론프리드는 실험을 통해 이를 증명하고 있다. 훈련기간 동안 이탈행위를 했을 때, 스스로 물질적 보상을 박탈하도록 배운 어린이는 실험자에 의해 보상이 철회된 어린이보다 실험적으로 유인된 위반행위를 한 후, 더 많이 보상회복을 하려고 하였다.

반두라와 월터스도 청소년기에 관한 연구를 통해 그 증거를 제시하고 있다. 실험에 의하면, "상대적으로 비공격적이며, 죄의식이 높은 소년의 어머니는 훨씬 더 제한적으로 자기조절을 하

---

328) Ibid, p.317.
329) A. Bandura, Richard H. Walters, *Social Learning and Personality Development,* p.197.

는, 즉 자기조절을 잘하지 않는 공격적인 소년의 어머니보다 공격행위와 이탈행위를 한 것에 대해 자신의 아이가 더 많이 보상회복과 회유적 반응을 하도록 격려하였다."330)

이상의 논지를 요약해 보면, 어린이에게 자기조절능력을 길러주는 가장 효과적인 방법은 스스로 행위의 기준을 설정하도록 함과 동시에 이탈행위를 하였을 때는 스스로 물질적 보상을 포기하도록 가르치는 것이다. 그러나 이 방법은 부모나 교사에게 상당한 인내심과 시간 및 노력을 요구하는 것으로, 현실적 적용 가능성 면에서 어려움을 수반한다.

그래서 차선책으로 타율적이기는 하지만 부모나 교사가 적극적으로 관여를 하는 방법이 제시될 수 있다. 즉, 부모나 교사가 어린이에게 어떤 행위를 하면 보상을 받을 수 있는가를 구체적으로 안내하고, 이탈행위를 했을 때는 반드시 육체적 벌과 함께 강화철회를 시행하는 방법으로 부모나 교사의 엄격성이 요구된다.

여러 연구331)들이 부모의 사회화 압력에 대한 엄격성과 어린이의 유혹이나 성취상황에서 자기조절을 나타내는 정도와의 관계를 입증하고 있다. 그 결과가 일반적으로 주장하는 바에 의하면, 성장 초기에 엄격한 사회화 압력을 경험한 어린이는 관대하게 훈련받은 어린이보다 자기조절을 더 많이 나타내는 경향이 있다. 그리고 사회화에 대한 엄격성의 크기가 부모가 자신들의 기준에 순응할 때는 상을 주고 순응하지 않을 경우 벌을 주는 정도에 영향을 받는다면, 이 결과는 부모의 강화방식이 어린이가 습관적으로 자기조절반응을 하는 강도에 중요한 결정요소가 된다는 직접적 증거를 제공한다.332) 결국 어린이에게 자기조절

---

330) Ibid, p.188.
331) W. Allinsmith(1960), Burton, Maccoby, 그리고 Allinsmith(1961), Cox(1962), Heinicke(1953), Whiting과 Child(1953) 등의 연구이다.

능력을 길러주어 이탈행위를 억제하고 보다 큰 성취를 얻어 사회적으로 성공하도록 하기 위해서는 부모의 엄격성이 전제되어야만 한다.

4. 비판적 논의

지금까지 반두라의 도덕교육론을 자기조절능력의 형성이라는 관점에서 살펴보았다. 반두라가 도덕교육방법으로 제시하고 있는 모델링, 추론, 강화, 격리 등은 모두 행동을 직접 다루거나, 행동을 이끌어 내거나, 억제하는 수단적 의미를 지닌다는 면에서 행위중심이라고 할 수 있다. 따라서 인지중심의 도덕교육론이 판단능력이나 이해를 강조하고, 행동은 수반되는 가능성으로 봄으로써 도덕교육의 목적인 도덕적 행동을 직접 다루려 하지 않았다는 점에서 볼 때, 반두라의 행위중심의 도덕교육론은 인지적 도덕교육론의 보완적인 의미가 있다.

또, 반두라는 도덕적 인간을 자기조절능력을 형성한 사람으로 보았는데, 이것은 도덕교육적 측면에서 보면 기초적이고, 소극적인 의미를 지닌다. 하지만 현실생활에서 볼 때, 우리가 부딪치게 되는 많은 도덕적 문제는 바로 이러한 아주 기초적이고, 소극적인 것이다. 즉 어떻게 하면 다른 사람에게 피해를 주지 않느냐 하는 것이지, 보다 높은 도덕성의 실현이나 숭고한 도덕성의 형성이 아니다. 따라서 다른 사람에게 피해를 줄 가능성이 있는 행동을 자기조절 하는 것은 기초적이고, 소극적이지만, 도덕적 문제의 발생을 줄인다는 관점에서 보면 가장 근본적이면서도,

---

332) Ibid, p.183.

중요한 것이라고 할 수 있다.

그러나 반두라의 도덕교육론도 문제점이 없는 것은 아니다. 반두라는 ① 학습방법으로는 관찰학습에 의한 모델링을, ② 외적요인에 의한 행위통제로는 강화를, ③ 내적요인에 의한 행위조절로는 자기평가와 효능감에 의한 자기조절을 제시하였는데, 이러한 반두라의 이론에 의거해 도덕교육을 할 경우 발생할 수 있는 문제는 무엇이 있는지 살펴보자.

먼저, 반두라의 이론 자체가 내포하고 있는 문제이다. 위에서도 언급한 것처럼, 반두라의 도덕교육론은 관찰학습에 의한 모델링, 강화, 그리고 자기조절 등으로 요약된다. 따라서 이러한 순서에 입각해 논의를 전개해 본다.

첫째는 관찰학습에 의한 모델링이다. 반두라는 관찰학습과정을 4단계로 구별한다. 그 첫 번째 단계는 주의집중과정으로, 사람들은 여러 모델들 가운데 무엇을 관찰하고, 어떤 정보를 이끌어낼 것인가를 결정하기 위해 주의집중을 한다. 다음 단계는 기억유지 과정으로, 사람들은 이 과정을 통해 주의집중을 통해 얻게 된 정보를 기억 속에 저장한다. 세 번째 단계는 행위실행 과정으로, 사람들은 이 과정을 통해 저장된 정보를 행동으로 변환하게 된다. 마지막 단계는 동기과정으로, 이 과정은 행위실행을 유도하고, 행위를 촉진한다. 반두라는 이와 같은 관찰학습과정을 통해 모델링이 일어날 것이라고 주장하였다.

그러나 이러한 반두라의 주장은 사람들이 주의집중을 하였고, 기억 속에 저장하였으며, 그리고 기억 속에 저장된 정보를 수행하려는 동기를 충분히 갖고 있음에도 불구하고, 모델링하지 못하는 경우에 대해서는 그 이유를 설명하지 못하고 있다. 예를 들어, 우리는 어떤 사람이 영어를 배우고자 할 때, 그는 영어로 말하는 사람에게 주의집중을 하였고, 그가 한 말을 기억 속에 저장하였으며, 거기에다가 배우고자 하는 충분한 열의를 갖고 있음에도, 영어의 악센트나 활용을 모델링 하는데 실패하는 경우를 종종 본다. 이처럼 반두라의 관찰학습은 사람들이 주목하는 모든 것을 모델링 하지 못하는 이유와 모델링이 성공하지 못하는 사실을 충분히 설명하지 못하고 있다.

또, 반두라는 실험이나, 인용문헌을 통해 모델링 과정에 대해서는 잘 설명하고 있으나, 누구를 어떻게, 왜 모방하는가에 대해서는 자세한 설명을 하고 있지 않다. 예컨대, 어린이들이 모델링 하는 부모, 교사, 형제자매, 스카우트 지도자, 그리고 소설 속의 영웅 등을 어떻게 모델링 하며, 왜 모델링 하는가에 대한 언급을 하고 있지 않다. 이런 면에서 반두라의 관찰학습에 의한 모델링은 좀 더 보완이 요구된다고 할 수 있다.

둘째는 외적요인에 의한 행위통제 수단인 강화이다. 반두라는 강화로 보상과 벌을 제시하였고, 보상은 주의집중과 행위촉진을, 벌은 행위억제를 위한 수단이라고 하였다. 아울러 그는 보상과 벌이 상황에 따라 어떻게 시행되어야 하며, 그 효과는 무엇인지, 그리고 잘못 시행될 경우, 어떤 문제가 발생하는지에 대해서는 자세히 설명하고 있다.

그러나 그의 주장은 일반론적이고, 인간의 인지적 측면을 경시하는 경향이 있다. 그 내용을 들여다보면 다음과 같다.

① 반두라의 강화이론은 강화자가 어떠한 조건 하에서 강화를 하고 있는가에 대한 상세한 설명이 부족하다. 어떤 사람이 보잘 것 없는 일을 한 후에, 보상으로 칭찬을 받았다면, 그것이 반두라의 주장대로 보상으로서의 기능을 할 수 있는가 하는 것이다. 아마도 꼭 그렇지 만은 않을 것이다. 어쩌면 칭찬을 하는 강화자를 경멸할지도 모른다.

② 반두라의 강화이론은 인간의 인지능력을 마치 인간보다 낮

은 동물과 같은 것으로 보고 있다는 생각이 든다. 반두라는 인간의 행동이 직접적(immediate) 결과에 반응한다고 가정하고 있는데, 이것은 인간의 인지능력을 위협하는 경향이 있다.

③ 반두라의 강화이론은 인간의 행동을 너무 단순화하고 있다고 볼 수 있다. 인간의 행동은 복잡한 과정의 산물이다. 인간의 행동은 복잡한 자극상황, 복잡한 반응, 그리고 복잡한 강화결과의 특정 측면들이 함께 연결되어 선택되는 것이다. 예를 들어, 네 살짜리 아이가 장난감을 가지고 논 다음에 장난감을 치워서 칭찬을 받았다면, 그 칭찬은 '어른에 대한 순종', '엄마를 행복하게 하기', '장난감 치우기', '동생이 하지 않는 것을 하기' 등의 활동과 연계된 복잡한 과정에 의해 이루어졌을 것이다. 그리고 칭찬에 대한 보상이 될 수 있는 것도 '인지된 개인적 성취감', '엄마의 행복', '산타클로스가 바라는 장난감을 가져다 줄 것이라는 암묵적 약속' 등일 수 있다.333)

셋째는 내적요인에 의한 행위조절인 자기평가와 효능감이다. 먼저 자기평가에 의한 행위조절부터 살펴보면, 반두라는 행위의 자기조절이 주로 자기평가에 의해 이루어지며, 자기평가는 비교를 통한 기준 설정이 선행될 때, 가능하다고 보았다. 결국 자기평가에 의한 행위조절은 기준설정을 어떻게 하느냐에 따라 좌우된다고 할 수 있는데, 문제는 기준 설정에 의한 자기평가가 상황적, 상대적일 뿐만 아니라 여러 가지 요인에 의해 이루어지기 때문에 객관적이거나 절대적이지 않다는데 있다.

좀 더 구체화해 보면, 이러한 반두라의 주장은 크게 두 가지 측면에서 그 문제점이 지적된다. 한 측면은 자기평가에 의한 자기조절의 기본원칙인 보상은 행복, 자부심, 자기만족을 가져오기 때문에 행위를 촉진시키고, 벌은 자기비판과 자기 불쾌를 초래

---

333) Morton Deutsch and Robert M. Krauss, op. cit., p.100.

하기 때문에 행위억제를 가져온다는 것인데, 사람의 행위는 이처럼 일차원적으로만 반응하지 않는다는 점이다.

사람은 자신의 특성이나 상황에 따라 오히려 보상이 행위억제로, 벌이 행위촉진으로 작용할 수도 있다. 예를 들어, 자신의 어떤 성취에 대해 자기 보상을 하였는데, 그 성취를 다른 사람들이 비판하거나 하찮은 것으로 여길 때, 사람들은 어떤 성취에 대해 자기 보상을 한 것을 부끄러워하고, 그 행위를 억제할 수도 있다.

다른 측면은 기준의 습득방법에서 오는 문제로서, ① 변별적 반응과 교수이다. 이것은 교수자와 반응자에 따라 그 효과가 일정하지 않다는 점이다. 만약 교수자와 반응자가 자신이 혐오하는 사람이거나 싫어하는 속성을 소유한 사람일 경우, 그들의 교수와 반응은 별다른 작용이 없거나 오히려 역으로 작용할 수도 있다. ② 모델의 영향인데, 사람들은 어떤 모델이 행동을 할 때, 그 모델의 모든 행동을 모델링하지 않는다는 점이다. 사람들은 모델의 행위 중, 어떤 것은 받아들이나, 어떤 것은 부정하고 받아들이지 않는다. 따라서 어떤 행위를 모델링 할 것으로 예상하고 모델을 제시했는데, 그 행위는 모델링 하지 않고 원하지 않는 행위만 모델링 할 수도 있다. 예컨대, 도둑질하는 행위는 나쁘고, 반드시 처벌받는다는 것을 알려주기 위해 비디오를 보여주었는데, 오히려 거기에서 도둑질하는 방법을 모델링 할 수도 있다. ③ 사회적 지지체계로 이것은 현실적인 면에서 보면, 계획적으로 상황을 만들기가 어렵다고 할 수 있다. 우리가 어떤 상황이나 시점에서 계획적으로 사회적 지지체계를 만들었다고 하더라도, 그 상황이나 시점을 벗어나면, 다른 사회적 지지체계를 만나게 되기 때문에, 그 효과를 기대하기 어렵다.

다음은 효능감에 의한 행위조절로, 반두라는 효능감이 스스로를 동기화하고, 느끼고, 처신하는데 영향을 미치기 때문에, 행동

을 결정하는 주된 원인이라고 생각하였다. 그리고 이러한 효능
감의 형성이 지식과 기술에 대한 판단과 다양한 정보의 인지적
과정에 의해 이루어진다고 보고, 그 형성방법으로 정보의 주요
근원이 되는 성공경험, 모델링, 언어적 설득, 생리적·정서적 상
태에 대한 판단 등을 제시하였으며, 이것들 중, 가장 영향력 있
는 근원으로 성공경험을 들고 있다. 하지만 이것은 어린이들 개
개인의 능력을 미리 알고 있지 않으면 적용하기 어렵다. 이를테
면, 성공경험을 해보도록 하기 위해 하위목표를 제시하였는데,
어린이의 능력이 제시된 하위목표를 달성할 수 없다면, 이것은
오히려 역효과를 초래하게 된다. 그리고 다른 방법인 생리적·
정서적 상태에 대한 판단은 생리적·정서적 상태의 원인과 상
황을 말해주는 사람이 그 분야의 전문가이거나 신뢰할 수 있는
사람이어야 하기 때문에 적용에 한계가 있을 수 밖에 없다.

　이상에서 반두라의 이론이 갖고 있는 문제점이 무엇인가를
살펴보았다. 이제는 이러한 이론을 실제 교육현장에 적용할 경
우 발생할 수 있는 문제는 무엇인가에 대해 논의해 보자.

　반두라의 도덕교육론은 행위중심이다. 그러나 반두라의 견해
에 의거해 행위중심으로 도덕교육을 하게 되면, 교육자가 피교
육자를 보상과 벌에 의해, 즉 자극과 반응에 의해 얼마든지 통
제할 수 있을 것이라는 위험한 생각을 가질 수 있다. 그리고 보
상과 벌에 의한 도덕교육은 어떤 어린이가 벌에 의해 어떤 행
동을 억제하고 있을 경우, 그가 벌이 무서워 행동을 억제하고
있는지, 스스로의 판단에 의해 자신의 행동을 자기조절 하고 있
는지를 구별하기가 어렵다.

　또, 어린이가 벌이 무서워 어떤 행동을 하지 않거나 보상을
받으려고 어떤 행동을 했을 경우, 스스로의 가치판단이 배제된
상태에서, 즉 그것을 옳다고 생각하지 않거나 심지어 잘못된 것

이라고 생각하면서도 단순히 두렵거나 보상을 받기 위한 수단
으로 그러한 행동을 했다면, 그것을 도덕적 행동으로 볼 수 있
느냐 하는 문제가 제기될 수 있다.

게다가 반두라는 자기조절을 자기평가의 결과로 발생하는 자
기만족, 자부심, 자기 불쾌에 의한 자제와 더 큰 이익을 위한 자
기조절이라고 하였다. 일반적으로 우리는 도덕적 행위라고 하면,
타인에 대한 배려나 타인을 위한 자신의 희생을 이야기한다. 따
라서 자신의 개인적 자부심, 만족, 불쾌 그리고 이익에 의해서
이루어지는 자기조절을 도덕적 행위로 볼 수 있느냐 하는 비판
이 제기될 수 있다.

지금까지 반두라의 도덕교육론 자체가 갖고 있는 문제와 그
것을 적용할 경우 발생할 수 있는 문제에 대해 비판적 논의를
전개해 보았다. 반두라의 도덕교육론에서 발생할 수 있는 문제
점은 대체로 인간의 인지적 능력에 대한 경시와 복잡한 판단의
결과인 인간의 행동에 대한 단순화, 그리고 인간 존재에 대한
조작적 접근에서 오는 비인간화 등이라고 할 수 있다. 따라서
반두라의 이론은 인지적 접근에 의해 보완되어질 필요가 있다.
즉 행동으로 나타나지 않았다 하더라도 어떻게 생각하고 있는
가 하는 판단 그 자체도 인정하고 존중할 수 있어야 한다. 그렇
게 되면 복잡한 과정의 결과인 인간의 행동을 조작화 할 수 있
다는 시각과 조작적 접근에서 오는 단순화와 비인간화의 문제
를 조금이나마 줄일 수 있을 것이다.

물론 어느 이론이든지 완벽한 이론은 없다. 분명 반두라의 이
론도 비판받을 부분을 많이 내포하고 있다. 따라서 반두라의 이
론도 객관적으로 바라볼 필요가 있다. 그래야만 그의 이론을 적
용하거나 활용할 때, 그의 이론이 갖고 있는 단점은 보완하고,
장점은 더 살릴 수 있을 것이다.

Ⅶ. 맺는말

이 책은 현재의 교육적 상황에서 볼 때, 학생들에게 자기조절교육이 필요하다는 전제 하에 자기조절교육을 위한 방법을 반두라의 이론에 의거해 살펴본 것이다. 그 내용을 요약해보면 다음과 같다.

첫째, 반두라의 도덕교육론을 일반적으로 논의되고 있는 도덕교육론에 비추어 분석해 보면, 그의 드덕교육론은 도덕성의 구성요소인 지(知), 정(情), 행(行) 중 주로 행을 강조하였다. 그래서 콜버그가 지를 강조하여 인지중심이고, 맥페일이 정을 강조하여 정서중심이라면, 반두라는 행위중심이라고 할 수 있다. 또, 도덕교육 접근법은 내용적 접근, 형식적 접근, 동기적 접근으로 구별되는데, 반두라는 이 접근법들 중 내용적 접근과 동기적 접근을 하였다. 요컨대, 반두라의 도덕교육론은 행을 위주로 하되, 구체적인 행위내용을 가르치는 것이고, 알고 있는 것을 가능하면 행으로 이끌어 낼 수 있도록 동기 유발시키는 것을 목적으로 하고 있다고 할 수 있다.

둘째, 반두라는 자기조절교육의 이론적 토대가 되는 학습방법을 인간에 대한 규정에 의거해 설명하고 있다. 그에 의하면, 인간은 상징화능력, 예견능력, 대리학습능력을 지니고 있다. 그래서 사람들은 직접 체험을 하지 않고도 모델링을 통해, 즉 모델에 대한 관찰을 통해 학습을 할 수 있고, 그러한 학습을 바탕으로 자신이 어떻게 행동하는 것이 바람직한지, 또 어떤 행동은 하면 안되는지를 알게 되며, 이를 통해 행동을 스스로 결정할 수 있게 된다.

한편, 인간에게 있어서 이러한 관찰학습은 행동결정뿐만 아니라 생존에도 결정적 역할을 한다. 만약 인간이 모든 것을 직접 체험을 통해서만 배울 수 있다면, 아마도 시행착오를 거치면서 많은 대가를 치르지 않으면 안될 것이다. 따라서 관찰학습은 인간의 생존과 발달, 행동결정에 매우 중요한 학습방법이다.

또, 인간은 예견능력이 있어서 경험을 통해 얻은 정보의 피드백을 통해서만 자신의 행동을 결정하지 않는다. 인간은 기대를 통해, 현재의 행동을 결정하기도 한다. 어쩌면, 인간은 정보의 피드백보다 오히려 기대에 의해 더 많은 영향을 받는다고 할 수 있다. 사람들은 자신이 세운 목표나 기대에 따라 자신이 어떻게 하면 그러한 기대에 부응하고 목표에 도달될 수 있을가를 생각하고, 그러한 목표에 도달하기 위해 노력을 기울이게 된다. 이처럼 관찰학습과 기대학습은 인간의 행동결정에 필수요소이다.

셋째, 반두라는 외적통제 방법으로 강화, 즉 보상과 벌을 제시하였다. 보상과 벌은 주로 행위촉진과 행위억제에 영향을 미친다. 그런데 사람들은 보상과 벌에 의해 수동적으로 반응만 하는 존재가 아니다. 자신들에게 주어지는 보상과 벌을 통해 정보를 얻기도 하고, 보상과 벌에 대해 통제력을 발휘하기도 한다. 그래서 예견을 통해 행동을 어떻게 해야 할 것인지를 결정함으로써 벌을 피하기도 하며, 보상을 이끌어 내기도 한다.

여하튼 보상과 벌은 행위규제를 위한 매우 효과적인 방법인 것만은 사실이다. 그러나 외적통제로서의 벌은 사용에 제한이 따르고, 지속적인 효과를 기대하기 어렵다는 단점을 내포하고 있는 만큼 시행할 때는 반드시 일관성을 유지해야하고, 보복적으로 사용하거나 남용되지 않아야 한다. 아울러 추론과 대안제시를 함께 사용한다면 그 효과를 극대화 할 수 있을 것이라고 보았다.

넷째, 반두라는 자기조절이 이루어지는 과정으로 비교에 의한 기준설정과 자기평가 그리고 자기 강화를, 또한 자기조절을 촉진시키는 요인으로 효능감의 형성을 강조하였다. 사람들은 자신이 원하든, 원하지 않든 항상 다른 사람과 비교를 한다. 그리고 비교는 기준설정에 영향을 미치고, 사람들이 어떤 기준을 설정하느냐 하는 것은 곧바로 자기평가로 이어진다. 그래서 자신의 수행이 기준에 도달하지 못했을 때는 자기 처벌과 함께 자기 불쾌를 경험하게 되고, 기준을 능가하였을 때는 자기 보상과 함께 자부심과 자기만족을 느끼게 된다. 바로 이러한 과정을 통해 사람들은 행위를 스스로 조절하게 된다. 따라서 교육자는 어떤 비교대상을 제시해 주느냐 하는 것이 중요하다. 문제는 비교가 긍정적으로 작용하도록 해주는 것인데, 그러기 위해서는 능력에 따라 비교대상을 탄력 있게 적용해야 한다.

한편, 자기조절을 촉진시키는 요인인 효능감은 무엇인가를 할 수 있다는 신념으로, 만약 어떤 사람이 이탈행동보다는 도덕적 행동에 대해 높은 효능감을 갖고 있다면, 그는 이탈의 유혹에 직면해서도 도덕적 행동을 선택할 가능성이 더 높다. 반면, 공격적인 수단이나 이탈행동을 통해 자신이 직면하고 있는 문제를 해결할 수 있다고 생각하는 사람, 즉 공격이나 이탈행동에 대해 높은 효능감을 갖고 있는 사람은 공격을 하지 않아도 되는 상황에서도 공격적으로 반응할 가능성이 높다. 그러므로 이탈 행동에 대해서는 낮은 효능감을, 도덕적 행동에 대해서는 높은 효능감을 갖도록 하는 것이 중요하며, 이러한 효능감을 형성하는 대표적인 방법에는 성공경험과 언어적 설득 등이 있다.

다섯째, 반두라는 자기조절을 내면적 자기지시에 의해 자신의 행동을 제어하는 것이라고 하였다. 자기조절능력이 있는 사람은 외적유인보다 내적 자기유인에 의해 행동을 제어하고 자기 영향에 의해 자신의 노력을 더 잘 유지한다. 뿐만 아니라 자신의 수행이 기준에 도달하지 못했을 때는 자기 처벌적인 경향을 더 많이 보인다. 따라서 자기조절능력이 있는 사람은 덜 자기중심적이고, 덜 자기 파괴적이고, 덜 충동적이기 때문에 비도덕적 행위를 적게 할 가능성이 높다. 그러므로 자기조절은 사회적 동물인 인간에게 꼭 필요한 덕목이라고 할 수 있다.

게다가 도덕교육의 목적인 도덕적 인간상을 '자기조절능력이 있는 사람'으로 설정할 경우, 자기조절은 말할 때나 행동할 때, 항상 요구되어지는 것으로 일상생활을 통해 실천 가능하다. 따라서 자기조절능력을 도덕교육의 목적으로 설정하는 것은 현실성 있는 목적설정이라 할 수 있다. 하지만 한편으로 보면, 공자가 강조한 종심소욕불유구(從心所慾不踰矩)는, 전 생애를 통해서 실천하고 노력해도 도달하기 어려운 단계라는 점에서 자기조절능력은 현실적이면서도 이상적인 목적이라 할 수 있다.

요컨대, 반두라의 도덕교육론은 보상과 벌에 의한 외적통제와 내적요인으로 자기평가와 자기강화 그리고 효능감에 의해 생겨나는 자기 지시와 자기 유인에 의한 자기조절을 주요 내용으로 하고 있다.

이러한 반두라의 도덕교육론이 갖는 의의는 ① 학교현장에서 가장 흔하게 사용하는 보상과 벌의 체계적 접근이라는 면에서, ② 지와 정 위주의 도덕교육에 행을 더한다는 면에서, ③ 도덕교육의 적극적 접근이라기보다는 소극적 접근이라는 면에서, ④ 도덕적 행동을 양심의 가책이나 인간으로서의 당위, 즉 의무감이나 자기희생만이 아닌 자기 불쾌, 자부심, 자기만족 등으로 본다는 점에서 의미가 있다.

이것은 교육현장에서 생활지도나 태도교육 측면의 도덕교육을 위해 심도 있게 활용될 수 있을 것이다. 그러나 반두라의 도덕교육론은 행위 중심이고 대표적인 교육방법이 모델링이기 때문에 입시 위주의 교과 수업에서는 활용이 쉽지 않다. 또, 사고와 판단의 자발적 결과이기도 한 행위를 보상과 벌의 결과로서만 보기 때문에 어떤 행위를 한 사람의 판단과 의도를 왜곡하거나 소홀히 다룰 위험성을 내포하고 있기도 하다.

따라서 풀어야 할 과제도 몇 가지 남는다. 그 첫째는 반두라의 도덕교육론을 적용할 때, 발생할 수 있는 비인간화와 인지의 경시에서 오는 문제를 어떻게 하면 줄일 수 있느냐 하는 것으로 인지적 접근과 행위적 접근의 병행화의 문제이다. 둘째는 반두라의 도덕교육론을 현장 연구를 통해 그 타당성을 입증해 보이는 것이다. 셋째는 교과수업에서의 활용가능성을 탐색해보는 것 등이다. 이것들은 다음 연구를 위해 남겨두고자 한다.

참고 문헌

<외국 문헌>

1. Aronfreed, Justin, *Conduct and Conscience,* New York, London: Academic Press, 1968.

2. Bandura, Albert, *Adolescent Aggression,* New York: The Ronald Press Company, 1959.

3. ------, *Aggression,* Englewood Cliffs: Prentice Hall, Inc., 1973.

4. ------, *Psychological Modeling: Conflicting Theories*, Chicago, New York: Aldine · Atherton, Inc., 1971.

5. ------, *Self-Efficacy in Changing Societies,* Cambridge University Press, 1995.

6. ------, *Self-Efficacy: The Exercise of Control,* New york: W. H. Freeman and Company, 1997.

7. ------, *Social Foundations of Thought and Action*, Englewood Cliffs, New Jersey: Prentice-Hall, Inc., 1986.

8. ------, *Social Learning and Personality Development,* New York: Holt, Rinehart and Winston, Inc., 1963.

9. ------, *Social Learning Theory*, Englewood Cliffs, New Jersey: Prentice-Hall, Inc., 1977.

10. ------, "Self-Regulation of Motivation and Action Through Goal System," Vernon Hamilton, Gordon H. Bower, Nico H. Frijda, *Cognitive Perspectives on Emotion and Motivation,*

Dordrecht, Boston, London: Kluwer Academic Publishers, 1988.

11. ------, "Self-Regulation of Motivation Through Anticipatory and Self-Reactive Mechanisms," Richard Dienstbier, Mortimer H. Appley, et al., *Perspectives on Motivation-Nebraska Symposium on Motivation(1990)*, Lincoln: University of Nebraska Press, 1991.

12. ------, "Social Cognitive Theory," Ross Vasta, *Annals of Child Development Volume 6*, Jai Press, Inc., 1989.

13. Barkley, Russell *A., ADHD and The Nature of Self-Control,* New york: The Guilford Press, 1997.

14. Blos, Peter, *The Adolescent Passage,* New York: International Universities Press, Inc., 1979.

15. Childs, John L., *Education and Morals*, New York: Science Editions, 1976.

16. Damon, William, *The Moral Child*, New York: The Free Press, 1988.

17. Deutsch, Morton/ Krauss, Robert M., *Theories in Social Psychology,* New york: Basic Books, Inc., 1965.

18. Dewey, John, *Moral Principles in Education,* Southern Illinois university Press, 1975.

19. Dicaprio, Nicholas S., *Personality Theories: A Guide to Human Nature*, New York: Holt, Rinehart amd Winston, 1983.

20. Dienstbier, Richard, and Appley, Mortimer H., *Perspectives on Motivation,* Lincoln: University of Nebraska Press, 1991.

21. Downey, Meriel & Kelly, A.V., *Moral Education*, Harper & Row, Publishers, 1982.

22. Evance, Richard I., *Albert Bandura: The Man and His Idea-a Dialogue,* New York: Praeger, 1989.

23. Ewen, Robert B., *An Introduction to Theories of personality,* New York: Academic Press, 1980.

24. Fine, Reuben, *A History of Psychoanalysis*, New York: Columbia University Press, 1979.

25. Flugel, J. C., *Man, Morals and Society*, Penguin Books, 1955.

26. Forisha, Bill E./Forisha, Barbara E., *Moral Development and Education*, Professional Educators Publication, Inc., 1976.

27. Hall, Robert T., *Moral Education: A Handbook For Teachers,* Winston Press Inc, 1979.

28. Kuhl, Julius and Beckman, Jurger., *Action Control: From Cognition to Behavior,* New york: Springer-Verlag, 1985.

29. Marcuse, Herbert, *Eros and Civilization,* Beacon Press, 1966.

30. Myra Windmiller others two, *Moral Development and Socialization,* Allyn and Bacon, Inc, 1980.

31. Norman, Richard, *The Moral Philosophers,* Oxford: Clarendon Press, 1983.

32. Nye, Robert D. *Three Psychologies,* Brooks/ Cole Publishing Company, 1981.

33. Peters, R. S., *Moral Development and Moral Education,* George Allen & Unwin, 1981.

34. Peters, R. S., *The Concept of Motivation,* New York: Humanities Press, 1958.

35. Pratt, Michael W., Norris, Joan E., The Social Psychology of Aging, Oxford, Cambridge: Blackwell, 1994.

36. Rieff, Rhilip, *Freud, The Mind of Moralist,* The University of Chicago Press, 1979.

37. Ross, Stephen david, *Moral Decision–An Introduction to Ethics,* Freeman Cooper & Company, 1972.

38. Schultz, Duane P., Schultz, Sydney Ellen, *Theory of Personality,* Pacific Grove, Calif: Brooks/ Cole Pub, Co., 1994.

39. Sears, Robert R., *Identification and Child Rearing,* Stanford Unive rsity Press, 1965.

40. Sprinthall, Norman A./Sprinthall, Richard C., *Educational Psychology,* New York: Random House, 1987.

41. Wallwork, Ernest, *Psychoanalysis and Ethics,* Yale University Press, 1991.

42. Wilson, James Q., *The Moral Sense,* New York: Free Press Paperbacks, 1993.

43. Zimmerman, Barry J., Bonner, Sebastian, Kovach, Robert, *Developing Self–Regulated Learners,* American Psychological Association, 1996.

44. Zimmerman, Barry J., Schunk, Dale H., *Self–Regulated*

Learning, New york: The Guilford Press, 1998.

45. Zivin, Gail, *The Development of Self-Regulation Through Private Speech,* New york: John Wiley & Sons, Inc, 1979.

＜국내 문헌＞

1. Baldwin, Alfred L./이지영, 정복선 공역, 『발달의 이론 Ⅰ』, 서울: 중앙적성 연구소, 1974.

2. Chazan, Barry *Contemporary Approaches to Moral Education,* 박장호 역, 『도덕교육론』, 서울: 형설출판사, 1994.

3. Crain, William C., *Theories of Development,* 서봉연 역, 『발달의 이론』, 서 울: 중앙적성출판사, 2000.

4. Hall, Calvin S., Lindzey, Gardner , *Theories of Personalty,* 이상노, 이관용 공역, 『성격의 이론』, 서울: 중앙적성출판사, 1988.

5. Hergenhahn B.R., *An Introduction to Theories of Learning,* 김영채 역, 『학습심리학』, 서울: 박영사, 1997.

6. Hjelle L.A., Ziegler D. J., *Personality Theories,* 이훈구 역, 『성격심리학』, 서울: 법문사, 1991.

7. McGlynn, James V. and Toner, Jules J., *Modern Ethical Theories,* 안명옥, 임기석 옮김, 『현대윤리사상』, 서울: 서광사, 1986.

8. Molnar, Alex, *The Construction of Children's Character,* 박병기, 심성보, 이인재, 조강모 역, 『아동인격교육론』, 서울: 인간사랑, 1999.

9. Niblett, William Roy, *Moral Education in a Changing Society,* 정인석 역, 『도덕교육』, 서울: 교육출판사, 1992.

10. Peters, R. S., *Moral Development and Moral Education,* 남궁달화 역, 『도덕발달과 도덕교육』, 서울: 문음사, 1993.

11. Phares, Jerry E., *Introduction to Personality,* 홍숙기 역, 『성격심리학』, 서울: 박영사, 1987.

12. Rich John M , Devitis Joseph L., *Theories of Moral Development,* 추병 완 옮김, 『도덕발달이론』, 서울: 도서출판 백의, 1999.

13. Richmond, P. G., *An Introduction to Piaget,* 강인언 역, 『Piaget이론 입문』, 서울: 학지사, 1995.

14. Salkind, Neil J./김남순 옮김, 『인간 발달과 교육』, 서울: 창지사, 1992.

15. Stevenson, Leslie/임철규 역, 『인간의 본질에 관한 일곱가지 이론』, 서울: 종로서적, 1993.

16. Thomas R. M./백운학 역, 『아동발달의 제이론』, 서울: 교육과학사, 1987.

17. 곽금주, 자기 효능감과 도덕적 이탈(1): 연령에 따른 변화, 한국심리학회지, 1998.

18. 교육부, 『도덕과 교육과정』, 대한교과서주식회사, 1997.

19. 김영상, 동기의 자기 조정: Kuhl의 의지(volition) 이론, 안암교육연구 Vol. 4, No.1, 1998. pp.107-129.

20. 남궁달화, 『인성교육론』, 서울: 문음사, 1999.

21. 박병기, 추병완 저, 『윤리학과 도덕교육』, 서울: 인간사랑, 1999.

22. 배성현, 교사의 자기 효능감과 성격이 학급풍토 및 교육성과
    에 미치는 영향, 영남대학교, 사회과학연구 제21집 제1권
    2001년 8월.

23. 신성례, 흡연청소년을 위한 자기조절효능감 증진 프로그램
    개발과 효과에 관한 연구, 이화여자대학교 박사학위논문,
    1997.

24. 尹達媛, 발달의 이론에 관한 고찰－A. Bandura와 N.
    Chomsky 이론을 중심으로, 경상대논문집, 1993. pp.57-71.

25. 이성진, 『행동수정』, 서울: 교육과학사, 2001.

26. 李應仁, 사회학습에 대한 연구－Bandura의 이론을 중심으로,
    同人論叢(제16집).

부 록

자기조절의 도덕교육적 의미

－플라톤(Platon)과 반두라(Bandura)를 중심으로－

Ⅰ. 서 론

우리는 초·중·고등학교에서 도덕·윤리 교육을 시행하고 있다. 필자는 먼저 교사들에게 '무엇을 목적'으로 그리고 '어떠한 방법'으로 도덕교육을 하고 있는지 묻고 싶다. 교육은 목적이 있는 행위이며, 도덕·윤리교육도 그것은 마찬가지이다. 문제는 교사들이 그 목적을 충분히 인식하고 있지 못하다는 것이다. 왜 적지 않은 교사들이 도덕교육의 목적을 제대로 인식하고 있지 못하는가? 그것은 교사의 능력이나 의식 부족이라기보다는 아마도 도덕교육의 목적이 학자들마다 또 각자의 입장마다 다르기 때문일 것이다. 이러한 이유 때문에 교사들은 목적에 대한 중요성을 소홀히 하거나, 어떠한 것을 목적으로 삼고 교육을 해야 하는지 자신의 입장을 정리하기가 쉽지 않다. 이 말은 곧 도덕교육의 목적이 일관성이 있거나 어느 정도 합의가 이루어져야 함을 요청하게 된다. 그런데 도덕교육의 목적이 도덕성의 함양이라는 것에 동의하지 않는 사람은 없다. 합의가 요구되는 것은 바로 도덕성을 어떻게 볼 것이냐 하는 것이다.

어떤 학자들은 다원주의 사회에서 도덕성이 다양하게 규정, 제시되는 것은 당연하거나 오히려 좋은 것이라고 주장하기도 한다. 필자의 생각은 이와 좀 다르다. 도덕교육을 하는 사람들은 도덕성에 대해 어느 정도 합의를 보아야 한다고 생각한다.

물론 도덕·윤리과 교육과정에는 도덕교육의 목적과 윤리교육의 목적이 제시되어 있다. 한국교육개발원이 7차 교육과정 개정과 관련하여 제시한 인간상을 보면 "전인적 성장의 바탕 위에 개성을 지향하는 인간", "전통에 대한 이해를 기초로 민주적 공동체에 헌신하는 인간" 등이고 이를 구현하기 위한 방법으로 실천위주의 인성교육과 민주시민교육의 강화를 내세우고 있다.334)

이것을 보면 이상적 인간상으로 제시되고 있는 '개성을 지향하는 인간'과 '공동체에 헌신하는 인간'은 서로 상이한 속성을 지니고 있다. 또 제시된 이상적 인간상을 구현하기 위한 방법인 실천위주의 인성교육과 민주시민교육이 어떠한 관련이 있는지도 알 수 없다. 설령 서로 관련이 있다고 하더라도 무엇이 어떻게 관련되는지를 구체적으로 파악하기가 어렵다.

게다가 도덕교육의 목적인 이상적 인간상은 제시하였는데, 무엇을 함양해야 이상적 인간상에 도달될 수 있는지에 대해서는 제시되어 있지 않다. 즉, 도덕성이 무엇인지에 대한 설명이 없다. 도덕성에 대한 제시가 없으니 당연히 그 방법과의 연관성을 이해하기가 어려운 것이다.

요컨대 서로의 관계가 애매하게 진술되어 있어 교육자나 피교육자는 무엇을 어떻게 교육을 해야 하는지, 무엇을 어떻게 실천해야 해야 하는지를 알 수 없고, 알 수 없으니 교육의 성과를 기대하기는 아마도 어려울 것이다.

도덕성은 쉽게 규정되어야 한다. 그래서 제시된 내용만 보아도 교육자와 피교육자가 무엇을 어떻게 하면 도덕성을 함양할 수 있는지를 알 수 있어야만 한다. 그렇다면 무엇을 도덕성으로 보는 것이 바람직한가? 그 조건들을 열거해보자. 먼저 도덕성은 대부분의 사람들로부터 동의를 얻어 낼 수 있어야 한다. 다음은

---

334) 서울대학교 도덕과 교육과정 개정연구 위원회, 『제7차 초·중·고 등학교 도덕과 교육과정 개정연구』, 1997, p.2.

제시된 도덕성을 함양하기 위해서는 어떻게 해야 하는지 도덕
성과 교육방법 사이에 연계성이 있어야 한다.

필자는 이상의 조건을 만족시킬 수 있는 도덕성으로 감히 자
기조절을 주장하고 싶다. 자기조절은 자기억제를 조건으로 한
다. 자기를 억제할 수 있는 사람은 자신으로부터 한 발짝 물러
설 수 있고, 자신을 객관적으로 바라볼 수 있다. 더불어 자신의
입장으로부터 한 발짝 물러설 수 있는 사람은 다른 사람의 입
장에 서서 생각할 수 있어 다른 사람을 배려할 수 있다. 한마디
로 자기조절 할 수 있는 사람은 비도덕적 행위를 할 가능성이
적고 보다 도덕적일 수 있다. 따라서 자기조절을 도덕성으로 규
정하는데는 큰 문제가 없을 것으로 생각된다.

문제는 이것이 일반화 가능한가 하는 것이다. 우리는 이러한
자기조절을 도덕성의 요소로 보고 있는 학자나 사상을 많이 발
견할 수 있다. 서양의 대표적인 사상가인 플라톤, 아리스토텔레
스가 그렇고, 프로이트, 반두라 등도 그 내용은 조금씩 다르지만
자기조절의 중요성을 강조한 면에서는 크게 차이가 없다. 특히,
동양의 대표적 사상인 유학(성리학)은 자기조절을 성인에 이르
는 길로 제시하고 있다. 이러한 면에서 보면 자기조절은 일반화
가능하고, 자기조절을 도덕성으로 규정하는데는 크게 무리가 없
을 것으로 보인다.

이처럼 자기조절을 도덕성으로 규정하는 경우, 이제는 그 교
육방법을 생각해 보지 않을 수 없다. 자기조절이 무엇인가? 자
기조절은 자기억제, 자기통제, 자기 절제의 다른 말이라고 할 수
있다. 여기에서 억제, 통제, 절제는 무엇을 억제, 통제, 절제한다
는 것인가? 그것은 누구나 짐작할 수 있듯이 욕망, 충동, 욕구
등의 억제이다. 욕망, 충동, 욕구의 억제는 어떻게 하면 이루어
지는가? 우리는 외적압력이 강할 경우 처벌이 두려워 그렇게

할 수 있을 것이다. 그러나 이것은 일시적일 수 밖에 없다. 왜 냐하면 외적강제는 그것이 사라질 경우 욕망은 언제라도 다시 고개를 쳐들기 때문이다. 따라서 욕망의 억제가 지속성을 가지 려면 자기통제능력을 갖도록 해주어야만 한다.

자기억제는 어떻게 생겨나는가? 두 가지 측면에서 생각해 볼 수 있다. 하나는 칸트(I. Kant)가 말하는 양심의 소리 또는 프로 이트(S. Freud)가 주장하는 초자아(super-ego)에 의한 자기통제 이고, 다른 하나는 더 큰 만족을 위한 자기통제이다. 전자는 윤 리이론으로 볼 때, 당위·의무론적 접근일 수 있고, 후자는 윤리 적 이기주의적 접근이라고 할 수 있다.

어떤 것이 보다 도덕적인가? 아마도 대부분의 사람들이 전자 를 이야기 할 것이다. 필자도 여기에 동의한다. 문제는 교육적 효과이다. 그것은 아마 후자가 더 클 것이다.

우리는 도덕교육을 너무 이상적으로 생각하고 접근한다. 그러 다 보니 보다 도덕적인 당위·의무론적 접근을 많이 시도하고 있다. 혹자는 이렇게 말할지도 모르겠다. 비록 도달할 수 없을 지라도 이상은 높아야만 한다고, 그러나 보다 냉철하게 현실을 한번 바라보자. 우리가 초·중·고등학교에서 하고 있는 교육은 그 내용이나 시간 면에서 한계가 있다. 우리가 초·중·고등학 교 학생들을 성인(聖人)이나 콜버그(L. Kohlberg)가 주장하는 6 단계까지 끌어올릴 수 없다.

우리 인간은 칸트가 주장하듯이 내면의 소리인 양심에 따라서 만 살 수 있는 존재도 못 된다. 인간은 맹자나 루소가 이야기한 것처럼 그렇게 선한 존재만도 아니다. 인간은 상황만 허락된다면 언제든지 악한 행동도 할 수 있다. 따라서 여러 한계 때문에 도 달 불가능한 이상적 접근보다는 현실적 접근이 요구된다. 또 인 간에게 존재하는 긍정적인 면인 맹자의 4단이나 동정심, 이타심 등의 확대보다는 부정적인 면의 축소를 생각해볼 필요가 있다.

우리의 교육현실은 어떠한가? 우리가 학교 현장에서 실시하고 있는 도덕교육을 윤리이론에 의거해 분석해 보면 우리의 도덕교육은 대체로 당위·의무론적 접근을 하고 있다고 할 수 있다.

우리는 학생들에게 "선(善)한 행동을 해야만 한다"라고 가르친다. 선한 행동이 무엇인가? 여기서 말하는 선한 행동은 타인에 대한 배려나 타인에 이익을 주는 행위일 것이다. 즉 자신에게는 이익이 없거나 자신의 희생을 감수하더라도 다른 사람을 위해 하는 행동을 도덕적 선으로 간주하고 그러한 행동을 학생들에게 요구하는 것이다.

우리는 누군가가 왜 선한 행동을 해야 하는가? 라고 질문을 하면 '사람이니까'라고 대답한다. '사람이니까'라는 대답은 당위·의무론적 접근에 해당한다고 할 수 있다. 우리는 왜 이러한 접근을 하는 것일까? 아마도 그 이유는 윤리이론 중 가장 대표적인 이론이 동양의 경우 유학이고, 서양의 경우는 칸트로 대표되는 형식주의 윤리이론 때문이라고 생각된다. 유학은 맹자의 4단에 그 이론적 토대를 두고 있기 때문에 인간의 본성이 선하다고 본다. 인간의 본성이 선하다는 것은 인간이라면 누구나 선한 행동을 해야 그 본성에 충실하게 사는 것이 된다.

칸트는 인간이 선한 행동을 하는 것은 선함 그 자체를 위해서이지 무엇을 목적으로 선한 행동을 하는 것이 아니라고 주장한다. 그는 인간은 이성을 가진 존재로 인간에게는 무조건적인 명령에 따라야할 의무가 있다는 것이다. 이러한 접근은 이상적일지는 몰라도 교육적 효과는 크지 않을 것이다. 위에서도 언급한 바 있지만, 인간은 선하지도 이상적이지도 않다. 따라서 필자는 당위·의무론적 접근대신에 공리주의적 접근, 즉 윤리적 이기주의적 접근을 제안해 본다.

Ⅱ. 이론적 토대

우리가 하는 행위에는 대체로 두 가지 형태가 있다. 하나는 하고 싶어서 하는 행위이고, 다른 하나는 하고 싶든 하고 싶지 않든 해야 하는 행위이다. 이 말은 행위에는 자신의 이익 즉 쾌락이나 행복이라는 목적 때문에 스스로가 그러한 행위를 원하는 것과 원함과 관계없이 의무로서 마땅히 할 수 밖에 없는 것 두 가지가 있음을 의미한다. 여기서 자신의 이익 때문에 하는 행위는 윤리적 이기주의로, 그리고 의무로서 하는 행위는 윤리적 의무주의로 바꾸어 볼 수 있다.

가. 윤리적 이기주의

우리는 왜 이러저러한 행동을 하는가? 우리는 신이나 사회 또는 자신의 양심이 정직할 때는 보상을 하고 정직하지 못할 때는 벌을 줄 것이라는 가정 하에 행동을 하게 된다.335) 특별한 소수 몇 명을 제외한다면, 아니 그들도 제외시킬 수 없을지 모르겠지만 우리들 대부분은 자신에게 이익이 있는 방향으로 움직인다. 즉, 대부분의 사람들은 이기적으로 동기 유발되어 이에 적합한 행동을 한다.

홉스(Hobbes)에 의하면 선과 악은 우리가 좋아하거나 싫어하는 것을 나타내는 이름이다. 선은 우리가 좋아하거나 욕구하는 것이고, 악은 싫어하거나 피하려는 것으로, 그에게 있어서 좋아함과 싫어함은 선·악의 척도이다.336) 바로 이러한 입장을 윤리

---

335) Gilbert Harman, *The Nature of Morality*, (Newyork: Oxford University Press, 1977), p.137.
336) Paul W. Taylor, *Principle of Ethics*, 김영진 옮김, 『윤리학의 기본원리』, (서울: 서광사, 1985), p.75.

이론에 의거해 보면, 우리는 공리주의를 생각할 수 있다.

공리주의(Utilitarianism)는 그 이름에서 알 수 있듯이 유용성(Utility)에 의해 행위의 옳고 그름을 판단한다. 벤담(J.Beutham)은 고통과 쾌락은 인류를 지배하는 두 주권자라고 말하면서 이 둘을, 우리가 무엇을 해야 할지, 그리고 하고자 하는 행위가 옳은지 그른지를 말해주는 근거로 보고 있다. 그에 의하면 사람들은 누구나 쾌락을 얻고 고통을 피하고자 행위를 하며 쾌락에 대한 욕망과 고통에 대한 두려움, 즉 자신의 쾌락과 고통에 의해 행위를 결정하게 된다는 것이다.

게다가 벤담은 어느 누구도 자신에게는 이익이 없는데, 남을 위해 봉사할 것이라고는 꿈도 꾸어서는 안된다고 말하고 있다. 남에게 봉사하는 일이 자기 자신에게 이익을 가져다주는 방법이 되는 상황이 많이 있는 것은 사실이지만, 행위자를 행동하도록 하는 것은 언제나 자기 이익 때문이다. 그리고 자기 이익은 지금까지 인간을 존속시켜 왔고 앞으로도 인간을 존속시켜 줄 것이다. 이처럼 공리주의는 인간의 행위를 윤리적 이기주의 입장에서 바라보고 있고, 윤리학도 인간의 행위가 이익이 달려있는 사람의 편에 가능한 한 최대의 행복이 주어지도록 이끄는 하나의 기술에 지나지 않는 것으로 보고 있다.[337]

요컨대, 인간은 자신에게 쾌락과 행복을 가져다주는 행위는 추구하고 고통을 주는 행위는 회피하게 되는데, 원리는 인간의 행위에 보편적으로 작용하게 되므로, 도덕이론도 이러한 사실에 토대를 두어야 한다는 것이다.

그러면, 우리 인간에게 발생하는 이타적 행위는 어떻게 설명할 수 있을까? 벤담은 이타적 행위도 궁극적으로는 이기적 동

---

[337] James V. McGlynn and Jules J. Toner, *Modern Ethical Theories*, 안명옥, 임기석 옮김, 『현대윤리사상』, (서울: 서광사, 1986), pp.65-66.

기에서 출발한다고 생각한다. 우리가 공동의 복지를 위해 행동하고 타인의 쾌락을 고려하게 되는 것은, 그렇게 행동하지 않을 경우 고통스런 결과와 어쩔 수 없이 마주치게 되기 때문이라고 본다. 즉, 이타적 행위도 자신의 쾌락을 위해 하는 것으로 설명하고 있다.

이러한 생각은 밀(J. S. Mill)에게서도 발견할 수 있다. 밀은 사람들이 사실상, 행복, 즉 쾌락을 갈망한다고 말한다. 개개인이 자신의 행복을 갈망하고 있으므로 행복은 그에게 선한 것이다. 각 개인의 행복이 그에게 선하다면 일반적인 행복은 모든 사람에게도 선한 것이 된다.338) 그러나 밀은 벤담이 주장했던 것처럼 자기 자신의 행복추구가 다른 모든 사람의 행복 추구와 일치하지 않는다고 주장한다. 오히려 그는 개인은 전체의 행복을 위해서 자신을 희생할 각오가 되어 있어야 한다고 말하고 있다.339)

그러나 이러한 밀의 주장도 순수한 이타성이라고 보기는 어려울 것 같다. 밀은 어떤 사람이 물에 빠진 사람을 구해 줄 때 보상받기 위해서든, 의무감에 의해서든 아무런 차이가 없다고 말한다.340) 또 어떤 사람이 자기와 관련 있는 사람들을 위해 자기 자신의 행복을 희생함으로써 보다 많은 사람들에게 보다 큰 행복을 줄 수 있다면 기꺼이 그들을 위해 자기 자신의 행복을 희생시키고자 하는 사람에게 경의를 표한다341)고 말하고 있다.

공자는 인(仁)을 설명하면서 어떤 아이가 물에 빠지려고 할 때, 그 아이가 자신과 아무런 관련이 없음에도 불구하고 측은한 마음이 생겨나야 한다고 주장한다.

---

338) Ibid, p.80.
339) Ibid, p.81.
340) Ibid, p.78.
341) Ibid, p.77.

이러한 공자의 주장과 비교해 보면 길의 이타성이 순수한 이타성이 되지 못함은 보다 분명하게 드러난다. 게다가 밀은 벤담과 마찬가지로 이타적 감정이 이기적 감정보다 약하기 때문에 사회적 압력과 교육에 의해, 즉 상과 벌에 의해 길러져야 함을 역설하고 있다. 결국, 인간에게 있어 보다 궁극적인 것은 이기적 욕망이라고 할 수 있다. 반면, 이타성은 이러한 이기적 욕망과 일치하거나 보다 큰 이익을 위한 조건이거나 교육을 통해 발달되었을 때 가능한 것이 된다.

나. 윤리적 의무주의

우리는 위에서 인간의 행동결정에 중요한 요인으로 자기 이익과 관련된 쾌락과 행복을 이야기했다. 칸트는 이러한 주장에 동의하지 않는다. 칸트는 우리의 행위를 유발하는 동기를 두 가지로 구별하고 있다. 그 하나는 의무동기이고 다른 하나는 쾌락동기이다. 의무에서 우러나온 동기는 초감각적, 즉 이성적인 반면, 쾌락에서 우러나온 동기는 감각적이다.[342]

칸트는 감각적, 경험적 동기를 인정하지 않는다. 감각적·경험적 동기는 상대적이어서 보편성을 확보할 수 없기 때문이다. 즉 경험적 동기는 개인적 준칙은 될 수 있지만, 모든 사람에게 적용할 수 있는 법칙은 될 수 없다는 것이다. 따라서 만일 쾌락을 추구할 목적으로 행동한다면 그 쾌락이 아무리 고상하고 차원이 높다해도 그 사람의 행위는 감각적 차원에 머물러 있을 수밖에 없기 때문에 도덕적이라고 할 수 없다. 이러한 이유로 칸트는 의무를 강조한다. 의무는 감각적 차원을 뛰어 넘는 것으로 모든 사람이 따라야 할 법칙이 될 수 있기 때문이다.

---

342) 강영안, 『도덕은 무엇으로부터 오는가』, (서울: 소나무, 2000), p.28.

274

예를 들어, 누군가가 어떤 특정인을 좋아한다거나, 혹은 세상 사람들이 자기가 어떤 사람을 도와주기를 바란다는 생각만으로 그에게 어떤 도움을 주었을 경우, 이것은 도덕법이 요구하는 바를 실행했으므로 합법성이 부여될 수 있지만 의무가 아닌 어떤 동기에 따라 행동한데 지나지 않으므로 이러한 행동에는 도덕성이 결여되어 있다343)는 것이다. 그렇다면, 왜 의무가 아닌 어떤 대상 또는 목적을 위한 행위는 도덕적이지 못한가? 칸트는 그 이유를 다음과 같이 제시하고 있다.

첫째, 인간이 추구하는 대상(목적)은 언제나 경험적이고 행위의 질료, 즉 내용과 관련이 있다. 둘째, 선의 이름으로 추구하는 대상을 의지의 규정 근거로 삼는 것은 타율성을 도덕의 영역에 도입하게 만든다. 셋째, 만일 추구하는 대상(목적)에 따라 준칙을 채택하면 의무의 개념은 성립될 수 없다.344)

이처럼 칸트는 행위의 도덕적 근거를 동기가 아닌 의무에서 찾고 있다. 그러면, 칸트에게 있어서 의무는 구체적으로 무엇을 의미하는가? 칸트는 인간을 이성적 존재로 보고 있다. 그래서 의무의 근거를 이성에서 찾는다.

"도덕법칙은 행위주체인 이성적 존재가 스스로 주체적으로 정립한 것 외에 다른 것이 아니다."345) "이성적 주체는 개별적이면서도 모두 동일한 법칙을 수립하기 때문에 법칙에 대한 나의 존경은 동일한 입법자로서의 다른 주체에 대한 존경으로 이어질 수 있다."346) "도덕법칙이 보편적이라는 것은 도덕법칙이 한 개인에게 타당한 것이 아니라 이성적 존재라면 누구에게나 타

---

343) Hans Joachim Störig, *Kleine Weltgeschichte Der Philosophie*, 임석진 역, 『세계철학사 下』, (서울: 분도출판사, 1982), p.170.
344) 강영안, op. cit., pp.40-41.
345) Ibid, p.49.
346) Ibid, p.26.

당한 것이기 때문이다."347)

여기에서 보면 이성적 존재인 인간은 주체적 도덕법칙을 수
립할 수 있고, 이렇게 수립된 도덕법칙은 이성적 존재인 모든
인간에게 타당하기 때문에 보편적으로 적용될 수 있다는 것이
다. 문제는 이성적 존재인 인간은 어떻게 도덕법칙을 수립하느
냐 하는 것이다. 칸트는 이것을 이성적 추론을 통해 해결한다.

"내가 다른 사람의 어떤 탐스런 물건을 빼앗아도 좋을까를 놓
고 갈피를 잡지 못한다고 하자. 여기에서 나는 모든 인간이 절
도 행위를 할 것을 바라도 좋은가"348)라고 되묻기만 하면 충분
하다고 주장한다. 이처럼 칸트는 이성적 추론을 통해 법칙을 수
립하게 되면, 그것은 모든 사람에게 보편적으로 적용가능하고
그러한 법칙은 우리에게 하나의 명령이 되고, 사람들은 스스로
의 명령에 따라야 할 의무를 갖게 되는 것으로 본다. 요컨대 칸
트에게 있어서 선한 행위는 도덕적 법칙에 적합하다는 것만으
로는 충분하지가 않다. 어떤 행위가 도덕법칙 이외의 다른 동기
에 의해 유발되었다면 그것은 합법적일 수는 있지만 도덕적 가
치는 가질 수 없다. 어떤 행위가 도덕적 가치를 지니려면 도덕
법칙 그 자체를 위해서 행해져야만 한다.349)

그렇다면 칸트는 우리에게 도덕법칙에 따라 아무런 쾌락, 행
복, 보상도 없이 무조건적으로 희생, 봉사 등을 요구하고자 하였
던 것일까? 아마도 그러고 싶었을 것이다.

하지만 이러한 요구는 설득적이지 못하다는 것을 칸트도 알
았을 것이다. 그래서 도덕적 행위가 내적 기쁨이나 보상을 가져
다 줄 수 있을 것이라고 주장하고 있다. 이것은 스퇴리히가 자

---

347) Ibid, p.38.
348) Hans Joachim St rig, op. cit., p.168.
349) 강영안, op. cit., p.56.

276

신의 저서 『세계철학사 下』에서 제시한 칸트에 대한 그의 설명을 통해 파악할 수 있다.

"자기가 관여하는 일에 아무런 기쁨도 느끼지 못하고, 남에게 종속된 것과 같은 상태에서 봉사하는데만 그친다는 것은 그 자체의 내적 가치가 없을 뿐만 아니라 누구에게나 자발적이기는 커녕 오히려 최대한 회피하려는 반응을 보일 것이다. 그러므로 칸트는 우연히 닥쳐 온 재난은 감내하고, 우연히 누리게 된 생의 즐거움은 멀리하라고 한 스토아학파의 구호에 못지않게 에피쿠로스가 말하는 정신적 쾌락에도 큰 가치를 부여하였다. 그 누가 자기의 의무를 다하는데서 느끼는 이상의 기쁨을 지닐 수 있는가? 칸트는 승려적인 금욕주의를 거부한다. 그와 같은 고행이나 육체적 고통은 도덕적으로 자기가 지은 죄를 후회하기보다는 속죄하는 일에만 집착하는 까닭에 덕행의 바탕이 되는 명랑성을 지닐 수가 없거니와 오히려 은연중에 도덕적 계율에 대한 증오감마저 따르게 된다."350)

게다가 칸트는 신의 존재를 통해 도덕적 행위는 보상받을 수 있음을 주장하기도 하였다. "도덕적으로 선한 사람이 질병이나 가난으로 고통을 받을 수가 있고, 도덕적으로 도무지 선한 면이 없는 사람이 오히려 건강과 재물의 복을 누릴 수도 있다. 그러나 공평무사한 이성의 판단에 따르면 행복은 덕스러운 삶의 정도에 따라 주어져야 한다. 선한 사람은 현재 이 땅에서 그 선함을 충분히 보상받지 못하더라도 언젠가는 보상이 가능한 도덕적 질서가 있어야 하며, 악한 사람은 그 악한 행위에 비례하는 처벌이 가능한 도덕적 질서가 있어야 한다. 이것이 우리의 공평무사한 이성의 판단이다. 따라서 선과 악에 비례해서 각각 보상할 뿐만

---

350) Hans Joachim Strig, op. cit., pp.189-190.

아니라 세계를 그와 같은 방식으로 운영하고 관리하는 창조주가 있어야 한다는 생각이 이로부터 자연스럽게 이어진다."351)

이상에서 우리는, 인간의 행위를 의무에 따른 행위로 해석하고 그러한 행위만이 도덕적 가치를 지닐 수 있다고 주장한 칸트도 결국 현실적으로 사람들에게 도덕적 행위를 이끌어내기 위해서는 유인으로서 행복이나 보상이 필요함을 인정하고 있음을 알 수 있다.

Ⅲ. 플라톤과 반두라의 자기조절윤리

지금까지 필자는 도덕교육을 할 때 도덕적 행위에는 행복이나 보상이 수반된다고 주장하는 것이 보다 교육적 효과가 크다는 견해에 입각해서 도덕적 행위에 대한 대표적인 접근방식인 윤리적 이기주의와 윤리적 의무주의를 살펴보았다. 여기서는 플라톤과 반두라의 자기조절윤리에 대한 고찰을 통해 필자가 갖고 있는 견해를 검증해 보고자 한다.

가. 플라톤의 자기조절윤리

플라톤에게 있어서 자기조절은 정의이다. 플라톤은 이성에 의해 지배되는 사람을 절제있는 사람으로, 그리고 이런 방식의 사람을 정의로운 사람으로 규정하고 있다. 따라서 자기조절을 단지 생산자 계급의 덕만으로 이해하는 것은 자기조절을 너무 한정적으로 이해하는 것이다.

플라톤에게 있어 정의는 개인적 측면에서는 이성에 지배되는

---

351) 강영안, op. cit., p.131.

사람이고 국가적 측면에서는 지혜로운 자에 의해 지배되는 사회이다. 플라톤은 이것을 조화로운 것으로 보고 있다. 그 만큼 자기조절은 플라톤의 윤리사상에서 핵심적 요소에 해당한다.

여기서는 이러한 플라톤의 자기조절윤리를 살펴보고자 한다. 그런데 자기조절윤리를 살펴보기에 앞서 짚고 넘어가야 하는 것이 플라톤의 윤리관이다.

1) 윤리관

플라톤은 어떠한 윤리관을 갖고 있는가? 결론부터 이야기하면 윤리적 이기주의적 윤리관에 가깝다고 할 수 있다. 그는 자신의 저서 『국가』에서 인간이 정의로워야 함을 당위나 의무에 의거해 설명하고 있지 않다. 그의 논쟁의 흐름은 정의가 이익이 있는지 없는지, 또는 정의로운 행위는 보상을 받게 될 것인지 등에 주목하고 있다. 그는 먼저 트라시마코스의 입을 빌려 정의는 강한 쪽, 즉 지배자나 다른 사람에게는 이익이 되나 자신에게는 이익이 되지 않는 반면, 부정은 자신에게 이익이 된다고 문제를 제기한다. 이러한 문제 제기에 대한 답변으로 소크라테스는 부정은 사람들을 서로 미워하게 하고 불화를 일으켜 다투게 함으로써 함께 일할 수도 없게 하는데, 정의는 합심과 친애를 가져다주며, 의로운 사람은 더 잘 살고 행복하게 된다고 주장한다.

이러한 플라톤의 주장은 도덕적 행동이 순수한 의무감보다는 행복과 이익을 가져다주는 것으로 이해되기 때문에 윤리적 이기주의적 접근으로 해석해도 무방하리라 생각된다. 나아가 플라톤은 글라우콘을 통해 인간의 본성에 대해서도 매우 현실적 접근을 하고 있다. 글라우콘은 리디아 사람의 조상인 기게스의 예화를 통해 인간이 어떠한 본성의 소유자인지를 설명한다. 기게스는 반지 등에 있는 홈을 안쪽으로 돌리면 자신이 다른 사람

에게 보이지 않고 바깥쪽으로 돌리면 다시 보이게 되는 반지를
가지고 있었는데, 그는 이 반지를 이용해 왕비와 내통하고 함께
결탁하여 왕을 죽이고 왕위를 차지하게 되었다.

만일 아무리 의로운 사람이라 할지라도 그런 반지를 가졌다
면 정의의 편에 서서, 도둑질을 삼가며 남의 물건에 손을 대지
않을 사람은 한사람도 없을 것이라고 즈장한다.

"그는 시장에서 무엇이든지 원하는 것을 아무 거리낌 없이 훔
쳐내는 일도, 아무 집에나 들어가서 원하는 것을 훔쳐내는 일도,
또 아무 집에나 들어가서 누구든 원하는 사람과 정을 통하는
일도, 그리고 그가 죽이고 싶은 사람을 죽이거나 감옥에서 풀어
주는 일도 할 것입니다. 왜냐하면 그는 사람들 사이를 신처럼
판을 치고 다닐 수 있는 힘을 가지고 있기 때문입니다."352)

이러한 진술을 근거로 글라우콘은 인간의 본성을 마음으로부
터 의로운 것이 아니라 그저 못 이겨서 의로운 행동을 할 뿐이
며, 부정을 할 수 있다고 생각될 때는 언제든지 부정을 하게 된
다고 주장한다. 게다가 자기조절이나 정의는 아름다운 것이긴
하지만 힘들고 귀찮은 것이며, 방종과 부정은 즐겁고 쉽게 얻을
수 있는 것이지만, 세평과 법적 인습에서 나쁠 뿐이라고 말하고
있어 절제나 정의를 인간의 본성이기보다는 사회적으로 형성된
것이라는 주장을 한다.

이러한 주장에 대한 답변으로 소크라테스는 다음과 같이 이
야기하고 있다. "자네들은 부정을 위해서 능하게 얘기할 수 있
었는데도 부정이 정의보다 좋다고 믿지 않았다면 그건 자네들
에게 확실히 무엇인가 거룩한 것이 있기 때문일세."353) 즉, 플라
톤은 인간에게 거룩한 면도 있다는 답변을 할 뿐 글라우콘의

---

352) Platon, *Politeia*, 조우현 역, 『국가』,(서울: 삼성출판사, 1999), p.68.
353) Ibid, p.77.

280

주장을 부정하고 있지는 않다. 이것은 플라톤이 인간의 본성에는 긍정적인 면과 부정적인 면이 혼재함을 인정하기 때문일 것이다. 인간은 이성과 욕망을 함께 가지고 있으므로 플라톤에게 있어서 이성에 의한 욕망의 자기조절은 아주 중요한 도덕교육 방법으로 대두되게 된다.

한편, 플라톤은 정의로운 행위는 상을 받지만 부정한 행위는 벌을 받게 될 것이라고 주장한다. 심지어 이것은 죽은 후의 세계인 저 세상에 까지도 이어진다354)고 본다. 이것은 정의가 힘들고 고통스럽더라도 참고 견디면 나중에 반드시 큰 보상이 주

---

354) 플라톤은 그의 저서 『국가』 pp.419-420에서 팜필리아족 출신인 아르메니오스의 아들 에에르의 얘기를 통해 저 세상에 관한 이야기를 하고 있다. 에에르는 그 옛날 전투에서 숨을 거두었다네. 열흘째 되던 날 시체가 거두어졌다는데 다른 시체들은 이미 썩고 있었지만 그의 시체만은 성한 채로 있어서 집으로 옮겨져 열이틀 만에 화장하려고 장작더미 위에 뉘어놓았을 때 살아났는데 되살아난 다음에 그는 저 세상에서 보고 온 것을 얘기했네. 그가 말한 것은 이랬네. 그의 영혼은 육신을 떠난 다음 다른 많은 영혼들과 함께 길을 따라가서 그들은 어떤 신령스런 이상한 곳에 이르렀는데 거기에는 땅에 구멍 두 개가 나란히 벌어져 있고 위쪽으로는 이것과 마주 향해서 하늘에 따로 구멍 둘이 뚫려 있었네. 이들 하늘의 구멍과 땅의 구멍과의 중간에 재판관들이 앉아 있었는데 그들은 그곳에 오는 자들을 차례대로 재판해서 판결을 내린 다음 정의로운 사람들에게는 그 판결을 나타내는 표시를 앞에다 붙여 주어 오른쪽의 하늘을 통해서 위로 길을 가도록 명령을 하고 부정한 사람들에게는 이들 역시 그때까지 저지른 모든 소행을 나타내는 표시를 뒤에다 붙여서 왼쪽의 아래로 향한 길을 가라고 명령했다네. 그러나 에에르가 그리로 다가가니까 재판관들은 너는 죽은 뒤의 세계에 관해서 인간들에게 일러주는 사자가 되어야 하기 때문에 여기서 진행되고 있는 모든 일을 잘 보아 두도록 하라고 말했네. 그래서 그가 보니까 영혼들이 판결을 받은 다음에 그 자리를 떠나 하늘의 구멍과 땅의 구멍으로 다가 갔는데 다른 두 구멍중의 땅의 구멍 쪽에서는 때 묻고 먼지투성이의 영혼들이 땅속으로부터 올라왔고 하늘의 구멍 쪽에서는 다른 영혼들이 말끔한 모습으로 하늘로부터 내려오는 것이었네.

어질 것이니, 즉시적 만족을 연기하고 인내할 것을 주문하는 것
이다.

"부정에 능숙한 사람들이란 마치 가는 길에선 잘 뛰지만 되돌
아오는 길에선 그렇지 못한 경주자나 마찬가지가 아닐까. 그들
은 처음에는 날쌔게 뛰어 나가지만 마지막엔 영관(榮冠)도 차지
하지 못하고 귀를 어깨 위에 떨구고 도망가서 웃음거리가 되네.
참다운 경주자는 결승점에 들어갔을 때 상을 받고 영관을 쓰는
것일세. 정의로운 사람에 관해서도 대게 이와 마찬가지가 아닐
까. 하나하나의 행실이나 남과의 사귐이나 또 인생전체에 있어
서 그들은 끝에 이르러서야 명성을 얻그 인간들에게서 상을 차
지하는 것이 아닌가."[355]

이와 같이 플라톤은 정의로운 행위는 행복을 가져오고, 인생
의 마지막에 상을 받거나 그것도 아니던 죽은 후에라도 보상을
받을 수 있을 것이라고 주장하고 있다. 이것은 서두에서 언급한
것처럼 윤리적 이기주의적 접근에 해당한다고 할 수 있다.

2) 도덕교육으로서의 자기조절

플라톤은 영혼을 크게 두 부분, 즉 이성적 부분과 욕망적 부
분으로 나누고 있다. 배가 고프거나 목이 마른 경우 배고픔이나
목마름 그 자체는 좋은 것도, 나쁜 것도 아니다. 문제는 그것을
어떻게 충족하느냐 하는 것이다. 즉 충족의 방식에 따라 좋은
것이 될 수도 있고 나쁜 것이 될 수도 있다. 욕망적 부분은 이
러한 욕구를 충족시킬 것을 명령하고, 이성적 부분은 욕구의 충
족을 막는다.

플라톤은 자기조절이란 '일종의 질서이며 어떤 쾌락이나 욕망

---

355) Ibid, p.418.

의 극복으로 자기 자신을 이기는 것'이라 정의한다. 여기서 자기 자신을 이긴다라는 표현은 인간 자체의 안 즉, 영혼 안에는 더 좋은 부분과 더 나쁜 부분이 있어 더 좋은 것이 더 나쁜 것을 지배하는 것을 의미한다. 반면, 나쁘게 키워서이든 어떤 사귐 때문이든 더 좋은 것이 더 나쁜 것보다 약해서 그 많은 수에 밀릴 경우 이것을 비난하는 것으로서 꾸짖고, 이 지경에 있는 사람을 자기 자신에게 지고 있다고 하기도 하고 자기조절능력이 없다고도 한다.356)

따라서 플라톤이 말하는 자제는 이성적 부분에 의해 욕망적 부분이 지배되는 것이고, 그 반대는 욕망적 부분이 이성적 부분을 지배하는 것이라고 할 수 있다.

자라고 성장한다는 것이 무엇인가? 아마도 그것은 자기조절 능력의 형성을 의미할 것이다. 갓 태어난 아이는 고통을 피하고 쾌락만 추구하는 쾌락주의자이다. 하지만 자라면서 계속해서 쾌락을 추구하기는 하되, 만족을 연기하는 법을 배우게 된다. 지금 약간의 쾌락 대신에 나중의 더 큰 쾌락을 얻는 법을 배운다. 부모는 어떤 행위에 대해서는 상을 주고 어떤 행위에 대해서는 벌을 줌으로써 아이를 가르치고 사회화시킨다.357) 이처럼 자기 조절은 성장과 함께 삶을 살아가는 데 매우 중요한 요인이다.

플라톤은 이것을 건강과 질병에 비유하여 설명하고 있다. "건강해진다는 것은 몸 안에 있는 것들을 서로 지배하고 지배받는 자연스런 관계로 세워놓는 것이지만, 병들게 된다는 것은 이 자연스런 관계를 어겨서 하나가 지배하거나 다른 것의 지배를 받거나 하게 되는 일이다."358) 요컨대 플라톤은 이성이 욕망을 지

---

356) Ibid, p.166.
357) Gilbert Harman, op. cit., p.139.
358) Platon, op. cit., p.186.

배하는 것을 자연스러운 것으로, 그리고 욕망에 의해 지배되는 것을 부자연스러운 것으로 보고 있는 것이다. 그는 이러한 부자연스러운 현상을 은유적으로 다음과 같이 표현하기도 한다.

"돈을 좋아하는 욕망적인 부분을 영혼의 용상에 앉혀놓고 사치스런 두건과 목걸이와 단검으로 치장을 시켜 자기 속의 대왕으로 섬기는 경우를 생각해 보라. 그 대왕의 측근 좌우에 이지적인 부분과 기개적인 부분을 노예로서 땅바닥에 엎드리게 하고 나서 이지적인 부분에 대해서는 어떻게 하면 적은 돈에서 큰돈이 생기게 하는가를 셈하고 생각하는 것 이외에는 아무 것도 허락하질 않고, 다른 편으로 기개적인 부분에 대해서는 부와 부자 이외의 다른 것은 칭찬하거나 존경하지 못하도록 하고, 또 돈을 차지하는 것과 그것에 뭔가 이바지하는 일이 있다면 그 밖엔 다른 어떤 것에서도 자기의 명예욕을 채우지 못하게 하는 것이다."359) 이런 사람은 불의, 방종, 비겁, 무식 등 한마디로 온갖 악으로 스스로를 치장하게 되고 비천한 욕망에 사로잡혀 스스로를 병들게 한다.

반면 "절제는 글자 그대로 나라 전체에, 음정 전반에 걸쳐 펼쳐 있어서 가장 약한 것에도 가장 강한 것에도 그 중간 것에도 같은 노래를 일치해서 부르게 하지만 이 강약은 사려에 있어서나, 힘에 있어서나 또는 수나 재물에 있어서나, 그 밖에 그와 비슷한 어떤 것에 있어서나 어디에든 있는 것이다. 따라서 이 합치(合致), 즉 본성에 있어서 우월한 것과 열등한 것 중의 어느 것이 나라에서나 개인에서나 지배하지 않으면 안 되는가에 관한 합주(合奏)이다."360) 플라톤은 이런 사람이나 국가는 건강하고 질서로울 것으로 본다. 요컨대 플라톤은 자기조절을 정의로,

---

359) Ibid, p.329.
360) Ibid, pp.167-168.

정의로운 사람은 이성에 의해 욕망을 억제하는 사람, 즉 자기
자신을 이기는 사람으로, 그리고 이런 사람을 건강하고 훌륭한
사람으로 규정하고 있다.

3) 교육방법

플라톤은 교육을 제2의 천성이라 할 만큼 교육의 중요성을
강조하고 있다. 그는 가장 뛰어난 천성도 양육이 그것에 적합하
지 않은 상태에서는 하찮은 천성보다 더욱 나빠질 수 있고, 이
러한 이치는 영혼도 마찬가지라고 보았다. 그래서 영혼의 본바
탕을 좋게 타고나도 좋지않은 교육을 받게 되면 나쁘게 타고난
것보다 더 좋지않게 될 수도 있다고 하였다. 심지어 그는 큰 부
정한 일이나 전적으로 악한 상태는 보잘 것 없는 천성에서 생
기는 것이 아니라 잘못된 양육으로 인해 못쓰게 된 천성에서
생겨난다고 주장하기도 한다. 이처럼 플라톤에게 있어서 교육은
오히려 천성보다도 더 중요한 위치에 있다.

그러면 플라톤은 교육방법으로 어떠한 것을 제시하고 있는
가? 그는 모델링을 통한 습관의 형성을 강조한다. 모델링은 그
것이 어려서부터 오래 계속되면 마침내는 습관이 되어 몸, 목소
리, 정신까지도 바꾸는 제2의 천성이 될 수 있다는 것이다. 다만
주의할 것은 공부를 시키는데 있어 강제로 시키지 말라는 것이
다. 아이들은 놀리면서 키워야 그들 각자의 소질이 무엇인지를
잘 알 수 있기 때문이다. 플라톤은 "조심성 있는 사람은 얘기해
가는 중에 훌륭한 사람의 어떤 말이나 행실에 이르게 되면 자
기가 그 사람 구실을 하고 싶어져서 모델링하기를 특히 좋아하
지만, 자기에게 아무 값어치도 없는 사람에게 이르게 될 때는
그가 무엇인가 쓸모 있는 일을 하고 있는 아주 적은 경우들 말
고는 자신만도 못한 그 사람을 열심히 닮고 싶어하지는 않을

것이고 오히려 부끄럽게 생각하는데, 그것은 그런 사람들을 모델링하기에 서투르기 때문이기도 하고 또 자기만 못한 사람들의 틀에다 자기 자신을 맞추기가 싫기 때문이라고 하였다."361)

이처럼 플라톤은 사람들이 특별한 노력을 기울이지 않아도 스스로 훌륭함을 모델링할 것으로 보고 있다. 그래서 그는 자기 안에 있는 자기 자신의 것으로, 즉 스스로 그렇게 하는 것을 가장 바람직한 것으로 본다.

문제는 그렇지 못할 때이다. 이런 경우 플라톤은 밖으로부터 그렇게 되도록 부여해야 하는데, 밖에서 부여할 때는 자연스럽게 습관이 형성될 수 있도록 점증적으로 해야 한다고 하였다.

"만약 위쪽에 있는 태양을 보게 하려면 우선 그가 가장 편하게 볼 수 있는 것은 그림자이고, 다음으로는 물에 비친 인간이나 그 밖의 다른 영상, 그 뒤엔 그 실물일세. 그 다음엔 하늘에 있는 것이라든가, 하늘 그 자체로 눈을 돌리게 되는데, 그러기 위해서는 우선 밤에 달빛이나 별빛을 보는 것이 낮에 태양이나 그 빛을 보기보다는 편할 걸세."362)

이와 같이 플라톤은 교육을 할 때 모델링을 통해 스스로 습관을 형성할 수 있도록 도와주되, 스스로 하지 못할 경우에는 점차적으로 자연스럽게 습관을 형성할 수 있도록 외적으로 부여해 줄 것을 강조하였다.

나. 반두라의 자기조절윤리

반두라는 사회심리학자로서 앞에서 논의해 온 철학자들과는 달리 그의 주요 관심은 어떻게 하면 비도덕의 문제를 줄일 수 있는지, 또 어떻게 하면 도덕적 행동을 하도록 유도할 수 있는

---

361) Ibid, p.119.
362) Ibid, p.278.

지에 관한 것이었다. 우리는 플라톤의 자기조절윤리를 논의하면서 그 내용을 윤리관, 도덕교육으로서의 자기조절, 교육방법으로 나누어 살펴보았다. 여기에서도 이러한 주제에 의거해 반두라를 고찰해보고자 한다. 그 이유는 플라톤의 자기조절윤리와 반두라의 자기조절윤리를 쉽게 비교할 수 있도록 하기 위함이다.

1) 윤리관

반두라는 주요학습방법으로 관찰학습과 기대학습을 제시한다. 관찰학습은 모델의 행동을 관찰자가 관찰을 통해 학습하는 방법으로, 여기에서 관찰을 유도하는 주요변수는 모델이 받게 되는 상과 벌이다. 관찰자는 모델이 어떠한 행동을 해서 상이나 벌을 받으면 관찰을 통해 얻게 된 정보를 통해 행위를 하게 되는데, 상은 행위촉진을, 벌은 행위억제의 기능을 한다.

한편, 반두라는 인간의 행위는 과거로부터 순시간적으로 인과관계를 통해 영향을 받기도 하지만 기대에 의해 현재의 행위를 결정하기도 한다고 본다. 기대가 무엇인가? 기대는 자신이 무엇인가 되고자 하거나, 어떠한 일이 일어날 것이라고 예측하는 것이다. 그리고 그 기대에 의해 자신이 어떠한 행동을 하고, 어떻게 살아야 할 것인지를 결정하는 것이 기대학습이다.

그런데 여기에서도 기대에 영향을 미치는 요인은 상과 벌이 될 수 밖에 없다. 어떤 사람이 또는 어떤 행동이 어떠한 결과를 초래하게 되는지를 알게 되면 사람들은 그 결과에 의거해 행동을 하게 된다. 즉 어떤 사람이 어떤 행동을 해서 상을 받았을 경우, 사람들은 그 사람과 비슷한 행동을 하면 비슷한 결과를 얻을 수 있을 것이라는 기대를 갖게 되고 그러한 행동을 하게 된다.

이상에서 반두라가 제시한 학습방법인 관찰학습과 기대학습을 살펴보았다. 여기에서 학습의 주요변수는 상과 벌이었다.

그런데 반두라는 앞에서 제시한 윤리적 이기주의와 의무주의의 틀에 비추어볼 때, 우리가 도덕적 행위를 왜 해야 하는지, 또 도덕적 행위를 하면 어떠한 결과를 초래하게 되는지에 대해서 언급한 바가 없다. 다만 우리가 유추할 수 있는 것은 반두라는 사회심리학자로서 도덕적 이탈행위를 줄이고자 하였다는 것이다. 이것은 역으로 보면, 어떻게 하면 도덕적 행위를 하도록 촉진할 수 있을까를 생각하였다는 것이 된다. 즉 반두라는 상과 벌을 통해 비도덕적 행위를 줄이고, 도덕적 행위를 촉진하고자 하였다는 것으로 볼 수 있다. 따라서 반두라는 도덕적 행위는 상을 받고, 비도덕적 행위는 벌을 받을 것이라는 것을 관찰학습과 기대학습을 통해 사람들에게 알려주고자 하였기 때문에 윤리적 의무주의보다는 윤리적 이기주의적 접근을 시도하였다고 봄이 타당할 것으로 생각된다.

2) 도덕교육으로서의 자기조절

반두라에게 있어서 자기조절능력은 자기통제능력을 의미하기도 한다. 우리 인간은 그 정도는 다르지만 누구나 자기조절능력을 갖고 있다. 만약 우리가 자기조절능력을 갖고 있지 않다면 우리는 사회생활을 할 수 조차 없을 것이다. 우리는 일반적으로 자기조절이라고 하면 충동성과 관련지어 생각하게 된다. 물론 자기조절은 충동성과 밀접한 관련이 있다. 그러나 반두라는 자기조절을 충동성으로만 보지 않는다. 반두라는 도덕적 이탈의 상당 부분이 합리화에 의해서 이루어진다고 본다. 따라서 자기조절은 이러한 합리화로부터의 억제도 포함해야 한다. 다시 말해 "도덕적 측면에서 자기조절이 갖는 중요성은 충동억제, 유혹의 억제뿐만 아니라 상당한 자기조절능력을 요구하며 사려 깊은 행위이지만 그 행위가 비도덕적인 행위인 경우 스스로를 통제하여 비도덕적인 행위를 하지 않는 것이다."363)

반두라는 우리가 왜 충동을 억제하고, 유혹을 물리치고, 비도덕적 행위를 억제해야 한다고 보고 있는가? 칸트의 주장처럼 인간에게 선험적으로 주어진 의무 때문인가? 아니면 벤담이나 밀처럼 쾌락이나 행복 때문인가? 아마도 후자 때문일 것이다. 이렇게 본다면 자기조절은 보다 큰 쾌락이나 행복을 위한 즉시적 만족의 연기라고 할 수도 있을 것이다. 물론 위에서도 언급한 바 있지만 반두라는 도덕적 이탈이 상당히 사려 깊은 합리화에서 발생한다고 하였다. 따라서 깊게 생각하지 않으면 합리화는 만족의 연기와 별로 관계가 없다고 생각할 수도 있을 것이다. 그러나 합리화를 통한 도덕적 이탈도 보다 큰 행복을 생각하지 못한, 즉 즉시적 만족보다 조금 연장된 만족의 결과에 지나지 않을 수 있다. 그러므로 자기조절을 만족의 연기라고 보아도 그리 큰 문제는 되지 않을 것이다.

반두라는 자기조절능력을 길러주는 방법으로 상과 벌을 제시하였다. 상과 벌은 어떤 행위를 하면 그러한 결과가 그 행위자에게 주어진다는 것을 알려주는 것이다. 즉 우리는 어떤 행위를 하면 상이 주어질 것이라는 것을 알게 된다. 우리는 그러한 상을 획득하기 위해 현재 나에게 주어지는 고통을 인내할 수도 있고, 지금 바로 얻게 되는 상과 비교하여 나중에 주어질 수 있는 것이 더 큰 것이라면 지금의 상을 받지 않고 거부할 수도 있다. 이것은 위에서 언급한 것처럼 보다 큰 쾌락과 행복을 위해 지금의 즉시적 만족을 연기하는 것이다.

골맨(Danial Goleman)은 만족의 연기, 즉 자기조절이 얼마나

---

363) 拙稿, '반두라의 행위중심의 도덕교육론에 관한 연구' 한국교원대학교, 2003, p.165.

근본적인 능력인지를 알아보기 위해 4살짜리 아이에게 이를 실험해 보았다. 그는 4살짜리 아이에게 심부름을 하고 난 후까지 기다릴 수 있다면 너는 두 개의 과자를 먹을 수 있지만, 기다리지 않고 지금 즉시 그것을 먹는다면 한 개의 과자만 먹을 수 있다고 제안하였다. 그 결과 몇 명의 아이들은 실험자가 돌아올 때까지 기다릴 수 있었다.364)

이처럼 만족의 연기는 우리 인간에게 상당히 중요한 능력이고, 사회생활을 해야 한다는 면에서 보면, 그것은 도덕적 측면과도 깊은 관련이 있다.

우리가 아주 흔하게 접하게 되는 비도덕적인 행위인 도둑질, 마약중독, 강간 등을 자세히 살펴보면 이것들은 대부분 충동성에서 발생한다는 것을 알 수 있다. 즉 순간의 충동을 참지 못해서 그러한 행위를 하게 되는 것이다. 그리고 자기조절능력이 없는 사람은 자기 파괴적이거나 자기중심적이어서 다른 사람을 배려하지도 못할 뿐만 아니라 그런 사람이 있으면 그 사회는 유지되기도 어렵다. 따라서 자기조절은 도덕교육적 차원에서 중요하게 다루어져야만 하는 덕목이다. 그런데도 우리는 아직 이러한 자기조절을 많이 언급하지 않거나 도덕적 차원에서 다루려고도하지 않는 것 같다.

3) 교육방법

반두라의 주요 학습방법은 관찰학습과 기대학습이다. 이것은 모두 모델링을 통해서 이루어질 수 있고, 반두라도 가장 대표적인 교육방법으로 모델링을 제시하고 있다. 우리는 모델링을 통해 다음과 같은 교육효과를 얻을 수 있을 것이다. ① 새로운 행

---

364) Danial Goleman, *Emotional Intelligence*, (Scientific American, Inc., 1994), pp.80-81.

위양식의 습득, ② 행위규칙의 학습, ③ 학습된 행위의 강화와 약화, ④ 반응촉진, ⑤ 정서각성 등이다. 이와 같이 모델링은 행위학습에 필수적이라 할 수 있다.

그러면 이러한 모델링을 통해 어떻게 자기조절을 교육할 수 있는지, 그 구체적 방법365)에 대해 생각해보자.

첫째는 자기평가에 대한 기준 예시이다. 교육자는 가치 있는 행위가 무엇인지를 알려주어 자기평가 기준을 설정하도록 도와주어야 한다. 만약 어린이가 저항적이라 교육자의 예시를 받아들이려 하지 않으면, 그들 스스로가 의사결정을 통해 기준을 정하도록 도와주어야 한다.

둘째는 등급화된 유인체계를 통한 행위 안내이다. 어린이에게 어떤 행위를 할 경우, 어떤 특권을 누릴 수 있는지를 등급화해서 제시하면 어린이들은 점진적으로 사회적 행위를 하게 될 것이다.

셋째는 긍정적 강화의 철회와 유해 자극의 제시이다. 긍정적 강화의 철회는 사랑의 상실에 대한 위협으로 자기조절능력을 길러주는데 매우 효과적이다. 특히 육체적 벌과 특권의 박탈을 함께 사용하면 그 효과를 배가할 수 있을 것이다.

넷째는 스스로에 의한 보상의 박탈이다. 스스로 물질적 보상을 박탈하도록 배운 어린이는 위반행위를 하였을 경우 더 많이 보상회복을 하려고 한다는 면에서 자기조절능력을 길러주는 데 의미가 있다.

이상에서 자기조절교육을 위한 교육방법을 살펴보았다. 자기조절을 길러주는 효과적인 방법은 스스로 행위의 기준을 설정하고, 그 기준에 의거해 행위를 평가하고, 기준에 도달하지 못한

---

365) 拙稿, op. cit., pp.173-174 참조.

경우는 스스로 보상을 철회하도록 하는 것이다. 그러나 대부분의 경우를 보면 이러한 방법은 생각만큼 그리 효과적이지 못하다. 왜냐하면 실제로 학생들 스스로에게 맡겨두면, 스스로 기준을 정하고, 평가하고, 보상을 철회하는 경우는 드물기 때문이다. 따라서 부모나 교사의 적극적인 안내와 지도가 필요할 수 밖에 없다.

Ⅳ. 결 론

지금까지 자기조절능력을 도덕성으로 규정하고, 자기조절능력을 함양하는 교육이 도덕교육이 되어야 한다는 생각에서 논의를 전개시켜 보았다. 그리고 그 내용으로서, 먼저 도덕교육을 할 때, 어떤 접근을 해야 하는지에 대해 윤리적 이기주의와 윤리적 의무주의로 나누어 살펴보았고, 다음으로는 플라톤의 자기조절윤리를 윤리관과 도덕교육으로서의 자기조절, 그리고 교육방법으로 구분하여 고찰하였다. 마지막으로 반두라의 자기조절윤리를 플라톤과 같은 틀 속에서 살펴봄으로써 플라톤과 쉽게 비교할 수 있도록 하였다.

그 내용을 요약해 보면 다음과 같다. 먼저 이론적 토대에서는 도덕교육의 접근방법으로 윤리적 이기주의 접근과 윤리적 의무주의 접근 중 필자는 윤리적 이기주의 접근이 학생들로 하여금 도덕적 행동을 하도록 유인하고 끌어들이는데 보다 효과적이라는 주장을 하였다. 윤리적 의무주의는 도덕적 숭고성과 인간의 가치를 높여준다는 면에서 상당한 의미를 지닐 수 있지만 도덕교육적 적용에는 한계가 있다. 다음으로 플라톤의 자기조절윤리에서는 플라톤의 윤리관이 어떤 접근을 하고 있는지를 살펴보았는데, 플라톤도 도덕적 행동이 행복, 보상 등의 결과를 초래하게 된다는 주장을 하고 있다는 점에서 윤리적 이기주의 접근을 시도하고 있다고 볼 수 있다.

그리고 플라톤은 자기조절을 인간의 영혼 중 이성적 부분에 의한 욕망적 부분의 지배라고 보아 이러한 현상을 건강과 비유하면서 자연스러운 현상으로 보았다. 또 도덕교육방법으로 플라톤은 반두라와 마찬가지로 모델링을 제시하고 있다. 즉 그는 모델링을 통해 스스로 습관 형성을 이룰 수 있도록 도와주는 것이 가장 바람직한 교육방법이라고 주장하였다.

마지막으로 반두라는 학습방법으로 관찰학습과 기대학습을 역설하였는데, 여기서 주요변수가 되는 것은 모델링을 통한 보상과 벌이다. 따라서 그의 윤리관은 도덕적 행동이 보상을 초래한다는 것을 알려줌으로써 도덕적 행동을 유도하고자 하는 것이기 때문에 윤리적 이기주의의 틀을 벗어나지 않는다고 할 수 있다. 그리고 자기조절능력의 함양은 반두라의 도덕교육의 목적이다. 반두라는 자기조절을 우리가 일반적으로 생각하는 충동의 억제, 유혹의 억제로만 생각하지 않는다고 보아야 한다. 그는 도덕적 이탈을 언급하면서 대부분의 도덕적 이탈이 합리화에 의해 이루어진다는 주장을 하고 있다. 그러므로 반두라에 있어서 자기조절은 이러한 합리화를 억제하는 것까지도 포함한다. 또 반두라가 제시하는 대표적인 교육방법은 모델링이다. 그는 이러한 모델링을 통해 학생들에게 스스로 행위기준을 정하도록 안내하고, 그 기준에 의거해 자신을 평가하고, 보상을 철회할 것인지, 보상을 줄 것인지를 결정하게 하는 것이 효과적임을 강조하였다.

결국 이상의 논지에 의거해 도덕교육을 하면, 바람직한 도덕

교육은 교육자가 윤리적 이기주의 접근을 통해 교육적 효과를
극대화하되, 도덕교육의 목적으로서의 도덕성은 자기조절 능력
으로 설정하고, 그 교육방법으로는 강화와 모델링을 적용하는
것이라고 할 수 있다.

참고 문헌

1. 강영안, 『도덕은 무엇으로부터 오는가』, 서울: 소나무, 2000.

2. 송석재, '반두라의 행위중심의 도덕교육론에 관한 연구', 한국
교원대학교, 2003.

3. Harman, Gilbert, *The Nature of Morality*, Newyork: Oxford
University Press, 1977.

4. MCGlynn, James V., and Toner, Jules J., *Modern Ethical
Theories*, 안명옥, 임기석 옮김, 『현대윤리사상』, 서울: 서광
사, 1986.

5. Norman, Richard, *The Moral Philosophers*, 안상헌 옮김, 『
윤리학 강의』, 서울: 문원, 1995.

6. Platon, *Politeia,* 조우현 역, 『국가』, 서울: 삼성출판사, 1999.

7. Storig, Hans Joachim, *Klein Weltgeschichte Der Philosophie*,
임석진 역, 『세계철학사 下』, 서울: 분도출판사, 1982.

8. Taylor, Paul W., *Principle of Ethics*, 김영진 옮김, 『윤리학
의 기본원리』, 서울: 서광사, 1985.

이황의 경(敬)과 반두라의 자기조절 비교

I. 서 론

우리 속담에 '참을 인(忍)자 셋이면 살인도 면한다'라는 말이 있다. 이 말은 세 번 정도 참을 수 있다면 충동성과 유혹으로 인해 생겨나는 대부분의 일을 극복할 수 있다는 의미이다. 요즈음 우리 사회는 어떠한가? 우리 사회는 곳곳에서 충동성을 자극하고, 일탈을 부추기며 유혹하는 대상을 쉽게 접할 수 있다. 이러한 이유 때문인지, 우리 사회에서 발생하는 많은 문제를 자세히 들여다보면 충동성과 유혹을 억제하지 못해서 생겨나는 일이 대부분이다. 많은 사람들이 이것에 대해 문제의식은 가지고 있지만, 어떻게 대처해야 할 것인지에 대한 대안은 뚜렷이 제시되지 못하고 있는 것이 현실이다.

이러한 상황에서 우리에게 가장 절실하게 요구되어지는 것은 무엇일까? 그것은 아마도 자기억제일 것이다. 자기억제는 동서양을 막론하고, 우리에게 가장 많이 강조되어 온 덕목 중의 하나이다. 동양의 유학사상에서는 인(仁)을 실천하는 방법으로 극기복례(克己復禮)와 충서(忠恕)를 강조하였고, 서양의 대표적 사상가인 플라톤(Platon)은 4가지 덕목366)의 근본으로 절제를 제

---

366) 플라톤은 그의 저서 Politeia 조우현 역, 『국가』, (서울: 삼성출판사, 1999), p.167에서 계급을 셋으로 나누고, 각각의 계급에 절제, 용기, 지혜를, 그리고 이러한 덕목들이 조화를 이룬 상태를 정의라고 하여 국가에서 추구되어야할 덕목을 넷으로 구분하였다. 그리고 절제는 "나라 전체에 음정 전반에 걸쳐 펼쳐 있어서 가장약한 것에도 가장 강한 것에도 그 중간 것에도 같은 노래를 일치해

시하였다.

　우리 인간에게 이처럼 자기억제가 강조되어 온 이유는 무엇일까? 그것은 우리가 사회적 존재이기 때문이다. 인간은 무한정한 욕구를 가진 존재이면서, 동시에 다른 사람들과 함께 살아야만 하는 모순적 존재이다. 인간은 이러한 모순을 자기억제를 통해 해결 온 것이다. 그러므로 자기억제는 인간에게 있어 생존을 위한 필수 요소이다. 그런데 자기억제는 극기, 자제, 절제 등 다양한 형태로 표현되고 있다.

　본 연구는 이러한 자기억제에 초점을 맞추어 이황(李滉)의 경(敬)과 반두라(Bandura)의 자기조절(self-regulation)을 비교 논의해 보고자 한다. 이황의 경과 반두라의 자기조절은 위에서 제시한 극기, 자제, 절제 등과 그 의미가 유사하다. 게다가 경은 우리 고유의 사상은 아니지만, 우리의 전통사상 중 하나인 성리학의 대표적인 수양(修養)방법이다. 반면, 반두라의 자기조절은 도덕교육이론 중 자기조절과 관련하여 볼 때, 대표성이 있다고 볼 수 있을 뿐만 아니라 이황의 경 사상과도 비견될 수 있는 부분을 많이 내포하고 있다.

　물론, 동양과 서양은 언어와 사고, 문화 등의 차이로, 설령 두 개념이 비슷한 의미를 지니고 있다고는 하지만 섯불리 비교하기가 쉽지는 않은 일이다. 그럼에도 불구하고 이러한 무리수를 두는 이유는 경이 일상생활에서 우리들이 실천할 수 있는 구체적인 실천방법임에도 불구하고 추상적이고, 형이상학적인 측면을 내포하고 있어 막연하게 이해할 뿐 우리의 생활과 직접적으로 연결짓지 못하고, 유리된 면이 있기 때문이다. 이러한 이유로

　　서 부르게 하지만 이 강약은 사려에 있어서건, 또는 힘에 있어서건 또는 수나 재물에 있어서건 또는 그 밖에 그와 비슷한 어떤 것에 있어서건 어디든지 있는 것일세."라고 하였다.

대부분의 사람들은 경이 과거의 성리학자, 그것도 특정한 소수의 사람들에게만 필요하고, 그들에게만 적용될 수 있는 것으로 잘못 인식하고 있다.

경은 우리의 전통사상 중, 위에서 제기한 충동성과 유혹을 억제하지 못해서 발생하는 많은 문제를 사전에 차단하고, 줄일 수 있는 훌륭한 실천방법이고 교육방법이다. 또한 우리가 일상생활에서 실천 가능한 구체적인 수양방법이다. 이것을 확인해보기 위해, 서구의 사회 심리학적 측면에서 경을 재해석하고, 비교 분석해 볼 필요가 제기되었다.

이를 위해 본 연구는 먼저 유학의 인간관과 서구 심리학의 인간관을 비교하고, 다음으로는 이황의 경 사상과 반두라의 자기조절을, 마지막으로는 경과 자기조절을 비교해 볼 것이다.

II. 유학과 서구 심리학의 인간관 비교

이황의 경과 반두라의 자기조절을 살펴보기 전에, 인간관에 관심을 갖는 이유는 인간관은 교육의 내용과 방법에 결정적 역할을 하기 때문이다.

유학과 서구의 심리학은 인간관에 있어서 많은 차이를 드러내고 있다. 유학과 서구의 심리학은 모두 인간을 사회적 존재로 보고 있다. 그러나 그 의미는 많이 다르다. 유학에서는 인간을 사회적 존재를 보고 있는데, 여기에서 인간은 사회의 일부로 사회 속에서 완전한 하나의 인간이 된다는 의미이다. 따라서 유학에서는 국가, 사회, 가문이 개인에 우선하는 사회적 존재, 즉 개인은 사회의 구성을 위한 하나의 부속품이다. 반면, 서구의 심리학에서는 개인이 사회를 구성하는 독립된 존재로, 인간이 사회를 떠나서는 생존할 수 없지만 우선하는 것은 사회가 아니라 개인이다. 개인이 모여 사회가 구성되는 만큼 개인이 사회를 구성하는 것은 개인의 이익을 위해서이다. 요컨대, 유학적 개인이 사회의 수단이라면, 서구 심리학적 개인은 사회의 목적이다.

유학적 인간관부터 좀 더 자세히 논의해 보자. 공자(孔子)는 이상적 인간을 군자, 성인 등으로 명명하고, 그들을 다음과 같은 일을 할 수 있는 사람이라고 하였다. 수기이경 수기이안인 수기이안백성(修己以敬, 修己以安人, 修己以安百姓), 이것은 대학의 격물, 치지 성의, 정심, 수신, 제가, 치국, 평천하(格物, 致知, 誠意, 正心, 修身, 齊家, 治國, 平天下)에서도 확인할 수 있다.367) 여기에서 공자가 이야기하고 있는 이상적 인간은 자기의 수양을 토대로 백성을 편안하게 하는 사람이다. 다시 말해, 공자가 인간에게 수양을 강조하고, 경을 강조하는 이유는 자기수양을 통해 백성을 편안하게 하는데 목적이 있는 것이다.

이것은 맹자(孟子)에게 이어지는데, 맹자는 이상적 인간을 선, 신, 미, 대, 성(善, 信, 美, 大, 聖)의 다섯 단계로 정리하고 있으며, 여기에서 선(善)은 개인적인 도의체득의 측면, 신(信)과 미(美)는 대인관계의 측면, 그리고 대(大)와 성(聖)은 사회적 책임의 측면과 결부되는 것이라 볼 수 있다.368) 따라서 맹자도 이상

---

367) 格物부터 修身까지는 修己以敬, 齊家는 修己以安人, 治國과 平天下는 修己以安人에 해당된다고 볼 수 있다.

368) 최상진 외 4인, 『동양심리학』, (서울: 지식산업사, 1999), pp.74-75. 可欲之謂善 有諸己之謂信 充實之謂美 大而化之之謂聖 聖而不可知之謂神(盡心下25).
모든 사람이 좋아하고 욕심내는 사람을 선인이라 하고, 선한 덕성을 자기 몸에 지녀 체득함으로써 믿음을 얻게 되면 신인이라 하고, 선을 힘써 실천하여 이를 꽉 채우면 미인이라 하고, 또 그 덕업이 빛을 발휘하게 되면 대인이라 하고, 크면서도 생각하거나 노

적 인간형에 도달하는 단계를 도의체득을 통한 깨끗함과 순수함의 견지를 통해, 대인관계에서 조화를 달성한 다음, 사회적 책임을 완수하는 것으로 규정하여 공자의 그것과 크게 다르지 않음을 알 수 있다.

유학에서는 이처럼 인간의 개별적 존재보다는 사회적 책임을 더 강조하고, 사회적 관계를 더 중시한다. 따라서 유학에서는 사회적 관계를 떠난 개인은 상상조차 할 수 없다.

요컨대, 유학적 인간관은 집단주의에 토대를 둔 인간관이라고 할 수 있고, 이러한 사회에서는 자기억제인 극기와 자제가 필수적일 수 밖에 없다. 그리고 여기에서의 자기억제는 보다 궁극적 목표인 집단과 사회의 유지존속을 위한 수단이 되며, 심지어 사회와 집단의 유지가 자존감의 근거가 되기도 한다. 이렇다보니 유학에서 인간에게 부여되는 실천윤리는 당위성과 의무감을 강하게 띠게 된 것이다.

반면, 서구의 심리학적 인간관은 이와는 달리 개인주의적 경향이 강하다. 서구 심리학에서는 이상적 인간을 자기를 실현하고 자기를 완성한 인간으로 보고 있다. 그렇다면 어떠한 인간이 자기를 실현하고, 자기를 완성한 인간인가? 그 특징을 열거하면 다음과 같다.

첫째는 타고난 자기의 가능성을 옳게 파악하고 이를 성취하며, 자기에 맞게 자주적으로 행동하고, 자기의 책임을 효율적으로 인지하고, 현실 속에서 자기를 객관적으로 볼 수 있으며, 현실과 자기 자신을 있는 그대로 받아들이는 사람이다. 둘째는 보람 있는 생활을 할 수 있게 확고하고도 타당한 인생관을 지니고 살며, 통일된 세계관을 세우고, 이에 맞게 행동하는 사람이

력함이 없이도 도와 일치하여 남을 감화하게 되면 성인이라 하고, 성하면서 알 수 없는 경지에 이르면 신인이라 한다.

다. 셋째는 남을 사랑하고 이해할 수 있는 애정적 태도를 지니고, 타인과 따뜻한 관계를 유지하는 사람이다.369) 이것을 보면, 서구 심리학적 인간관은 개인중심으로 자기실현과 자기완성이 최대의 특징이라고 할 수 있다.

한편, 서구의 심리학은 개인주의, 자유주의의 사상적 전통으로 인해 사회의 궁극적인 존재론적 단위는 평등하고 독립적인 개인이라고 보며, 사회는 이러한 개별적 개체들의 복수적인 집합에 불과하다고 상정한다. 이러한 입장에서는 다양한 능력, 동기, 정서 및 특성들을 완비하고 상황이나 타인과 분리된 독립적인 개인을 사회제도의 출발점으로 삼기 때문에 기본적으로 비사회적인 개인이 가지고 있는 내적인 특성들을 사회행위의 규범적 단위로 보게 된다. 그 결과 상황 유리적이고, 개인 중심적인 인간관이 두드러지게 되었다.370)

이러한 인간관에 의거하면, 자기통제는 사회를 위한 의무나 자기희생이 아닌 미래의 목표획득으로부터 오는 더 큰 욕구의 충족이나 더 큰 쾌를 위해 즉각적인 쾌를 추구하려는 욕구나 즉각적인 고통을 회피하려는 욕구를 제어하는 것이라고 볼 수 있다. 즉, 자기통제는 욕구의 통제라는 것을 전제하면, 미래에 설정된 보상의 크기를 크게 하여 표적행동의 유인력을 높이거나 즉각적인 쾌나 고통의 방해력을 줄이고자 하는 외적조건의 함수371)라고 할 수 있다.

이상에서 유학적 인간관과 서구 심리학적 인간관을 비교해 보았다. 유학적 인간관이 이상적 인간을 군자와 성인으로 규정하고, 집단주의적 인간관을 갖고 있다면, 서구의 심리학적 인간관

---

369) 조긍호, 『유학심리학』, (서울: 나남출판, 1998), p.368-369.
370) Ibid, p.376.
371) Ibid, p. 406.

은 이상적 인간을 자기실현과 자기완성을 이룬 인간으로 보고, 개인주의적 인간관을 갖고 있다. 이처럼 유학적 인간관과 서구 의 심리학적 인간관은 근본적인 면에서 차이를 드러내고 있다.

Ⅲ. 이황의 경[372]

퇴계에 의하면, 마음은 일신의 주재(主宰)요, 경은 일심의 주재며 만사의 근본이다.[373] 퇴계는 경 공부를 일생을 두고 강조하고, 실천하고자 노력하였다. 물론 경은 퇴계만 강조한 것은 아니다. 경은 대부분의 신유학자들에게서도 수양방법 중의 하나로 인식되었다.

정이천은 "진리를 파악하는데에는 마음을 경건히 가지는 것보다 더한 것이 없다고 하고, 자기 지식이 충분히 달성되어 있으면서도 아직 마음이 경 상태에 있지 않은 일은 있을 수 없다. 지금 사람들은 자기 마음을 스스로 자각하여 정(定)하지 못하며 자기 마음을 제어할 수 없다. 이것은 외적인 일이 내적인 마음을 어지럽게 하는 것이 아니라 자기 마음이 오히려 일을 어지럽게 하는 것이다"[374]라고 하였다.

장횡거는 천부적으로 타고난 성(性)을 제대로 유지하는데에도

---

372) 陳淳, 『北溪字義』, 김영민 옮김, 『북계자의』, (서울: 예문서원, 1995), p.159.
    경이라는 글자에 대해서는 이전의 경서에서 이야기한 곳이 많지만 단지 조용하고 느리다는 측면에서 이야기되어 왔을 뿐이다. 이정 (二程)에 이르러 비로소 배우는 사람이 공부한다는 면에서 이야기 하였다.
373) 박종홍, 『한국사상사논고』, (서울: 서문당, 1983), p.104.
374) 高橋進 著/안병주, 이기동 역, 『이퇴계와 경의 철학』, (서울: 신구 문화사, 1986), p.243.

노력이 있어야 하고, 성을 기초로 하여 천부의 능력을 발휘하는
데에도 많은 노력이 요구됨을 지적하면서, 천부의 능력을 제대
로 발휘하기 위한 노력의 과정을 경 공부라고[375] 하였다.

정명도는 "사람이 404개의 병이 있는데, 이 모두가 자신의 통
제 하에 있지 못한 때문이며, 또 마음도 자기 자신의 통제 하에
있게 되어야 한다"[376]고 하면서 경의 중요성을 이야기 하였다.

이처럼 경은 송대 신유학을 담당한 사상가에게 공통된 것이
었다. 그럼에도 불구하고 이황의 경이 중시되는 이유는 정이천
이 "치지할 수 없으면 경 상태에 도달할 수 없다"[377]고 주장하
여 경보다는 인지가 선행하는 인지 선행설을, 그리고 주자가 마
음을 경에 두는 것과 이(理)를 궁구하여 밝히는 것은 둘이면서
하나이고, 하나이면서 둘이라고 하여[378] 경과 인지 병진설(並進
說)을 강조한 반면, 퇴계는 거경 상태가 선행되지 않으면 궁리
를 통하여 참 앎에 이를 수 없다[379]고 하여 경 선행설을 주장하

---

375) 김성태, 『경과 주의』, (서울: 고려대학교 출판부, 1982), p.174.
376) Ibid, p.170.
377) 한덕웅은 그의 저서 『퇴계심리학』(서울: 성균관대학교 출판부,
    1996), p.79에서 "송대의 정이천은 치지를 경의 필요한 선행조건으
    로 보면서도, 경이 선행되면 궁리가 효율적으로 이루어질 수 있는
    조건이 마련된다고 보아서, 상호 의존적이며 상호 결정론적 관점
    으로도 해석될 수 있는 견해를 제시했으나, 그는 치지할 수 없으
    면 경상태에 도달할 수 없다고 주장하여, 치지가 경에 선행하는
    충분조건은 아니지만 적어도 필요조건으로 봄으로써 다분히 인지
    선행설에 가까운 주장을 제시하였다"라고 하여 이천이 인지 선행
    설에 치우쳐 있음을 주장하였고, 유명종은 그의 저서 『송명철학』,
    (서울: 형설출판사, 1985), p.186에서 "주자의 경은 二程을 계승하
    지만 오히려 이천의 경의협지(敬義夾持)와 함양치지(涵養致知), 거
    경궁리(居敬窮理)의 병진설을 깊이 파악하였다."라고 하여 이천과
    주자가 지행 병진설을 주장하였다고 보았는데, 필자는 이들을 구
    분하여 이천을 인지 선행설로 주자를 병진설로 보고자 한다.
378) 高橋進 著, op. cit., p.244.
379) 한덕웅, 『퇴계심리학』(서울: 성균관대학교 출판부, 1996), p.81.

였다. 이와 같이 이황은 경 선행설을 강조하여 다른 학자들보다 경을 더 우선시 하였고, 또 이러한 경을 실천하고자 평생 동안 노력하였다.

지금부터 경의 목표는 무엇이고, 경은 어떻게 이룰 수 있는지, 그리고 경은 어떠한 상태를 의미 하는지를 살펴보자.

우리는 무엇을 경의 목표로 보고 있는가? 경의 목표는 퇴계가 「성학십도」에서 인심유위(人心惟危), 도심유미(道心惟微), 유정유일(惟精惟一), 윤집궐중(允執厥中)이라고 한 것에서 쉽게 찾아볼 수 있다. 이것은 인심은 위태롭고, 도심은 미미하니 정진하고 전일하여 진실로 중도를 견지하라는 뜻인데, 다시 풀어 보면, 인심은 형기(形氣)에서 발생하는 인욕(人慾)의 근본이어서 위태로우니, 경의 방법을 통해서 추구하는 바와 같이 마음을 한 가지로 함으로써 성명지정(性命之正)에서 발생하는 미약한 도심이 마음에서 우세하게 작용하도록 해야 한다[380]는 의미로, 경을 통해 위험한 인심, 즉 인욕을 억제하고 도심으로 나아가야 함을 강조한 말이다. 여기에서 우리는 경의 목표가 인욕의 조절을 통하여 도심을 발현하는 것임을 유추할 수 있다.

그러면 도심은 무엇인가? 이것을 살펴보기 위해서는 먼저 성(性), 사덕(四德), 사단(四端) 등을 알아야 한다. 성은 타고난 성품으로 이것은 사덕인 인의예지(仁義禮智를) 의미한다. 사덕은 사단, 즉 측은지심(惻隱之心), 수오지심(羞惡之心), 사양지심(辭讓之心), 시비지심(是非之心)을 통해 파악될 수 있으며, 이러한 사단이 형기나 인욕에 의해 가려지거나, 혼탁해지지 않은 상태로 그대로 발현되면 그것은 도심이라고 할 수 있다.

그런데 인간은 형기를 갖고 있으므로 인심, 즉 인욕에 의해 행

---

380) Ibid, p.196.

동하는 것은 어찌 보면 당연한 일이다. 하지만 그 인욕을 누르고 도심으로 인도하는 노력 공부의 요건은 마음을 경에 머물게 하고 거기에서 떠나지 않는데 있다.[381] 따라서 경의 목표는 인욕을 조절하여 성명(性命)에서 근원한 도심을 드러내는 것이라고 할 수 있다. 그러면 경을 통해 도심을 회복하는 방법에는 어떤 것이 있는가? 다음의 두 가지 방법을 생각해 볼 수 있다. 하나는 마음이 사회적 자극에 당면하기 이전의 미발상태에서 성선의 사덕이 마음의 지배적 속성으로 유지되어서 이기적이며, 충동적인 상태가 발생되지 않도록 마음을 경건하게 하는 것으로 이럴 경우, 행동의 주체가 자신의 심적 태세이기 때문에 상황적 압력이 있는 경우라도 자신의 의지와 훈련에 따라서 주관적 정서 경험과 일관되게 행동적 표출이 이루어질 수 있고,[382] 이것을 존양(存養)이라고 한다.

다른 하나는 의식이 작용되어 사물에 접응(接應)하게 될 때도 항상 살피고 삼가서 올바른 접응이 이루어지도록 하는 것으로,[383] 이것은 성찰을 통해 가능해진다. 요컨대 사람들은 존양과 성찰을 통해 경의 목표인 도심을 회복할 수 있게 된다.

경은 어떻게 이룰 수 있을까? 경을 이루는 방법은 외모와 행동을 정돈하는 것과 마음을 긴장시키는 것으로 구별된다. 먼저 외모와 행동을 정돈하는 방법으로 퇴계는 "의관을 바로하고, 그 첨시(瞻視)를 높이고, 잠심(潛心)하여 거처하면서 상제를 대해 모시듯 하라. 발짓은 무겁게 하고 손짓은 공손하게 하여 땅을 골라 밟되 개미 둑에서 굽이돌 듯 하라. 문을 나가면 손님같이 하고, 일을 받들면 제사 드리듯 하여 조심조심 두려워하여 감히

---

381) 高橋進 著, op. cit., p.251.
382) 한덕웅, op. cit., p.134.
383) 김성태, op. cit., p.35.

잠시도 안이하게 말라"[384]고 하였다. 그리고 마음을 긴장시키는 방법으로는 "마음을 삼가고 엄숙하고 고요함 속에 두고 이 이치를 배우고 묻고 생각하고 분별하는 사이에 궁구하여 보지 못하고 듣지 못하는데서 계구(戒懼)함을 더욱 엄하게 하고 더욱 공경스럽게 하며, 은미하고 혼자 있는 곳에서 성찰함을 더욱 정(精)하게 하고 더욱 은밀하게 하는 것입니다. 한 그림에 두고 생각하면 마땅히 그 그림에 전일하며 다른 그림이 있는 줄을 모르는 것같이 하고, 한 일에 취하여 익히면 마땅히 그 일에 전일하여 다른 일이 있는 줄을 모르는 것같이 하여야 합니다"[385]라고 하였다.

이에 대해 정자(程子)는 외면적인 부분을 정제엄숙(整齊嚴肅), 즉 가지런히 하고 엄숙한데 있다라고 하였고, 내면적인 부분을 주일무적(主一無敵), 즉 마음을 오로지하여 잡념을 가지지 않는다라고 하였다. 그런데 이러한 구분은 실제적으로 보면 별다른 의미가 없다. 우리의 마음과 몸은 서로 분리되어 있는 것도 아니고, 서로 다르게 작용할 수도 없다.

퇴계는 경 공부로 투호 놀이를 언급하였는데, 투호 놀이는 정신집중과 바른 자세를 함께 요구하는 것이지, 정신만 집중하거나 바른 자세만 취한다고 되는 것은 아니다. 따라서 현실적으로 보면, 위의 두 영역은 항상 함께 있고, 함께 작용한다고 보는 것이 옳을 것이다.

그런데 요즈음 우리의 교육을 보면, 마음의 교육은 중시하는데, 외모와 행동에 대한 교육은 소홀히 하는 경향이 있다. 예컨대, 생각과 판단능력, 지적능력 등은 중시하지만, 바람직한 자세

---

384) 이황, 「성학십도」, 이상은 역, 『한국의 유학사상』, (서울: 삼성출판사, 1984), p.256.
385) Ibid, p.236.

나 몸가짐에 대해서는 교육적 영역으로 다루려하지 않고 있다. 우리가 마음의 교육을 중시 한다면, 행동과 몸가짐에 대한 교육도 소홀히 여겨서는 안 될 것이다.

경은 어떠한 상태를 의미하는가? 위에서 우리는 경을 이루는 방법을 두 가지로 나누어, 잡념 없이 한곳에 정신을 집중하는 것과 행동거지를 경건하고 삼가는 것이라고 하였다. 이에 의거해서 본다면, 경의 상태는 정신이 오로지 한곳에 집중 통일된 상태이고, 행동을 일부러 조작하지 않아도 저절로 심신이 숙연해지고 표리가 하나로 되는 상태이다. 그런데 마음이 혼란과 교란(攪亂)을 피하려면 마음은 주인을 지녀야 한다. 마음에 주인이 있는 것은 마음이 경 상태에 있음을 의미한다. 정이천은 마음이 경 상태에 있지 못함을 다음과 같이 설명하고 있다.

"오늘날 사람들은 조용하게 제 마음을 다스리지 못한다. 이들은 마음을 정복 불능의 적으로 생각한다. 그러나 사물이 마음을 방해하는 것이 아니고, 마음이 사물을 방해하는 것이다. 우리는 이 세상에서 그 자리에 있어서는 안될 단 한 가지도 없다는 것을 알아야만 한다. 우리는 아무것도 증오해서는 안된다. 야속함이나 증오심도 사물에서 연유되는 것이 아니고, 마음이 본연의 자세가 아니라 그렇다. 그러므로 경 상태의 마음으로 보면 이 세상 모든 것이 꼭 있어야할 것이 있는 것이지 공연히 우연하게 아무렇게나 있는 것은 아님을 알게 된다."[386]

이처럼 마음에 주(主)가 있는 것이 경의 상태인데, "마음에 주가 있으면 마음이 허(虛)하여져 사악이 들어올 여지가 없게 된다. 마음에 주가 없으면 마음이 실(實)하게 된다. 실이란 외물이 마음에 침입하여 마음을 뺏는 것"[387]으로 이렇게 되면 사물을

---

386) 김성태, op. cit., p.179.
387) 高橋進 著, op. cit., p.243.

있는 그대로 바라보지 못하고, 사욕에 의해 사물을 바라보게 됨으로써 세상을 담담하면서도 명석하고 객관적인 입장에서 볼 수 없게 된다.

경 상태가 되면 마음이 한 가지에 이르러 집중하다가 그 일이 끝나고, 그 물건이 사라지면 마음은 바로 거두어들여 심연한 모습이 밝은 거울이 비어있는 것 같이 된다. 그래서 마음이 본연의 모습으로서 통일되어 있고 사욕에 좌우되지 않게 된다. 요컨대 경 상태란 마음을 도심(道心)에 의거해 스스로 통제할 수 있는 상태를 의미한다고 할 수 있다.

이상에서 경의 목표, 경을 이루는 방법, 그리고 경의 상태에 대해서 살펴보았다. 경은 마음의 자기통제능력으로, 도심이라는 목표를 위해, 존양과 성찰을 통해, 마음을 한 곳에 집중 통일하고, 몸가짐, 행동 등을 항상 삼가고 조심함으로써 사욕에 흔들리지 않는 것을 의미한다. 한마디로, 경의 상태는 공자가 말한 종심소욕 불유구(從心所欲 不踰矩)의 상태라고 할 수 있다.

Ⅳ. 반두라의 자기조절(self-regulation)

앞에서 이황의 경 사상을 경의 목표, 경을 이루는 방법, 경의 상태로 나누어 살펴보았다. 여기에서는 반두라의 자기조절을 논의해 보고자 한다.

반두라는 자기조절이 기준설정, 비교, 자기평가, 그리고 자기강화의 과정을 거쳐 일어난다고 보았다. 우리는 자신의 행동을 강화하기 위해서는 먼저 '평가'를 해야 하는데, 평가를 위해서는 '비교'가 선행되지 않으면 안된다. 또 비교는 '기준'이 있어야만 가능하다. 따라서 여기에서는 이러한 논리에 입각해 먼저 기준 설정을 살펴보고, 다음으로 비교, 평가, 자기 강화를 순서대로 고찰해 볼 것이다.

첫째는 기준설정(standard-setting)인데, 우리는 기준에 의거해 자기만족과 자기 가치감을 주는 일은 추구하고, 자기의 개인적 기준을 위반하는 행동은 자기 비난을 통해 억제함으로써 스스로를 조절해 간다. 이와 같이 개인적 기준은 자기의 행동을 유도하고, 동기화하며, 조절하는데 근간이 된다.

사회화가 잘된 어린이는 목표를 정하고, 자신이 기준 이상으로 행동했을 때는 스스로를 보상하지만, 그것에 미치지 못할 때는 스스로를 벌함으로써 행위를 조절해 간다. "만약, 어떤 어린이에게 적절한 자기기준이 결핍되어 있다면, 그 어린이는 자기조절능력이 없다고 할 수 있다. 그는 자기조절능력이 없기 때문에 행동을 할 때 거의 자기 지시(self-directedness)를 하지 못하고, 자신들의 행위를 외적조언(prompts)과 안내에 많이 의존하게 된다."388) 그 이유 때문인지 "공격적 충동을 억제하려는 행위기준을 갖고 있는 어린이는 다른 어린이에게 공격행동을 했을 때, 몹시 당황해 했지만, 그렇지 않은 어린이는 공격행동을 한 후, 양심의 가책을 별로 느끼지 않았다. 또한, 성취상황에서 일정한 수준에 이르지 않는 한 자기를 보상하지 않는 어린이는 자기 강화기준을 실천하지 않는 어린이보다 성취하고자 더 노력하였다."389) 이것을 보면, 기준설정이 행위의 자기조절에 얼마나 중요한 역할을 하는지를 알 수 있다.

---

388) A. Bandura, *Social Foundation of Thought and Action,* (Englewood, Cliffs, New Jersey: Prentice-Hall, Inc., 1986), p.363.

389) David G. Perry, Kay Bussey, *Social Development,* 최순영 역, 『인간의 사회적 발달』, (서울: 성원사, 1993), op. cit., p.227.

문제는 이러한 기준도 상황에 따라 변한다는 사실이다. 우리는 사회학습을 통해 계속해서 설정된 기준을 다듬고, 수정하여 새로운 기준을 설정하고, 그 기준을 삶에 적용한다. "어린이는 반복적으로 관찰을 해서 부모뿐만 아니라 형제자매, 동료 그리고 어른들의 기준을 학습한다. 게다가 대표적인 가족외적(extra-familial) 자원인 매스미디어에 의해서 제공되는 광범위한 상징적 모델링을 통해서도 행위기준을 학습한다."390) 따라서 행위기준은 어린이에게 어떤 자원, 즉 어떤 정보를 제시해 주느냐에 따라 달라질 수 있고, 이러한 면에서 교육자의 역할이 중요하다. 교육자들은 어린이들의 기준설정에 적극적일 필요가 있다.

요즈음의 부모들은 어떠한가? 많은 부모들이 어린이의 요구를 무조건 들어주는 것이 어린이를 위한 것으로 생각하고 있으며, 어린이의 기를 살려준다고 어떠한 행동을 하든 방관하거나 무조건 칭찬을 하기도 한다. 이것은 어린이에게서 사회를 살아가면서 반드시 필요한 행위의 기준을 형성할 기회를 박탈하는 것이다. 이것은 어린이에게 교통규칙을 가르쳐주지는 않고, 어린이로 하여금 운전하도록 하는 것과 같이 위험한 일이다.

둘째는 비교인데, "사람들은 자연적인 조건 하에서 자신들이 원하든, 원하지 않든, 사회적 결과에 대한 비교를 통해 얻게 되는 정보에 직면하게 된다."391) 비교는 자신이 어떠한 일을 얼마나 해야 되는지, 어떤 일은 해도 되고, 어떤 일은 하면 안 되는지를 알 수 있게 할뿐만 아니라 자신의 행위결과에 대한 평가를 할 수 있게 함으로써 자기 보상과 자기 처벌도 가능하게 한다. 이러한 면에서 비교는 행위의 자기조절에 필수요소이다. 그

---

390) A. Bandura, *Social Foundation of Thought and Action*, p.346.
391) A. Bandura, *Self-Efficacy: The Exercise of Control*, ((New York: W. H. Freeman and Company, 1997), p.97.

런데 비교에는 자기비교와 사회적 비교가 있다.

자기비교는 과거의 행동을 현재의 수행수준을 평가하는 준거로서 이용하는 비교이다. 사람들에게는 자신들의 과거 성취를 능가하려는 경향이 있다. 그래서 "자신의 이전 행위는 진행 중인 수행을 평가하는 참고자료로서 끊임없이 사용되고, 이러한 참고과정에서 자기 비교는 적절성의 척도를 제공한다. 그리고 과거의 성취는 주로 그 결과를 통해 기준설정과 자기평가에 영향을 준다."392)

"사람들은 사회적 비교의 역효과를 줄이기 위해 다른 사람과 비교하지 말고 스스로를 자신의 능력 및 기준과 관련해서만 판단하도록 권하기도 한다. 왜냐하면 자기비교는 사회적 비교에서 오는 불쾌감 없이 개인적 도전과 성공을 통해 자기발전의 경험이라는 혜택을 제공해주기 때문이다."393) 이처럼 자기비교는 사회적 비교에서 오는 불쾌감 없이 기준설정과 자기평가에 영향을 줌으로써 행위의 자기조절에 기여한다.

그러나 "사회체제가 한 사람의 성공이 다른 사람의 실패가 되는 경쟁적 구조인 경우, 활동을 하는 한 사회적 비교를 강요당하지 않을 수 없다."394) 실제로, 우리는 활동을 평가할 절대적 기준을 가지고 있지 않다. 우리는 결국 다른 사람의 수행과 비교를 통해 자신의 수행을 평가할 수 밖에 없다. "시험에서 115점을 성취한 학생과 그의 열망이 어떤 그룹의 10%에 있는 것은

---

392) A. Bandura, *Social Learning Theory*, (Englewood Cliffs, New Jersey: Prentice-Hall, Inc., 1977), p.132.

393) A. Bandura, "Self-Regulation of Motivation and Action through Goal System," Vernon Hamilton, Gordon H. Bower, Nico H. Frijda, *Cognitive Perspectives on Emotion and Motivation*, (Dordrecht, Boston, London: Kluwer Academic Publishers, 1988), p.54.

394) A. Bandura, *Self-Efficacy: The Exercise of Control,* p.209.

다른 사람들이 어떻게 수행했는가를 알지 못한다면, 의미 있는 자기평가를 위한 아무런 근거도 제시하지 못한다."[395] 따라서 사회적 비교는 객관적 기준이 없을 때, 수행에 대한 자기평가를 위한 것으로 사람들은 사회적 비교를 통해 자부심을 느끼거나 고민을 하게 되며, 이러한 과정에 의해 자신의 행위를 조절하게 된다.

여하튼, 비교는 그것이 자기 비교이든, 사회적 비교이든 기준설정과 자기평가에 영향을 줌으로써 자기조절에 기여한다는 것만은 분명하다.

셋째는 자기평가이다. 사람들은 평가를 통해 자신의 행위를 보상하기도 하고 처벌하기도 한다. 보상받은 행위는 행복, 자부심, 자기만족 등을 낳게 되고, 사람들은 더 많은 만족감을 얻기 위해 보상받은 행위를 증가시키거나 지속시키려 한다. 반면, 처벌받은 행위, 즉 평가절하한 행위는 자기비판, 자기 불쾌를 초래하기 때문에 축소시키는 경향이 있다.

대체로 사람들은 행위의 평가를 처음에는 주로 다른 사람에 의한 평가, 즉 외적평가에 의존한다. 그러다가 점차로 고도의 정신작용인 자기평가에 따라 행위조절을 하게 된다.

사람들은 다른 사람으로부터 칭찬은 받고 싶어 하고, 꾸중은 피하려 한다. 특히, 자기개념이 형성되기 이전에는 다른 사람의 평가에 많은 영향을 받는다. 그러느 사람들은 "이러한 과정을 통해 객관적인 제3자의 눈으로, 즉 애덤 스미스가 말한 '마음속의 인간'으로 자신의 행동을 평가하는 습관을 갖게 된다. 물론 이러한 습관의 형성에도 어느 정도 개인차가 있는 것은 사실이다. 하지만 우리들 대부분은 칭찬이나 꾸중에 대한 예상을 내적

---

395) A. Bandura, *Social Foundation of Thought and Action*, p.347.

으로, 그리고 자동적으로 경험함으로써 칭찬과 꾸중이 실제로 발생할 것으로 예측되는 행동에 본능적으로 반응하게 된다."396)

이렇게 해서 고차원적인 심리학적 기능수준이 되면, 사람들은 수행의 기준을 스스로 설정하고, 그에 따라 자신에게 요구하며, 자신의 수행이 기준을 넘거나 일치했을 때에는 자신에게 보상을 주고, 기준에 도달하지 못했을 때에는 스스로를 벌한다. 그 결과 강화의 자기 관리시스템이 발달하게 된다.397)

만약 사람들이 외적평가에만 지배된다면, 사람들은 자신의 성취나 행위에 대해 자부심이나 부끄러움, 죄의식398) 없이 외적영향에 순종하게 될 것이다. 이처럼 자기평가의 발달은 사람들에게 자기 지시능력, 만족감 그리고 자기 자신에 대한 가치감을 부여하는 근원이라고 할 수 있다.

넷째는 자기 강화로 사회학습이론에서는 인간의 행위가 직접강화와 대리강화에 의해서만 규제된다고 생각하지 않는다. 반두라는 직접강화와 대리강화 외에 자기 강화를 제시하고 있다. 사람들은 일상생활에서 타인의 행위를 주시할 뿐만 아니라 그 같은 행위가 보상을 받거나 무시되거나 벌을 받거나 하는 것을 끊임없이 관찰하고, 그 결과에 따라 자신이 어떠한 행동을 할 것인가를 결정한다.

---

396) James Q. Wilson, *The Moral Sense,* (New York: Free Press Paperbacks, 1993), p.108.
397) A. Bandura, *Psychological Modeling: Conflicting Theories*, (Chicago, New York: Aldine · Atherton, Inc., 1971), p.47.
398) Bandura와 Walters는 그의 책 *Social Learning and Personality Development*, p.163에서 죄의식과 부끄러움을 다음과 같이 구별하고 있다. 부끄러움은 외적제재에 의한 것으로 다른 사람들에 의해서 이루어지는 실제적인 반대나 예기된 비난에 대한 반응이고, 죄의식은 내적제재에 의한 것으로 내면화된 도덕적 기준을 어김으로써 생겨난 부정적 자기평가라는 것이다.

또한 사람들은 스스로 자신의 행위를 평가함으로써 자기 자신의 행위를 조정하기도 한다. 사람들은 행위의 기준을 스스로 설정하고, 그에 따라 자신에게 요구하며, 그 결과 자신의 행위가 이 기준을 넘거나 일치했을 때에는 스스로 자신에게 보상을 주지만 기준에 도달하지 못했을 때는 스스로에게 벌을 준다.399) 이와 같이 자기강화는 사람들의 행위결정에 많은 영향을 준다.

그런데 자기강화에는 자기보상과 자기처벌이 있다. 자기보상은 행위촉진과 지속에 영향을 주는데, 자기보상에 의해 자신의 행동을 규제하는 사람은 같은 활동의 수행에 대해 강화를 받지 못했거나, 수반조건 없이 보상을 받았거나, 또는 자신의 행동을 관찰하고 목표를 설정했으나 자신의 성공적 노력에 자기 보상을 하지 않는 사람들보다 더 높은 수행수준을 달성한다.

반면, 자기처벌은 행위 억제에 영향을 줄 뿐만 아니라 이탈에 대한 자기 스스로의 반응, 즉 사과, 보상, 고백 등을 이끌어내기도 한다. 대부분의 사람들은 이것을 죄의식의 표시나 양심의 가책으로 생각한다. 그러나 반두라는 자기처벌을 죄의식이나 양심의 가책으로 보지 않고, 개인의 기능적 유용성으로 파악한다. 반두라에 의하면, 이탈행위를 한 경우, 위반은 행위자의 행위가 이미 획득한 기준과 가치를 충족시키지 못했을 때처럼 혐오적 자기 자극을 만들어 내며, 사람들은 이러한 혐오자극을 줄이거나 긍정적 강화를 회복하기 위해 자기처벌적 반응을 한다는 것이다.

이러한 반두라의 주장은 기존의 도덕교육적 입장에서 보면 시사하는 바가 크다. 왜냐하면, 대부분의 도덕교육 이론이 자기처벌적 반응을, 인간은 선천적으로 선을 좋아하고, 악을 싫어한다는 이상적 입장에서 논의하거나, 아니면 자기가학, 즉 이탈에

---

399) A. Bandura, *Psychological Modeling: Conflicting Theories,* pp.46-47.

대한 자기처벌 그 자체에 목적이 있는 것으로 생각해 왔기 때문이다.

이상에서 반두라의 자기조절과정을, 기준설정, 비교, 평가 그리고 자기 강화순으로 살펴보았다. 그런데 이러한 자기조절과정은 다음과 같은 하위과정이 전제될 때 가능하다.

① 행동에 대한 자기관찰(self-observational)이다. "자기관찰은 자제과정에서 적어도 두 가지 중요한 기능을 한다. 그 하나는 실제적인 수행기준을 수립하는데 필요한 정보의 제공"[400]으로, 사람들은 자기관찰을 통해 개념과 행동 간의 불일치를 발견하고, 수정하기 위한 정보를 제공 받는다. 다른 하나는 자기평가를 위한 기회제공인데, "사람들은 관찰하고 있는 행위를 변화시키고자 할 때 스스로 목표를 정하고, 자신들의 진행에 대해 자기평가적으로 반응한다."[401]

② 판단(judgemental)과정으로, 사람들은 행위를 하고, 그 행위의 성과에 대해 판단을 한다. 판단을 할 때는 개인적 기준에 의거해서 하되, 행위의 성과가 훌륭하다고 판단되면, 그러한 행위는 보상을 받을만 하다고 생각하고, 그러한 행위에 대해서는 더 많은 노력을 기울이게 된다. 반면, 부족하다고 판단을 하면, 처벌받을 것을 생각하게 되며, 그런 행위는 억제하게 된다. 그런데 여기에서 판단과정은 실제로 보면 평가과정과 다르지 않을 것으로 생각된다. 그렇다면 왜 평가과정이라 하지 않고 판단과정이라 하는가? 그것은 평가자체에 초점을 두지 않고 판단하는 과정에 초점을 두기 때문이다. 즉 어떤 행위가 바람직한지, 아닌지와 같은 평가보다 어떤 행위를 어떤 기준에 의거해 판단하고, 그 판단에 따라 행위를 자제할 것인지 아닌지를 결정하는 과정

---

400) A. Bandura, *Social Foundation of Thought and Action,* p.337.
401) Ibid, p.339.

에 더 많은 비중을 두고 있기 때문이다.

　③ 자기반응(self-response)인데, 인간은 자신의 감정, 사고 및 행위에 대해 어느 정도 자기조절을 가능케 하는 자기반응 능력을 갖고 있다. 그래서 인간은 자기만족, 자부심, 자기불만족, 자기비판 등으로 표현되는 자기평가적 결과, 즉 자기반응 과정을 통해서 행위를 자제한다. 그러므로 인간의 행위를 외적인 보상과 벌의 소산만으로 설명하려는 이론은 인간을 너무 단편적으로 보는 것이다.

V. 경과 자기조절 비교

　앞에서 우리는 이황의 경과 반두라의 자기조절을 살펴보았다. 그런데 경과 자기조절은 서로 다른 문화와 이론적 배경을 갖고 있어서, 개념이 내포하고 있는 의미나 행위 조절과정의 전체적인 흐름에 있어서도 많은 차이를 드러내고 있다. 따라서 이것들을 비교한다는 것은 상당한 문제를 끌어안는 것이 될 수 있다. 그러나 이러한 비교는 의미도 있을 것으로 생각된다. 개념이 안고 있는 차이를 넘어서 두 이론의 공통점과 차이점을 분석하는 과정에서 서로가 안고 있는 문제점을 확인하고, 보완할 수 있는 기회도 될 것이다.

　먼저 두 이론의 일반적 가정부터 논의해 보자. 두 이론은 인간의 행위 억제를 강조한다는 면에서 보면 대체로 비슷한 개념인 것만은 분명하다. 그러나 반두라의 경우, 환경결정론을 극복하기 위해 개인, 행위, 환경 간의 상호 결정론을 주장하였다. 특히 개인적 요소 가운데 자기 효능성과 같은 개인차가 있는 인지적 능력을 가정하고, 개인과 행동, 행동과 환경, 개인과 환경을 각각 짝 지웠을 때, 각각 일 방향으로만 영향을 미치지 않고, 서로 양 방향으로 영향을 미치는 과정이 존재한다고 주장하였다.

반면, 퇴계는 인간, 행동 및 환경의 세 요소가 영향을 미치는 전체 체계를 강조하지만, 이 세 요소들의 상대적 영향 강도와 관련해서 심적 목표와 조절요소를 주재하고 통괄하는 인간의 심적 요인이 우세성을 확보하는 조건을 강조하였다. 즉 인간의 마음이 우세한 영향력을 지녀야할 당위성과 우세한 영향력을 미치는 조건을 제안하였다.402) 요컨대, 반두라가 인간, 행위, 환경의 상호결정론을 주장했다면, 퇴계는 인간 결정론을 강조했다고 할 수 있다.

다음은 구체적인 행위 조절과정에 대해서 살펴보자. 우리는 이황의 경 사상을 경의 목표, 경을 이루는 방법, 경의 상태로 나누어 살펴보았고, 반두라의 자기조절을 기준설정, 비교, 자기평가, 자기 강화로 구분해 보았다. 그런데 여기에서 경의 목표는 반두라의 기준설정과, 그리고 경을 이루는 방법 중 하나인 성찰은 자기조절의 비교, 평가, 자기 강화와 비슷한 기능을 한다고 할 수 있다. 그러나 반두라의 자기 강화는 이황의 경에서는 설명되기 어려운 점이 있다. 반두라는 행위조절이 강화에 의해 이루어지며, 이것이 기능적 유용성을 띤다고 보았다. 즉 자기 보상은 자부심이나 자기만족감을 주고, 자기처벌은 불쾌감이나 고통을 회피하도록 해준다는 것이다. 그러나 이황의 경에서는 이러한 자기 보상에 대한 언급은 거의 찾아보기 힘들다. 다만 자기처벌의 경우, 자기 반성적인 성격이 있는 성찰과 비교될 수 있다. 그러나 그것도 사람들이 성찰을 통해 자신의 행위가 정해진

---

402) 한덕웅, op. cit., p.335.

행위규칙을 벗어났을 때, 자기 비난이라는 형식으로 자기 처벌을 할 것으로 추론할 뿐이다. 게다가 이러한 자기 비난도 퇴계의 경우, 당위적 논리에 의거해 발생하는 것인 만큼, 반두라의 자기 처벌이 기능적 유용성 측면에서 발생하는 것과는 차이를 보인다.

다시 주의를 환기하여, 경과 자기조절의 과정 중에서 유사한 기능을 하는 것으로 볼 수 있는 목표와 기준설정, 그리고 성찰과 비교, 평가를 구체적으로 다시 논의해 보자. 여기에서 목표와 기준설정은 도달해야 할 대상이라는 점에서, 그리고 행위의 동기 유발적 측면이 있다는 점에서 공통점을 발견할 수 있을 것이다. 그러나 이것도 경의 목표인 도심(道心)은 추상적이고, 너무 이상적이어서, 현실적으로 보면, 도달가능성이 거의 불가능하기 때문에 동기적 기능이 약할 수 밖에 없다. 반면, 반두라의 기준은 실제 생활에서 설정되기 때문에 구체적이고, 조금만 노력하면 도달가능성이 높다는 점에서 동기적 기능이 강하게 작용할 수 있다.

그리고 반두라의 기준설정은 상황에 따라, 또는 어떤 학습을 받게 되느냐에 따라 다르게 설정되고 변화가능성이 있는데, 이황의 경은 성, 사단, 도심이 선천적으로 정해지기 때문에 상황이나 학습에 따라 바뀌는 것이 아니라는 점에서 서로 다르다.

그리고 성찰과 비교, 평가를 분석해보면, 이황의 경에서는 경을 이루는 방법이 존양과 성찰로 구분되고, 이중에서도 특히 강조되는 것이 존양이다. 존양은 사물에 응접하기 이전에 갖게 되는 마음가짐으로써 정신을 집중 통일하고 마음을 경건하게 갖는 것이다. 그런데 이러한 방법은 반두라에서 찾아보기 힘들다. 다만 억지로 견강부회(牽強附會)해 본다면, 반두라의 경우, 인간에게는 예견능력이 있어 기대를 통해 행위의 결과를 미리 유추해 봄으로써 행위를 실행하기 전에 미리 자기조절을 할 수 있다고 하였는데, 이러한 점에서 유사점을 발견할 수 있을 것이다.

그리고 성찰과 비교, 평가는 행위의 결과를 분석함으로써 행위를 조절한다는 점에서는 유사하나, 성찰의 경우, 이미 목표가 선천적으로 구비되어 있기 때문에, 주로 행위가 어떤 규준에 위반 되었는가 아닌가를 판단하는 것이 성찰의 주된 방법일 수 있다. 그러나 비교, 평가는 기준의 적용과, 비교, 평가가 순차적으로 매 행위실행 때마다 이루어진다는 점에서 약간의 차이를 드러낸다.

요컨대, 이황의 경과 반두라의 자기조절은 목표와 기준설정, 성찰과 비교, 평가, 자기 강화로, 행위의 조절과정을 나타낸다는 면에서 대체적으로 유사성을 발견할 수 있으나, 세부적으로 들어가면, 그 이론적 배경과 사회, 문화적 차이로 인해 서로 간에 차이점도 많이 발견된다.

VI. 결 론

본 연구는 이황의 경과 반두라의 자기조절을 살펴보기 위해, 먼저 유학적 인간관과 서구 심리학적 인간관을 비교하였고, 다음으로 이황의 경을 경의 목표, 경을 이루는 방법, 경의 상태로 나누어 살펴보았으며, 반두라의 자기조절 과정을 기준설정, 비교, 자기평가, 자기 강화로 세분화하여 살펴보았다. 마지막으로 경과 자기조절을 비교 분석함으로써 두 이론 간에 어떠한 상사점이 있는지를 고찰하였다.

유학적 인간관과 서구 심리학적 인간관은 전자가 집단주의를 토대로 개인을 사회를 위한 하나의 수단으로 보는 경향이 있다. 즉, 가문, 사회, 국가 등이 우선시되기 때문에 이상적 인간인 성인이나 군자는 자신의 욕망을 절욕(節慾)할 수 있는 사람이며, 자기억제도 당위적인 욕망의 억제일 수 밖에 없다. 반면, 후자는 개인주의와 자유주의에 토대를 두고 있기 때문에 이상적 인간은 자기실현과 자기완성을 이룬 사람이다. 따라서 사회도 자신들의 자기실현과 자기완성을 위해 존재하고, 자기조절도 더 큰 만족을 위한 일시적인 자기조절이다.

이황의 경은 인간이 선천적으로 갖고 태어난 성, 사단, 도심을 회복하기 위한 수양방법이다. 여기에서 도심은 미약하기 때문에 인욕에 의해 가려지거나 혼탁해질 위험성을 항시 내포하고 있다. 따라서 존양과 성찰을 통해 몸가짐을 바르게 하고, 정신을 집중 통일시킴으로써 인욕을 억제할 것을 강조한다. 그리고 경 상태가 되면 사람들은 일부러 조작하지 않아도 저절로 심신이 숙연해지고 표리가 하나로 되어 마음의 혼란을 피할 수 있게 되어 사욕이 침범할 수 없게 된다.

반두라의 자기조절은 다음과 같은 과정에 의해 이루어진다. 기준설정을 통해 자신이 어떤 행위를 어떻게 해야 하는지를 알게 되고, 기준에 의거해 자신의 행위를 비교, 평가할 수 있으며, 평가를 통해 자신의 행위가 기준을 능가했다고 판단되는 경우, 자기 보상을 통해 행위를 촉진하거나 지속시킨다. 그러나 행위가 기준에 미치지 못했다고 판단되면 자기 처벌을 통해 행위를 억제하게 된다. 특히 이러한 과정은 자기관찰과 판단, 그리고 자기 반응이라는 하위과정이 수반될 때 가능해진다. 게다가 반두라의 자기조절은 자부심, 자기만족, 고통의 회피 등을 목적으로 이루어진다는 점에서 기존의 도덕이론과도 차이를 드러낸다.

마지막으로 이황의 경과 반두라의 자기조절을 비교해 보면,

경과 자기조절이 행위의 조절이라는 면에서 공통점을 찾을 수 있다. 하지만 세부적으로 그 과정을 살펴보면, 많은 부분에서 차이점도 발견된다.

요컨대, 두 이론은 개념적 상이성, 문화의 차이, 그리고 이론적 배경이 하나는 철학적 배경을 갖고 있는 반면, 다른 하나는 심리학을 그 배경으로 하고 있다. 따라서 비교 자체가 많은 문제점을 내포하고 있는 것은 사실이다. 하지만 이러한 문제점에도 불구하고 두 이론을 비교한 것은 이황의 경이 너무 추상적이고, 형이상학적인 측면이 있어, 우리의 현실과 유리된 감이 없지 않은데, 반두라의 자기조절과의 비교를 통해 이황의 경도 일상생활에서 접근 가능한 하나의 공부방법이라는 것을 확인해보기 위함이었다.

참고 문헌

高橋進 著/ 안병주, 이기동 역,『이퇴계와 경 철학』, 서울: 신구
　　문화사, 1986.

김성태,『경과 주의』, 서울: 고려대학교출판부, 1982.

박종홍,『한국사상사논고』, 서울: 서문당, 1983.

유명종,『송명철학』, 서울: 형설출판사, 1985.

이　황, 「성학십도」, 이상은 역,『한국의 유학사상』, 서울: 삼성
　　출판사, 1984.

조긍호,『유학 심리학』, 서울: 나남출판사, 1998.

陳淳,『北溪字義』, 김영민 옮김,『북계자의』, 서울: 예문서원,
　　1995.

최상진 외 4인,『동양 심리학』, 서울: 지식산업사, 1999.

한덕웅,『퇴계 심리학』, 서울: 성균관대학교출판부, 1996.

Bandura, A., *Psychological Modeling: Conflicting Theories*,
　　Chicago, New York: Aldine · Atherton, Inc., 1971.

Bandura, A., *Self-Efficacy: The Exercise of Control,* New
　　york: W. H. Freeman and Company, 1997.

Bandura, A., *Social Foundations of Thought and Action*,
　　Englewood Cliffs, New Jersey: Prentice-Hall, Inc., 1986.

Bandura, A., *Social Learning Theory*, Englewood Cliffs, New
　　Jersey: Prentice-Hall, Inc., 1977.

Bandura, A., "Self-Regulation of Motivation and Action

322

Through Goal System," Vernon Hamilton, Gordon H. Bower, Nico H. Frijda, *Cognitive Perspectives on Emotion and Motivation,* Dordrecht, Boston.

Bandura, A., Walters, *Social Learning and Personality Development,* New York: Holt, Rinehart and Winston, Inc., 1963.

Perry, David, G., Bussey, Kay, *Social Development,* 최순영 역 『인간의 사회적 발달』, 서울: 성원사, 1993.

Platon, Politeia, 조우현 역, 『국가』, 서울: 삼성출판사, 1999.

Wilson, James Q., *The Moral Sense,* New York: Free Press Paperbacks, 1993.

벌을 통한 도덕교육

I. 서 론

우리의 도덕교육은 교과를 중심으로 이루어지고 있다. 그러다 보니 도덕교육이 이론 중심이고, 교과를 벗어난 교육은 도덕교육으로 보려하지 않는 경향마저도 있다. 그리고 많은 교사들이 교과로서의 「도덕」·「윤리」교과만 충실히 가르치면 도덕교육을 다했거나, 제대로 이루어진 것으로 판단 한다.

진정 그러한가? 「도덕」·「윤리」교과에서 "수"를 받은 사람들은 보다 훌륭한 도덕성이 형성되었고, 그들은 "가"를 받은 학생보다 일탈행위를 덜 한다고 말할 수 있는가? 아마도 그렇다고 자신 있게 대답할 수 있는 사람은 그리 많지 않을 것이다. 물론 「도덕」·「윤리」교과에서 좋은 성적을 받은 학생들이 그렇지 않은 학생보다 통계적으로 보면, 보다 도덕적인 행동을 할 가능성이 더 높을 수 있다. 그러나 그 이유는 그렇게 단순하지는 않을 것이다.

이러한 주장에 어느 정도 동의한다면, 이제 도덕·윤리교육도 그 범위를 넓혀야 하지 않을까? 교과를 통한 교육을 토대로 하되, 그 이외의 여러 이론적 접근도 포용하고, 그리고 도덕적 행동을 이끌어 낼 수 있다면, 여러 접근법에 대해 배타적이기보다는 수용적 자세로 접근해야 하지 않을까?

한편, 우리의 도덕교육은 인지의 발달, 정서의 형성, 행위의 촉진 등에 맞추어져 있고, 비도덕적인 행위의 원인을 인지적 능력의 미발달, 정서 형성의 미숙, 또는 선한 행위를 촉진시키는 요인이 갖추어져 있지 못한 것으로 진단한다. 한마디로, 우리의 도덕교육은 대체로 적극적 접근을 하고 있다고 할 수 있다. 그러면 이러한 접근은 실제로 사회에서 발생하는 비도덕의 문제를 해결할 수 있는가? 사회에서 발생하고 있는 비도덕적인 행위를 분석해보면 확신하기 어려울 것이다. 예를 들어, 어떤 사람이 도둑질을 했다면, 그는 도둑질이 잘못된 행동인지 몰랐고, 인지적 갈등도 겪지 않았을까? 또 도둑맞은 피해자에 대한 감정이입이나 공감능력이 부족했을까? 아니면 다른 선한 행동을 할 줄 몰랐을까? 그 사람은 도둑질이 잘못된 행동인지 알면서도, 또 도둑질이 다른 사람의 마음을 아프게 한다는 것을 공감하면서도, 그리고 다른 선한 행동을 할 수 있으면서도, 도둑질을 통해서 얻게 되는 이익에 대한 유혹이나 충동을 억제하지 못해서 도둑질은 한 것은 아니었을까? 이것이 인정된다면, 이제 도덕교육의 소극적 접근을 한번 생각해 보는 것은 어떨까?

위에서 필자는 두 가지를 제안하였다. 하나는 도덕교육의 범위를 교과를 넘어서 조금 더 확대해 보자는 것이고, 다른 하나는 도덕교육의 접근을 적극적 접근에서 소극적 접근으로 전환해 보자는 것이다. 필자가 이러한 주장을 제시한 이유는 '벌을 통한 도덕교육'을 논의하기 위해서이다.

벌을 통한 도덕교육은 도덕 교과의 범위를 벗어나 있고, 행위의 촉진보다는 행위의 억제를 강조하고 있다. 즉 소극적 접근으로 설명될 수 있다. 그리고 비도덕적 행위가 위에서 제시한 것처럼 유혹이나 충동의 억제를 하지 못해서 발생하는 부분이 있다면, 벌을 통한 도덕교육적 효과도 적극적 접근만큼은 되지 못할지 모르지만 기대할만 하다.

그런데 우리의 교육현실을 보면, 벌을 통한 도덕교육은 시행하기 어려운 실정에 있다. 우리사회는 벌에 대해 부정적 시각을 갖고 있고, 가능하면 벌을 사용하지 말 것을 강조하고 있다. 특히, 체벌의 경우는 인권 침해 논란과 결부되면서 더욱 그러하다. 이러한 관계로 대부분의 가정과 학교에서 부모나 교사들은 벌을 사용하지 않으려 한다. 칭찬에 대해서는 긍정적 시각을 갖고 있어 가능하면 많이 사용하려 하면서도, 벌에 대해서는 그 필요성을 인식하면서도 사회의 부정적 시각 때문에 사용하기를 꺼리는 경향이 강하다.

여기에는 분명 문제가 있다. 인간은 사회적 존재이기 때문에 사회생활을 원활히 하기 위해서 무엇보다 선행되어야 할 것이 바로 행위의 억제이다. 그리고 벌은 행위 억제에 결정적 역할을 한다. 따라서 원활한 사회생활을 위해 벌은 필수 요인이 된다. 이제 벌에 대한 부정적 시각은 버리고 긍정적으로 바라볼 필요가 요청된다. 벌을 금기(禁忌)시 하여 사용하지 못하게만 할 것이 아니라 벌을 체계적으로 연구하여 어떻게 하면 벌의 시행에서 발생할 수 있는 문제를 줄일 수 있을까를 고민해야 한다. 이렇게 할 때, 벌에 대해 보다 체계적 접근이 가능해지고, 벌의 시행에서 생겨날 수 있는 여러 가지 문제를 줄일 수 있으며, 나아가 벌의 도덕교육적 효과를 기대할 수 있다. 본 연구는 바로 이러한 필요를 충족시키기 위한 하나의 시도이다.

Ⅱ. 벌의 조건

우리는 왜 자녀나 학생들에게 벌을 주는가? 단순히 말을 듣지 않은 것에 대한 분풀이 인가? 그렇지는 않을 것이다. 부모나 교사가 자녀나 학생들에게 벌을 줄때는 무엇인가 목적이 있다.

우리는 벌을 줄 때, 벌을 받는 사람이 도덕적으로 개선되기를 바라고 벌을 준다. 그러면 어떻게 된 것이 도덕적으로 개선된 것인가? 그것은 도덕적 가치가 내면화된 상태일 것이다.

우리는 벌을 통해 어떤 행위는 도덕적으로 바람직하고 어떤 행위는 도덕적으로 바람직하지 않다는 것을 알려줄 수 있다. 벌의 목적은 더 이상 올바른 가치에 반해서 행동하지 못하도록 하며, 올바른 가치를 경멸하지 못하도록 하고자 하는데에 있다.403) 그리고 벌을 주는 사람이 이와 같은 목적을 갖고 있다면, 그는 분명 도덕교사이다.

그런데 이러한 목적이 달성되기 위해서는 전제조건이 필요하다. 그 하나는 벌을 받는 사람이 합리적이어야만 한다는 것이다. 벌은 단순히 행위를 억제하기 위해서만 주어지는 것이 아니고, 벌이라는 수단을 통해 도덕적 가치를 내면화시킴으로써 행위를 억제하는 것이다. 따라서 합리성을 그 전제로 요구하게 된다.

대부분의 사람들은 비합리적인 사람이나 동물에게 벌을 줄 수 없다고 말한다. 왜냐하면 그들은 도덕적으로 교육될 수 없기 때문이다. 비합리적인 사람은 공격이 벌을 요청하게 된다는 것을 이해하지 못할 뿐만 아니라, 결코 벌의 정당성을 이해하지도 못한다.404) 따라서 동물이나 비합리적인 인간이 단지 그들의 행위를 억제하고 있다고 해서 그들이 벌을 받고 있다고는 말할 수 없다. 벌을 통해 행위를 억제하는 사람에게 벌을 받고 있다고 말할 수 있으려면, 벌을 받고 있는 사람이 그 벌을 인정할 수 있어야만 한다. 즉 벌을 받는 사람이 자신이 받는 벌이 받을 만 하다고 인정해야만 한다. 그렇지 않다면, 그것은 그에게 단순

---

403) Frances E. Gill(2003), *The Moral Benefit of Punishment*, (Lexington Books,), p.6.
404) Ibid, p.10.

히 응보이거나 분풀이로 인식될 뿐이다.

게다가 벌은 벌을 받는 사람으로 하여금 도덕적 갈등과 죄의식을 이끌어 낼 수 있어야만 한다. 벌이 죄의식을 이끌어 내지 못한다면, 그것은 그에게 단지 고통이나 불쾌 경험에 지나지 않을 것이다. 나아가 벌은 새로운 도덕적 동기에 의해 미래의 비행으로부터 효과적으로 방향을 바꿀 수도 있어야만 한다.

이처럼 벌은 합리성을 전제로, 벌을 받는 사람으로 하여금 벌을 인정하도록 하고, 죄의식을 이끌어 내며, 미래의 비행을 억제할 수 있도록 해야 한다. 이러한 전제를 받아들인다면, 우리는 벌을 통해 도덕교육을 시키는 것을 포기하지 않아야만 한다. 심지어, 도덕적으로 개선될 가능성이 가장 적은 사람에 대해서도 조차도 포기하지 않아야만 한다. 만약 포기한다면, 그것은 누군가를 비합리적인 사람이나 동물로서 취급하는 것이 된다.

실제로 우리는 가정이나, 학교에서 어떤 사람에게 벌을 주어 그를 개선할 수 있다고 판단되면, 그에게 벌을 주지만 그렇지 않다고 생각되면, 그 사람에게 벌을 주는 것조차 하지 않는 것을 가끔 경험하곤 한다.

다른 하나는 벌이 반드시 고통을 조건으로 한다는 점이다. 벌의 개념 정의를 통해 살펴보자. "벌은 행위의 억압을 낳을 수 있는 모든 유형의 혐오 결과"[405]라고 정의되는데, 여기에서 혐오는 고통을 의미한다. 따라서 벌은 행위억압을 낳을 수 있도록 고통 주는 것이라고 재정의 할 수 있다. 그러면 왜 벌은 고통을 전제로 해야만 하는가? 벌이 고통스럽지 않다면, 그것은 벌로서의 역할을 할 수 없기 때문이다. 벌이 고통을 수반하지 못한다면, 벌은 행위를 억압할 수 없을 뿐만 아니라, 고통을 없애려는

---

405) Justin Aronfreed(1968), *Conduct and Conscience,* (New York, London: Academic Press), p.166.

욕구를 갖지도 못하게 한다. 또 새로운 욕구를 만족시키기 위한 수단을 찾으려고도 하지 않게 한다.406) 그러므로 우리가 벌을 주고자 한다면, 그 벌은 반드시 벌을 받는 사람에게 고통스러운 것이어야만 한다. 그래서 벌을 받는 사람이 그 벌을 두려워하거나 벌 받는 것을 싫어하게 함으로써 행위를 억제하고, 벌을 받지 않을 수 있는 다른 행위를 하도록 유도해야 한다.

이것에 대해 "노직(Nozick)은 다음과 같이 말하고 있다. 비행자로 하여금 정신을 차리게 하기 위해서는 올바른 가치의 제시와 함께 그의 머리를 때림으로써 그로 하여금 잘못된 행위에 대해 불쾌한 경험을 하도록 해야 한다."407) 한마디로 고통을 수반하지 않는 벌은 벌이라고 할 수 없고, 벌로서의 역할도 할 수 없다고 할 수 있다.

물론, 이러한 주장은 다음과 같은 반론에 부딪칠 수 있다. 고통을 주는 것이 도덕적으로 온당한 것인가? 이것이 벌이 갖고 있는 가장 큰 딜레마이다. 이러한 측면 때문에 사람들이 벌을 부정적으로 보는 것이고, 벌의 사용에 대해 반대하는 것이다. 그러나 높은 산에 올라 보다 많은 것을 보고 느끼도록 하기 위해 고통의 감수를 종용하는 것처럼, 벌이 고통을 수반한다 하더라도 일탈행위를 억제해 원활한 사회생활을 하도록 한다는 목적이 있다면, 어느 정도의 고통은 교육적으로 바라볼 수 있지 않을까?

이상에서 우리는 벌의 조건으로 벌 받는 사람이 합리적 존재이어야 한다는 것과 벌은 고통을 수반해야 한다는 것을 살펴보았다. 인간은 누구나 정도의 차이는 있지만 합리적이다. 따라서

---

406) Frances E. Gill, op. cit., p.6.
407) Ibid, p.6.

인간은 벌을 통해 도덕적 개선이 가능한 존재이고, 이것을 인정한다면, 우리는 벌을 통한 도덕교육을 경시하거나, 포기해서는 안된다. 그리고 벌을 줄 때는 반드시 벌 받는 사람이 고통을 느껴야한다는 것도 잊어서도 안 될 것이다. 그러면 우리가 사용하는 벌에는 어떠한 것들이 있는가?

Ⅲ. 벌의 종류와 효과

벌에는 여러 종류가 있다. 그러나 여기에서는 가정이나 학교에서 가장 흔하게 사용되는 벌에 한정하여 논의를 전개해 보고자 한다. 일반적으로 가정이나 학교에서 가장 많이 사용하는 벌은 언어적·육체적 벌과 격리, 그리고 강화철회 등이다.

첫째는 언어적·육체적 벌이다. 언어적 처벌은 아이가 부적절한 행동을 했을 때, 그러한 행동을 하지 않도록 큰소리로 말하거나, 체벌하겠다고 위협하는 것 그리고 그 아이를 나쁜 아이라고 말하는 것 등이다. 언어적 처벌은 많은 실험에서 잘못된 행동을 변화시키는데 매우 효과적이라는 사실이 입증되었고, 처벌의 방법상 많은 문제점을 안고 있지 않기 때문에 사회적으로 그리 많은 논쟁을 불러일으키지 않는다.

문제는 잘못된 행동에 대해 하게 되는 언어적 처벌, 즉 말로 요구했을 때 효과가 없는 경우에 취해지는 육체적 벌인 체벌이다. 체벌은 반사회적 행동인 공격의 본보기가 될 수 있다는 공격 모방가설 문제와 함께 상당히 많은 문제점을 안고 있는 것이 사실이다. 그러나 우리 사회에서 실제로 체벌이 문제시되는 가장 큰 이유는 체벌로 인해 발생할 수 있는 신체의 손상이다.

이러한 이유 때문에 인권침해 논란이 생겨나고, 마치 체벌하는 부모나 교사는 인권을 침해하는 범죄자 취급을 받고 있다. 이것은 문제가 있다. 체벌이 설령 잘못 시행되어 문제가 발생한다고 해도 교육자가 교육적 목적으로 사용하였다면, 그것은 교육적 차원에서 논의되어져야 한다. 체벌이 교육적 측면에서 효과가 있는지, 없는지를 검토하고 논의해야 한다. 그런 후, 교육적 효과가 없다고 판단된다면 체벌은 분명 금지되어야 한다. 그러나 만약 교육적 효과가 있고, 체벌이 교육적 목적으로 사용되었다면, 그것은 인권침해의 잣대로 잴 수 있는 영역이 아니다. 따라서 체벌에 대한 문제는 우선 체벌의 긍정적 효과는 무엇이고, 체벌이 야기하는 부정적 측면은 무엇인가를 교육적 차원에서 논의해 볼 필요가 있다.

먼저, 체벌이 어떠한 위험성을 내포하고 있는지부터 살펴보자. 학자들에 의하면, 일반적으로 체벌은 다음과 같은 몇 가지 위험한 결과[408]를 초래할 수 있다고 본다. ① 부모가 자녀를 체벌하면 자녀도 다른 사람을 공격하는 경향이 있다. 사람들은 이것을 공격－모방가설이라 한다. 사실상, 많은 공격적 아이, 비행청소년, 범죄자는 모두 부모로부터 불규칙적으로 가혹하게 체벌 당한 경험이 있다. ② 심한 체벌을 받은 아동은 부모를 회피함으로써 바람직한 행동을 배울 기회를 감소시킬 수 있다. 신체적으로 학대받은 아동은 부모를 피하며, 부모가 가까이 오라고 할 때, 갈등을 나타낸다. ③ 체벌은 때때로 아동이 적절한 행동에 대한 규칙을 학습하고, 기억하는데 방해가 된다. 심하게 체벌 받은 아동은 너무 놀라고 무서워서 일탈행동과 그 결과를 인지적으로 연합하지 못할 수 있다. ④ 체벌 받은 아동은 외적요인 때

---

408) David G. Perry, Kay Bussey(1993), *Social Development,* 최순영 역, 『인간의 사회적 발달』, (서울: 성원사) pp.110-111.

문에 바람직하게 행동한다고 믿는다.

게다가 체벌은 도덕교육의 목적을 자율적 도덕성의 형성이라는 입장을 견지할 경우, 이러한 입장에 역행하는 부분이 있다. 즉 스스로의 자율적 판단에 따라 도덕규칙을 형성하거나 보다 나은 방향으로 재구성하도록 도와주기보다는 외적원인에 따라 피동적으로 도덕규칙을 내면화하고, 그 규칙에 따라 판단, 행동하도록 함으로써, 개인의 자율적, 주체적 능력을 약화시킬 수 있다는 비판에 직면할 수 있다.

체벌은 이처럼 부정적 측면만 있는가? 체벌은 여러 가지 긍정적 측면도 갖고 있다. 사회학습이론에서는 아이가 지나치게 제멋대로이고, 주의가 산만한 경우, 또 단순히 말로 요구하는 것만으로는 충분하지 않을 경우, 실제로 체벌하거나 체벌하겠다고 위협하는 것이 필요하다고 보고 있으며, 체벌이 "신중하고 적절한 방식으로 이루어진다면, 그것은 사회화 과정에 유익하다고 생각하고 있다."409)

체벌은 사회화 수행자가 신체적 고통을 줌으로써 아이들로 하여금 어떤 행동을 하지 않도록 하는 방법으로, 이것은 두 단계의 과정을 통해 아이들의 일탈행동을 억제한다. 1단계는 행동에 대한 불안의 고전적 조건화 단계이고, 2단계는 불안의 감소로 강화된 기피반응의 도구적 조건화 단계이다. 사람들은 파블로프의 개와 같이 사물과 사건에 무의식적이고 자동적인 반응을 보일 수 있다. 그래서 불이나 거미에 한 번 놀라면, 그 이후로는 계속해서 불꽃이나 벌레만 보아도 긴장을 하게 된다. "우리는 거짓말을 하거나, 쿠키 과자를 훔치면, 부모에게 벌을 받게 된다. 만약, 그 처벌이 충분히 일관성이 있었다면 우리는 탄로 날

---

409) Ibid, p.110.

가능성이 전혀 없을 때조차도 거짓말을 하거나, 훔치면 안절부절 못하게 된다."410) 따라서 체벌이 일관되게 사용된다면, 고전적 조건화에 의해 일탈행동을 억제할 수 있을 것으로 판단된다.

그리고 "경우에 따라 적절한 정도로 체벌할 수 있다고 생각하는 부모와 교사는 지나치게 허용적인 부모나 교사보다 아이를 더 신중하게 체벌하는 경향이 있다. 오히려 지나치게 허용적인 부모나 교사는 아이를 체벌하는 동안 격앙되는 경향이 있다."411) 왜냐하면 체벌할 수 있다고 생각하는 부모와 교사는 일탈행동이 발생할 때마다 적절한 체벌을 가함으로써 일관성이 있는 벌을 주게 되고, 지나치지 않을 만큼 체벌을 하기 때문에 벌의 효과를 최대한 이끌어 낼 수 있는 반면, 허용적이거나 체벌에 부정적 시각을 갖고 있는 부모나 교사는 일탈행동이 발생할 때마다 참거나 아예 방치하는 경향이 있다. 그러다가 일탈행동을 반복적으로 목격하게 되면 참지 못하게 되고, 폭발함으로써 격앙된 상태에서 체벌을 하게 된다. 그리고 이렇게 격앙된 상태에서 가해지는 체벌은 남용되거나 보복적으로 이루어지기 때문에 역효과를 발생시킨다. 바로 이러한 현상 때문에 사람들은 체벌을 부정적으로 보는 것이다. 그러므로 체벌을 교육적 방법의 하나로 인정하고 최대한 교육적 차원에서 이루어지도록 하는 것이 중요하다.

이상에서 체벌의 부정적 요인과 긍정적 요인을 살펴보았는데, 체벌은 분명 부정적 요인을 내포하고 있다. 하지만 체벌은 긍정적 요인도 갖고 있어서, 일관성 있게만 적용한다면 교육적 효과도 기대할 수 있다. 따라서 체벌을 인권침해로 보거나 무조건

---

410) James Q. Wilson(1993), *The Moral Sense,* (New York: Free Press Paperbacks), p.105.
411) David G. Perry, Kay Bussey, op. cit., p.114.

사라져야할 악으로 규정하기보다는 어떻게 하면 부정적 요인을
줄일 수 있을 것인가를 고민해보는 것이 더 필요할 것이다.

둘째는 격리이다. 일반적으로 사람들은 '격리'를 이야기하면,
범법자에게 주어지는 사회적 격리를 생각하게 된다. 즉, 교정 기
관에 의해 이루어지는 장기간에 걸친 격리를 떠올린다. 그러나
이러한 장기간의 격리는 학교나 가정에서 부모가 사용할 수 있
는 교육적 방법이 아니기 때문에 논의를 계속할 의미가 없다.
따라서 여기에서 주장하는 격리는 잠깐 동안의 격리를 말하는
것이다. 사람들이 손상행위를 할 때마다 정해진 시간 동안 타임
아웃 영역에 있는 의자에 앉아 있도록 하거나 방안에 있도록
하는 것이다.412)

문제는 문제가 발생한 환경에서 가장 잘 해결된다는 일반적
규칙에 따라 "벌로 주어지는 잠깐 동안의 격리 프로그램이 오래
지속된 자기 파괴적 행위를 제거할 수 있고, 게다가 사회적 기
능도 개선할 수 있다."413)

물론 재발이 잘되는 행위나 지나친 공격행위에 대해서는 격
리만 사용하게 되면 그 효과는 그리 크지 않을 수도 있다. 그런
경우는 격리와 함께 강화를 사용하면 행위수정의 효과를 극대
화 할 수 있다. 예를 들어, "지나친 공격행위의 경우 부모, 교사
그리고 병원의 후견인이 잠깐 동안의 사회적 격리와 함께 우정
에 대해서는 보상하고 유해 행위에 대해서는 벌을 준 결과, 즉
격리와 강화를 결합시킨 결과 공격행위를 성공적으로 제거할
수 있었다."414) 그리고 "짜증내는 행위를 수정하는데 있어서 소

---

412) A. Bandura(1973), *Aggression,* (Englewood Cliffs: Prentice Hall,
　　 Inc), p.306.
413) Ibid, p.306.
414) Ibid, p.301.

년이 자신을 때리거나 떼를 쓸 때마다 그를 10분 동안, 또는 그런 행위를 그만 둘 때까지 자신의 방안에 있게 하였다. 이러한 상황 하에서 짜증내는 행위는 점차 감소하였고 결국은 사라졌다."415) 이처럼 잠깐 동안 이루어지는 문제 상황으로부터의 격리는 행위수정에 매우 효과적이므로 주목할 만한 가치가 있다.

셋째는 강화철회이다. 부모나 교사는 간헐적인 긍정적 강화나 반복되는 불안 감소에 의해 유지되는 만성적인 골치 아픈 행동의 제거라는 문제에 자주 직면하게 된다. 비록 소거의 세세한 절차가 바람직하지 않은 행동을 유지시키는 강화의 성격에 따라 다를 수 있지만, 소거는 그런 행위를 제거하는데 이용될 수 있는 방법이다. 특히, 긍정적 강화에 의해 유지되는 행위의 경우, 소거는 강화철회에 의해 이루어질 수 있다. 대부분의 일탈행위는 긍정적 강화에 의해 지속된다. 일탈행위는 위반자가 그 행위를 통해 어떠한 형태로든 긍정적 강화를 받고 있다고 볼 수 있다. 따라서 강화철회는 소거의 대표적 방법이라고 할 수 있다.

한편, "강화철회는 공격자 자신의 발달을 방해하고, 다른 사람의 복지를 심각하게 침해하는 행위를 처리하는 수단이 될 수 있다."416) 그러나 강화철회가 행위수정에 효과적이기는 하나, 만성적이고 다루기 힘든 반사회적 행위는 강화철회만으로 행위수정이 성공적으로 이루어지지 않을 수 있다. 만성적이고 다루기 힘든 반사회적 행위의 경우는 강화철회와 함께 보상이나 벌을 동시에 사용하면 보다 효과적이다.

학교에서 교사로 하여금 파괴 행위는 무시하도록 하고, 교육적인 추구에 대해서는 적극적으로 관심을 보이도록 함으로써 교실에서의 공격행위와 반항적인 행위를 줄일 수 있었다. 문제 행위

---

415) Ibid, p.300.
416) Ibid, p.299.

는 무시되고, 건설적인 행위는 칭찬을 받을 때, 이것은 다른 사
람들에게 본받을 긍정적인 모델을 제공하는 것이 된다.417) 그런
데 반사회적인 행위가 이처럼 강화철회를 통해 제거될 수 있는
것은 반사회적 행위가 긍정적 강화에 의해 유지되는 경우이다.

에일런(Ayllon)과 미챌(Michael)은 병원에 입원한 정신병자의
바람직하지 않은 반응을 제거한 두 가지 실례를 제시하였다. 첫
번째의 경우, 여자 환자가 계속해서 간호사실에 들어왔고, 그 환
자는 이끌리거나 등을 떠밀려 병실로 인도됨으로써 관심에 의
해 행위가 강화를 받았다. 간호사들은 상담자에 의해 환자가 들
어오더라도 아무런 반응을 보이지 말라는 교육을 받았고, 교육
받은 대로 행동하였다. 그 후, 반응의 빈도가 점점 줄어들었고,
8주 후에는 거의 완전히 사라졌다. 두 번째의 경우는 한 여자
환자의 망상에 다른 환자들이 부정적으로 반응한 반면, 간호사
들이 가끔 동정적으로 그 환자의 말을 들어줌으로써, 다른 때에
는 벌을 받거나 무시되었던 행위에 간헐적인 강화를 준 사례이
다. 간호사들은 정신병적 대화를 강화하지 않도록, 즉 분별 있는
대화에만 강화하도록 교육을 받았다. 그 후, 환자의 정신병적 반
응은 잠깐 동안의 처치 동안에도 감소하였다.418)

이처럼 강화철회는 행위수정에 매우 효과적이며, 체벌에 따른 나
쁜 영향을 수반하지 않는다는 면에서 의미가 있다. 게다가 이러한
강화철회를 반사회적 행동과 양립할 수 없는 사회적(prosocial)419)

---

417) Ibid, pp.294-295.
418) A. Bandura, Richard H. Walters, (1963), *Social Learning and
Personality Development*, (New York: Holt, Rinehart and
Winston, Inc.), pp.226-228.
419) prosocial을 우리말로 옮길 때 대체로 두 가지 형태로 옮겨지고
있다. 그 하나가 "친사회적"이고, 다른 하나는 "익사회적"이다. 그
런데 필자는 이것을 "사회적"이라고 옮기고자 한다. 그 이유는 우
리는 관용적으로 반사회적이다라는 말과 대비되는 말로 사회적이

행동의 권장을 병행한다면, 반사회적 행동을 제거하는데 더 큰 효과를 기대할 수 있을 것이다. 그러나 이 방법을 사용할 때는 아동의 행동 중 정확히 어떤 행동 때문에 보상을 철회하게 되었는지를 아동에게 구체적으로 알려 주어야 한다.

이상에서 벌의 종류와 효과에 대해서 살펴보았다. 벌은 대체로 어떤 행동을 하지 못하게 하는 행위억제에 보다 효과적으로 작용한다는 면에서는 의미가 있으나, 행위의 지속에는 효과적이지 않다는 주장이 제기되기도 하였다. 따라서 행위의 지속을 위해서는 벌과 함께 대안으로서 사회적 행위를 제시해 주는 것이 필요하다.

대부분 가정과 학교에서 부모와 교사는 어린이가 반사회적인 행동을 하면, 그 행동을 하지 못하도록 하는데만 관심을 기울이지, 어린이가 어떤 방법으로 행동을 하면 인정을 받을 수 있고, 사회적 보상을 얻을 수 있는지에 대해서는 가르치려 하지 않는다. 즉, 어린이의 반사회적 행동을 처벌한다던가, 그 행동이 부정적 결과를 낳을 것이라는 것을 알려준다거나, 아니면 모델링을 통해 불법적 수단으로 목표물을 획득하면, 벌을 받는 것을 보여주기만 한다.

그러나 이러한 처벌, 부정적 결과 제시, 그리고 모델의 처벌 관찰 등은 행위억제 효과는 기대할 수 있지만, 근본적인 해결은 될 수 없다. 따라서 벌이 효과를 거두려면, 사회화 수행자는 대안제시를 통해, 어떠한 행동이 사회적으로 인정을 받을 수 있는 행동인가를, 그리고 그러한 행동을 하면 다른 사람들로부터 관

라는 말을 사용하지, 친사회적이라거나 익사회적이라는 말을 사용하고 있지 않고, 사회적이라는 말이 반사회적이라는 말과 대비될 때는 사회적이라는 말만으로도 그 의미를 충분히 전달할 수 있다고 생각되기 때문이다.

심, 인정, 애정을 받을 수 있다는 것을 알려주고, 사회적 기술을 습득하도록 해 주어야만 한다.

"사회적·언어적으로 미숙한 사람은 불화를 다루는 한정된 수 단만을 갖고 있어서 경미한 자극에 대해서도 육체적 공격을 하 게 된다. 특히, 폭력행위가 긍정적으로 보이는 상황에서는 더욱 육체적 공격을 하게 된다."420) 또 "한정된 기술을 갖고 있는 어 린이가 다른 사람의 인정을 받고 싶어 하는 경우에는 심지어 엄 한 책망도 보상으로 작용하기 때문에 부정적 방법으로 주의를 끄는 행위는 변화에 강하게 저항한다. 게다가 단체 속에서 교사 를 소외시키는 잘못된 행동은 주목을 받고 싶은 동료의 위안에 의해 종종 강화를 받게 된다."421) 따라서 사회학습이론에서 공격 을 줄이는 가장 효과적인 방법은 적절한 벌과 함께 공격자가 선 택할 수 있는 사회적 방법을 다양하게 제시하는 것이다.

Ⅳ. 벌의 시행방법

앞에서 벌의 종류와 효과에 대해서 살펴보았는데, 주의할 것 은 동일한 벌이라고 해서 항상 같은 효과를 발휘하는 것은 아 니라는 점이다. 동일한 벌도 언제, 어떻게, 누가, 주는가에 따라 다르게 작용할 수 있다. 즉, 벌을 언제 주는가, 얼마나 강하게 주는가, 어떠한 벌을 주는가, 벌을 주는 사람이 누구인가에 따라 긍정적으로 작용하기도 하고, 부정적으로 작용하기도 한다.

가정과 학교에서 부모나 교사들은 아이들의 행위를 억제하기

---

420) A. Bandura, op. cit., p.255.
421) Ibid, p.294.

위한 수단으로 벌을 가장 많이 사용하고 있다. 실제로, 벌은 행위조절에서 중요한 위치에 있다. 그런데도 가정이나 학교에서 시행되는 벌은 주로 기분이나 그때그때의 상황에 따라 정해진 기준도 없이 주어지는 경우가 대부분이다. 그리고 벌의 효과는 일시적이고, 지속적인 효과가 없기 때문에 의미가 없다고 주장하거나, 또는 벌에 대한 부정적 시각 때문에 벌 자체를 멀리하거나, 아예 언급조차 하지 않으려는 경향도 있다.

그런데 우리가 "벌에 있다고 생각되는 좋지 않은 속성 대부분은 벌 그 자체에 내재되어 있는 것이 아니다. 그것은 대체로 벌이 적용되는 잘못된 방식에 기인한다. 일상생활에서 사용되는 벌은 긍정적 방향으로 사용되지 않고 남용되거나, 때를 놓치거나, 변덕스럽게 사용되거나, 보복적으로 사용된다."422) 이와 같이 벌이 잘못 사용되면, 벌은 아무런 효과도 없거나, 오히려 역효과가 발생할 수도 있다. 하지만 벌이 잘못 사용되지만 않는다면, 벌은 분명히 행위의 억제에 상당한 효과가 있을 수 있다. 우리는 이것을 경험을 통해 알 수 있다.

우리는 무조건 벌을 회피하거나 부정적으로 생각해서는 안된다. 보상과 벌은 밤과 낮처럼 서로 상관관계에 있다. 만약 밤이 싫다고 밤을 없애거나, 벌이 싫다고 벌을 없애면, 그것은 낮의 의미와 보상의 의미도 사라지게 하는 결과를 초래한다. 보상과 벌은 반드시 함께 존재할 때, 그 의미가 산다.

문제는 보상이든, 벌이든, 그것이 적절하게 사용되느냐 하는 것이다. 보상이든, 벌이든, 적절치 못한 것은 모두 문제이다. 벌만 문제가 있는 것이 아니다. 우리는 벌이라고 해서 그것을 비교육적이라고 보거나 교육현장에서 사용하지 않아야 하는 것으

---

422) Ibid, p.298.

로 보아서는 안된다. 오히려 벌이 긍정적인 효과를 발휘할 수
있도록 벌에 대한 연구가 심도 있게 이루어져야 한다. 그래서
부모나 교사에게 벌에 대한 정보를 제공하여 벌이 기분에 따라
주어지지 않고, 합리적이면서도 신중하게 그리고 일정한 기준에
의해 사용될 수 있도록 해야 한다. 그러기 위해서는 벌이 시기
나 강도, 벌을 주는 사람의 지위에 따라 어떻게 달라지는지를
살펴볼 필요가 있다.

먼저 벌의 시기, 즉 벌이 이탈 행위의 시작과 함께 주어지는
것과 이탈행위를 하고 난 다음에 주어지는 것 사이에 어떠한
차이가 있는가를 살펴보자.

아론프리드와 레버(Reber)는 한 훈련조건에서는 어린이의 손
이 매력적인 장난감에 닿자마자 벌을 주었고, 다른 훈련 상황에
서는 장난감을 집어든 후, 일정시간 그것을 가지고 논 후에 벌
을 주었다. 그 결과 시작과 함께 벌을 받은 그룹, 완료 후에 벌
을 받은 그룹, 그리고 아무런 벌도 없는 통제그룹에서 발생한
위반자의 비율은 각각 26%, 71% 그리고 80%이었다.[423]

다른 연구에서 아론프리드는 위반행위에 수반되는 자기 처벌
적 반응의 발생과 벌의 시기에 관한 효과를 조사하였다. 전에는
중립적이던 단체에 대한 라벨링을, 한 그룹의 피험자에게는 벌
의 시작과 함께 하였고, 다른 그룹의 피험자에게는 벌의 종료와
함께 하였다. 그리고 이러한 시도를 여러 번 실시하였다. 그 결
과 단체에 대한 라벨링을 벌의 시작과 함께 하였을 때보다 벌
의 종료와 함께 하였을 때, 자기 처벌적 진술을 더 많이 토로하
였다. 이것은 반응초기에 주어진 벌은 일탈행위를 억제하는 불
안을 야기시킨 반면, 벌의 종료와 결합된 자기 처벌적 반응은

---

423) A. Bandura, Richard H. Walters, op. cit., p.185.

불안을 축소시키는 역할을 하였다는 것을 의미한다. 전자의 경우 불안은 일탈반응의 중지에 의해 줄어들게 되나, 후자의 경우 불안은 자기 처벌적 반응을 통해 줄어들게 된다.

이러한 설명을 지지하는 몇 가지 제안적 증거가 블랙(Black), 솔로몬(Solomon), 그리고 휘팅(Whiting)에 의해 이루어진 개에 대한 연구에서 제시되었다. 이 조사에 의하면, 먹고 싶으나 먹을 수 없는 먹이에 접근하려할 때, 육체적인 벌을 받은 개는 유혹에 대해 높은 저항을 나타냈으나 위반 후 정서적 반응은 거의 없었다. 반면, 금지된 먹이를 먹는 동안 벌을 받은 개는 유혹에 대한 저항은 덜 하였으나, 이탈 후의 정서적 반응은 더 많이 나타내었다. 블랙 등은 개의 정서적 행위를 죄의식의 표시로 추정하였다.[424]

위의 실험에서 알 수 있듯이 위반행위의 시작과 함께 주어진 벌은 불안을 야기시킴으로써 억제 반응을 낳는 반면, 일탈행동이 이미 수행된 후, 주어진 벌은 자기 처벌적 반응, 자기비판적 반응을 일으켜 죄의식을 낳는다. 왜냐하면 "바람직하지 않은 행동을 한 후, 발생한 벌은 벌을 받는 사람이 자기 처벌적 반응, 자기비판적 반응, 또는 사과적 반응이 있을 때만 철회되기 때문이다. 따라서 죄를 인정하는 반응, 자기비판, 사죄는 강하게 강화된다. 그러나 만약 변명, 은닉, 또는 처벌적 작인의 회피에 의해 벌을 피할 수 있다면, 오히려 이러한 반응이 강화될 수 있다. 그러므로 훈육방법이 가장 효과적이 되기 위해서는 탐탁찮은 행동을 억제할 만큼 충분한 벌이 내려져야 하고, 벌의 마지막에 어린이가 벌을 주는 사람의 요구를 수용해야 한다."[425]

---

424) Ibid, pp.185-186.
425) Morton Deutsch and Robert M. Krauss(1965), *Theory in Social Psychology.* (New York, London: Basic Books Inc), p.98.

실제로, "어린이를 훈육하는 대부분의 부모들은 어린이가 일탈행위를 시작하면 벌을 준다. 어린이가 자기 처벌적 반응을 일으키도록 일탈행위를 한 후에 벌을 주는 부모는 거의 없다. 따라서 대부분의 부모들의 훈육절차는 죄의식의 발달보다 두려움의 발달을 촉진시키게 된다."426)

그러므로 교육자는 벌을 주고자 할 때, 단순히 행위를 억제하고자 하는데 목적이 있는지, 아니면 자기 처벌적 반응을 유도하는데 목적이 있는지를 먼저 판단한 다음, 그에 합당한 시기를 선택하여 벌을 주어야 한다.

두 번째는 벌의 세기, 즉 벌을 강하게 줄 것인지, 아니면 약하게 줄 것인지에 관한 것이다. 우리는 벌을 주고자 할 때, 벌을 강하게 주어야 할지, 아니면 약하게 주어야 할지에 대해 갈등을 한다. 대부분은 강하게 주는 것이 효과적이라고 생각하기 쉽다. 그러나 오히려 가벼운 벌이 공격행동을 억제하는데 더 효과적이다. 가벼운 벌은 보복적이거나 평가절하적으로 사용되기보다 사회적 기능을 개선하기 위한 건설적 방법으로 사용되고, 건설적으로 사용된 약한 벌은 수용자가 기꺼이 수용하려는 경향을 보인다.

반면, 보복적·억압적으로 사용된 강한 벌은 강한 원망을 불러일으키게 된다. 따라서 "가벼운 벌은 공격행동의 억제에 지속적인 효과가 있는데, 가혹한 벌은 오히려 공격행동을 억제하는데 자주 실패를 하게 되며 심지어 악화시키기까지 한다."427) 이것은 실험을 통해서도 입증되고 있다.

"펜더그라스(Pendergrass)는 벌의 불가피성과 엄격성에 대한 비교를 통해, 상호간의 공격에 대해서 잠깐 동안 격리시키는 것

---

426) A. Bandura, Richard H. Walters, op. cit., p.186.
427) A. Bandura, op. cit., p.307.

이 정기적으로 오랫동안 격리시키는 것보다 공격행위를 제거하는데 훨씬 더 효과적이라는 것을 발견하였다. 게다가 보상선택과 결합되어 사용된 약한 벌은 엄한 벌만으로는 실패한 긍정적 변화를 지속시킬 수도 있었다."[428]

귀인이론에서도 심한 처벌은 아이들을 일시적으로 복종하게 하는데는 효과적일지 모르지만, 스스로 원해서 착한 행동을 한다는 신념을 감소시키기 때문에 행위 억제의 지속적 효과가 없다고 본다. 특히, "레퍼(Lepper)는 약하게 위협받은 아이는 자신이 본래 착하기 때문에 금지한 행동을 하지 않았다고 귀인 하는 반면, 심하게 위협받은 아이는 외적강요 때문에 금지한 행동을 하지 않았다고 귀인 한다고 보았다. 그래서 그는 약하게 위협받은 아이가 더 긍정적인 자기 지각을 형성했기 때문에 새로운 상황에서도 더 도덕적으로 행동할 것이라고 추론하였다."[429]

위의 내용을 종합해보면, 심한 벌보다 약한 벌이 행위억제와 지속에 더 효과적이었다. 따라서 우리는 벌을 줄 때, 그 목적이 일시적인 복종보다는 행위의 억제와 지속에 있다면 약한 벌을 주어야 한다.

세 번째는 벌을 주는 사람의 지위에 관한 것이다. 지금까지 벌을 주는 시기, 벌의 세기에 대해 살펴보았는데, 벌은 동일한 시기에, 동일한 강도로 벌을 주어도 벌을 주는 사람이 어떤 사람인가에 따라 그 효과가 다를 수 있다. 예컨대, 어떤 사람이 어떤 벌을 주어서 어떤 아이로부터 상당한 행위 억제 효과를 얻었다고 해서 자신도 같은 효과를 얻을 수 있을 것이라는 기대를 해서는 안된다.

"그람(Graham), 차바트(Charwat), 호닉(Honig) 그리고 웰츠

---

428) Ibid, p.308.
429) David G. Perry, Kay Bussey, op. cit., pp.111-112.

(Weltz) 등에 의하면, 청소년기 아이들의 경우 약한 공격을 받았을 때보다 강한 공격을 받았을 때, 더 많은 반격을 하였다. 그런데 공격자가 부모이거나 권위적인 인물일 경우, 상당히 반격을 줄이거나 거의 반격을 하지 않았다는 사실을 발견하였다."430)

"반두라와 월터스(Walters)는 의존성에 대한 연구를 통해, 공격적인 소년은 부모로부터 거절을 많이 경험을 했고, 그들은 비공격적인 소년보다 부모에 대한 의존도가 훨씬 낮았다."431)는 사실을 확인하였다. 그 이유로 의존적인 소년은 부모로부터의 보상 철회를 싫어하기 때문에 부모의 기대에 어긋난 행동을 하지 않는데, 부모로부터 벌을 많이 경험한 소년은 부모에게 기대할 것이 적기 때문에 공격적인 성향을 보인다는 것이다.

학교 현장에서 보면, 아직 학생들과 인간적인 관계가 형성되기 전에 체벌을 가했을 때, 학생들은 수용적이기보다 반항적인 태도를 보이는 반면, 학생들과 인간적인 관계가 형성된 후에는 가혹한 벌이라도 학생들은 수용하는 태도를 보인다. 따라서 벌의 효과 면에서 볼 때, 벌을 주는 사람이 어떤 위치에 있는가 하는 것은 매우 중요하다. "따뜻하고 보상적인 사람에 의해서 주어지는 벌은 그렇지 않은 사람에 의해서 가해지는 벌보다 수용적이고, 금지 행위를 줄이는데 훨씬 더 효과적이다."432) 그러므로 벌을 줄 때는 자신이 아이들에게 어떻게 비추어지고 있는가를 먼저 생각해 볼 필요가 있다.

이상에서 벌을 주는 시기, 벌의 세기, 그리고 벌을 주는 사람의 지위에 따라 벌이 어떻게 달라지는지를 살펴보았다. 여기에

---

430) A. Bandura, Richard H. Walters, op. cit., p.129.
431) Ibid, p.144.
432) A. Bandura, op. cit., p.308.

서 우리는 벌을 언제 주는가, 약한 벌인가, 강한 벌인가, 그리고 누가 주는가에 따라 많은 차이를 보이기 때문에 벌이 보상보다 훨씬 더 복잡함을 알 수 있다. 따라서 보상을 할 때보다 벌을 줄 때 더욱 신중하게 해야 함에도 불구하고, 현실을 보면, 우리는 보상을 줄 때는 이성적일 뿐만 아니라 상당히 신중을 기하는데, 벌은 기분에 의해, 일정한 기준도 없이 시행하는 경향이 있다. 이러한 현상 때문에 벌이 부정적 이미지를 갖게 되는 것이고, 사회에서 교육적 방법으로 인정되지 못하는 것이다. 그러므로 우리는 벌을 줄 때, 가능하면 합리적인 판단과 정확한 기준에 의해, 일관성 있게 시행할 필요가 있다.

V. 도덕교육적 효과

우리는 벌을 통해 어린이에게 어떤 행위는 허용되고, 어떤 행위는 금지되어야 하는지를 알려준다. 이렇게 하면 어린이는 벌에 의해 행위기준을 내면화하게 되고, 내면화된 기준을 벗어난 행위를 했을 경우, 또는 위반행위를 하려고 의도했을 경우, 벌을 예상함으로써 불안, 두려움, 부끄러움 등을 경험하게 되고, 행위를 억제하게 된다. 이처럼 벌은 단순히 일시적인 행위억제 효과만 있는 것이 아니고, 도덕적 가치의 내면화에도 기여한다고 할 수 있다.

도덕교육의 목적이 도덕성의 형성을 통해 비도덕적인 행위를 하지 못하게 하는 것이라고 정의할 경우, 벌은 조건화를 통해 도덕적 가치를 내면화함으로써, 도덕성의 형성에 기여하고, 비도덕적인 행위를 억제할 수 있다. 그런데 여기에서 말하고자 하는 도덕성의 형성은 앞에서도 언급한 바가 있지만, 자율적이며 적극적인 도덕성의 형성이 아니라, 외적강제에 의해 밖에서 주입되는 수동적이며, 소극적인 도덕성의 형성이다.

어떤 행위가 행위억압을 낳을 만큼 벌이 충분히 혐오적일 때, 벌은 행위에 차별적 신호를 제공하게 되며, 어린이에게 그 행위는 위반으로 정의되게 된다. 이처럼 벌은 항상 어린이의 행위를 억압하며, 위반과 본질적으로 관련되는 차별적 행위단서와 인지적 표현에 직접적으로 관여함으로써 불안을 조성한다. 그리고 이러한 불안은 벌을 줄 가능성이 있는 사람이 없는 상태에서 위반행위를 억제하는 동기의 원천이 된다.433) 이것이 바로 벌을 통한 도덕적 가치의 내면화이다.

그리고 위에서 언급하였듯이 벌은 어린이의 행위에 본질적으로 관련되는 행위적, 인지적 감시에 직접적으로 영향을 미치는 정서변화를 수반하여 행위의 내면화된 통제에 중요한 역할을 한다.434) 그러면 우리는 벌을 통한 도덕적 가치의 내면화 정도를 어떻게 알 수 있을까? 그것은 다음의 설명을 통해 확인할 수 있다.

어린이에게 어떤 행동이 잘못인 이유가 무엇이냐고 물었을 때, 어린이가 그 행동이 다른 사람을 다치게 했기 때문에 잘못이라고 대답한다면, 우리는 이것을 통해 어린이의 도덕적 인지를 특징짓는 내면화의 정도를 추론할 수 없다. 만약 어린이가 어떤 행동이 나쁜 이유를 그 행동이 벌 받을 수 있을 것이기 때문이라고 대답한다면, 다시 말해, 다른 사람에게 해를 끼친 것에 대해 벌을 예측할 수 있다면 도덕적으로 내면화되었다고 할 수 있다.435) 이처럼 벌을 통한 도덕적 가치의 내면화 정도는 인

---

433) Justin Aronfreed, op. cit., p.169.
434) Ibid, p.46.

지적 추론에 의해, 다른 사람과 관련해서 어떤 행동이 잘못인가 아닌가를 판단해내는 능력이 아니라, 잘못된 행동을 했을 때, 벌을 예상할 수 있느냐 없느냐에 의해 결정된다고 할 수 있다.

한편, 우리는 행위를 할 때, 내면화된 행위기준에 의거해 상당 부분 습관적으로 행동하거나 경험을 통해 획득된 방식에 따라 무의식적으로 행동하고 있다. 그런데도 혹자는 인간이 어떤 행동을 할 때, 높은 인지적 능력을 통해서만 판단하고, 그 판단에 의해 행위 한다고 주장한다.

우리의 일상적 행위를 분석해 보면, 대부분의 행위영역에서 내적감시자는 높은 인지적 언어적 동물로서의 지위에 기초하기보다는 오히려 조건화 가능한 동물로서의 지위에 기초하여 확립된다. 이 경우 행위의 내면화된 통제는 평가적 인지를 필요로 하지 않는다.436) 따라서 인간은 높은 인지적 능력에 따라 고민과 갈등의 과정을 거쳐 판단하고 행위 하는 경우는 그리 많지 않다.

나이를 많이 먹은 어린이도 평가기준의 중재에 대한 증거를 보여주지 않고 자신들의 행위결과에 대해 보상하려 하고, 자신들의 위반을 인정하는 내면화된 성향을 종종 보여준다. 또한 성인들도 거의 평가적 의사결정 과정을 거치지 않고 기계적 직접성에 의해 생겨나는 내면화된 행위양식을 많이 갖고 있다.437)

요컨대, 우리의 일상적 행위의 많은 부분은 평가적 인지의 사용이 아닌 내면화된 통제에 의해 이루어지고 있다. 예를 들어, 매력적인 장난감을 만진 것에 대한 벌의 발생 기준을 제시하거나 설명을 하지 않고, 벌을 주게 되었을 때도, 어린이들은 벌의 훈련에

---

435) Ibid, p.246.
436) Ibid, p.8.
437) Ibid, p.8.

의해 유발된 행위의 억제를 지속적으로 보여주었다.[438)

따라서 도덕교육에서 높은 인지적 능력은 혹자들이 주장하는 것만큼 그리 중요하지 않을 수 있다. 오히려 도덕교육의 목적이 비도덕적 행위의 억제라면, 우리에게 필요한 것은 높은 인지의 형성보다 벌을 통해 도덕적 가치를 내면화시킴으로써 불안을 조성, 일탈행위를 하지 못하게 하는 것이다.

설령, 인지적 평가 자료에 의해 불안이 생겨날 수 있다하더라도 이러한 불안은 위반을 억압할 만큼 스스로를 충분히 동기화시키지 못한다. 위반을 억압할 정도의 불안은 벌의 가능성에 대한 정보를 제공하는 외적인 사회적 신호에 의해 생겨난다. 이것은 인지적 평가기준과 실제 상황에서의 실제 행위 사이에 커다란 불일치가 발견되는 것과도 무관하지 않다.

하트손(Hartshorne)과 메이(May)는 사회적 기준에 대한 지식과 정직을 검사하도록 계획된 상황에서 행위에 대한 내면화된 통제 사이에는 약간의 관련성만 있다는 것을 발견하였다. 또 다른 조사도 행위기준에 대한 언어화된 지식과 표면상 감시가 없을 때 속일 수 있는 상황에서 실제로 속이려하지 않는 것 사이에도 커다란 불일치를 관찰하였다.[439) 이 말은 사회적 기준이나 행위기준에 대한 인지적 능력이 실제 행위통제에 많은 영향을 발휘하지 못함을 의미한다. 그리고 이러한 주장은 다음의 한마디로 요약될 수 있다. 벌에 의해 내면화된 양심은 법적인 방식으로 행위를 통제하나 반드시 합리적이지는 않다.

이상에서 벌의 도덕교육적 효과를 살펴보았는데, 벌은 행위에 차별적 신호를 제시함으로써 어떤 행위는 해도 되고 어떤 행위는 해서는 안된다는 것을 알려 준다. 즉 차별적 신호를 통해 도

---

438) Ibid, p.8.
439) Ibid, p.10.

덕적 가치를 내면화시킴으로써 불안을 조성하고, 일탈행위의 발생을 억제한다. 따라서 벌은 처벌자가 있을 때만 행위에 영향을 미치는 것이 아니고, 처벌자 없을 때도 행위에 영향을 미친다는 점에서 분명 도덕교육적 효과를 기대할 수 있는 중요한 교육적 방법 중의 하나라고 할 수 있다.

Ⅵ. 결 론

지금까지 벌이 도덕교육적 접근에서 어떤 효과가 있는지를 검토해 보았다. 앞에서도 언급한 바가 있지만, 벌은 많은 부정적 결과를 초래할 수 있다. 그래서 사람들은 벌을 가정이나 학교에서 사용하지 않아야 할 대상으로 규정하고 있다. 그러나 인간의 대부분의 행위가 강화에 의한 조건화를 통해 이루어진다는 점을 감안한다면, 상만 있고 벌은 없는 교육은 바람직한 교육이라고 할 수 없다. 이것은 행위 촉진은 있고 행위억제는 없다는 말이 된다. 즉 자동차에 가속장치는 있으면서 브레이크는 없는 것과 같다. 그 때문인지 요즈음의 아이들을 보면 과잉행동을 하는 아이들이 많다. 그런데도, 행위억제를 강조하는 부모나 교사도 많지 않다.

행위억제는 사회생활을 원활히 하기 위해서도 필요하고, 인내심을 키워줄 수 있는 요인이 되기도 한다. 인내심이 많은 아이일수록 비행의 유혹으로부터 스스로를 지킬 확률이 더 높다는 것은 주지의 사실이다. 또 행위억제는 타인을 인정하고 받아들일 수 있는 전제조건이다. 따라서 벌을 통한 행위억제능력의 형성은 도덕교육적 차원에서 접근해야 할 필요가 있다.

분명 벌은 시행에 있어서 문제를 일으킬 소지를 다분히 가지고 있다. 그렇다고 해서 벌을 비교육적 현상으로 보는 것은 더욱 커다란 문제를 야기 시킬 수 있다. 우리는 의사들이 수술을 하다가 실수하여 사람에게 치명적인 상처를 입히는 경우를 종종 본다. 그러나 그들에게 인권침해를 이야기하는 사람들은 없다.

만약 그들에게 수술행위는 인권침해이니 수술을 하지 않아야 한다고 주장한다면, 많은 사람들이 목숨을 잃을지도 모른다. 교육적 상황에서 부모나 교사가 아이들에게 가하는 벌도 마찬가지이다. 대부분의 사람들은 벌을 줄 때, 인권을 침해하려는 의도를 갖고 있지 않고, 아이들에게 손상을 입히고자 하지도 않는다. 부모나 교사는 아이들에게 보다 나은 삶을 살아가도록 하기 위해 벌을 준다. 이것을 인정한다면, 벌은 교육방법 중의 하나일 뿐이다. 그것이 잘못 시행될 수 있다고 하여, 인권침해라고 규정, 부정한다면, 아이들의 삶에 반드시 필요한 행위억제능력은 어떻게 길러줄 것인가?

우리는 앞에서 벌에는 부정적 요인도 있지만, 많은 긍정적 요인이 있다는 것을 살펴보았다. 벌은 도덕적 가치를 내면화하고, 이러한 내면화를 통해 도덕적 개선을 이룰 수가 있다. 또 벌은 적절하게 사용되기만 한다면 바람직하지 않은 행위를 억제하는 대에도 매우 효과적이다. 따라서 벌을 경시하거나 사라져야할 대상으로 보아 배척하기보다는 체계적으로 연구하여 벌이 갖고 있는 긍정적 요인을 교육 현장에서 활용할 수 있도록 하는 것이 더욱 바람직할 것으로 생각한다.

참고 문헌

이성진(2001), 『행동수정』, 서울: 교육과학사.

Aronfreed, Justin(1968), *Conduct and Conscience,* New York, London: Academic Press.

Bandura, A(1973), *Aggression,* Englewood Cliffs: Prentice Hall, Inc.

Bandura, A., Walters, Richard H.(1963), *Social Learning and Personality Development*, New York: Holt, Rinehart and Winston, Inc.

Deutch, Morton and Krauss, Robert M.(1965), *Theory in Social Psychology,* New York, London: Basic Books Inc.

Gill, Erances E.(2003), *The Moral Benefit of Punishment,* Lexington Books.

Goldinger, Milton(1991), *Punishment and Human Right*, Schenkman Books Inc.

Perry, David G., Bussey, Kay(1993), *Social Development*, 최순영 역, 『인간의 사회적 발달』, 서울: 성원사.

Sears, Robert R., Festinger, Leon, Lawrence, Douglas H.(1965), *Identification and Child Rearing,* Stanford University Press.

Wilson, James Q.(1993), *The Moral Sense,* New York: Free Press Paperbacks.

· 저자 ·

송석재
宋錫在

· 약력 ·
충북대학교 사범대학 국민윤리교육과 졸업
충북대학교 교육대학원 교육학 석사
한국교원대학교 대학원 교육학 석사
한국교원대학교 대학원 교육학 박사

한국국민윤리학회 상임이사
한국도덕교육학회, 한국윤리교육학회 회원
청주교육대학교 강사
충북대학교 강사

· 주요논저 ·
「고대 민주주의와 현대 민주주의 비교분석연구」
「통일교육의 관용 윤리적 접근 탐색」
「탐구공동체 접근을 통한 통일교육 활성화 방안 연구」
「벌을 통한 도덕교육고찰」
「자제와 관용윤리의 도덕적 관련성에 관한 연구」
「반두라의 도덕발달이론에 관한 연구」
「자제의 도덕교육적 의미에 관한 고찰」
「반두라의 도덕교육에 관한 연구」
『국민윤리』
『Total 국민윤리』
『고교생의 인성교육과 진로지도』(공저)
외 다수

반두라의 자기조절의 도덕교육

· 초판 인쇄 | 2006년 2월 20일
· 초판 발행 | 2006년 2월 20일

· 지 은 이 | 송석재
· 펴 낸 이 | 채종준
· 펴 낸 곳 | 한국학술정보㈜
　　　　　경기도 파주시 교하읍 문발리 526-2
　　　　　파주출판문화정보산업단지
　　　　　전화　031) 908-3181(대표) · 팩스　031) 908-3189
　　　　　홈페이지　http://www.kstudy.com
　　　　　e-mail(e-Book사업부)　ebook@kstudy.com
· 등　　록 | 제일산-115호(2000. 6. 19)
· 가　　격 | 33,000원

ISBN　89-534-4688-0 93370 (Paper Book)
　　　　89-534-4689-9 98370 (e-Book)